초등수학교육을 위한

학교수학의 이해

조진석 지음

KM 경문사

들어가며

교육대학에서는 학생들에게 어떤 내용의 수학을 가르쳐야 할까?

저자는 교육대학에 근무하게 된 후 학생들을 위한 수학 커리큘럼을 개발하는 것이 매우 어려웠다. 이는 모든 교과목을 공부해야 하는 교육대학의 커리큘럼 때문에, 수학 공부를 너무 강조하면 필연적으로 다른 교과목 공부에 소홀해질 수밖에 없기 때문이었다. 하지만 교사가 수학을 제대로 이해하지 못해서 초등학교 수학 시간에 벌어졌던 이야기들을 전해 들으며, 학생들이 수학의 참모습을 이해하는 것이 얼마나 중요한지를 다시금 깨닫게 되어 깊은 고민에 빠지게 되었다. 오랜 기간 고민한 결과 교육대학 학생들에게 필요한 수학은, 12년간 학교에서 배웠던 수학의 의미를 정리하는 것과 앞으로 배울 수학교육학을 준비하는 것이라고 결론을 내리게 되었다. 이러한 이유로 이 책의 제목은 '초등수학교육을 위한 학교수학의 이해'가 되었다.

이 책의 목적은 초등수학교육을 공부하기 위한 최소한의 수학 지식을 정리하는 것으로, 특별히 12년간 학교에서 배웠던 학교수학의 내용과 의미를 더 잘 이해하기 위한 최소한의 대학 수학 내용으로 구성되어 있다. 그리고 일반적인 교양수학 교재와는 다르게 수학자의 관점에서 바라본 학교수학에 관한 생각들을 많이 다루어서, 이후 학생들이 수학교육학을 공부할 때 참고할 수 있도록 하였다. 단지 이 책에서 소개한 수학자의 생각들은 다소 주관적이고 수학교육학의 주요 논의 방향과 다를 수 있으므로, 독자들은 이 책에서 공부하는 내용과 앞으로 공부하게 될 수학교육학 내용을 통해 본인만의 생각을 만들어가기를 바란다.

이 책은 일반적인 수학책과는 상당히 다르게 구성되어 있다. 정의와 정리보다는 설명이 더 많으며, 엄밀한 논증을 직관적인 설명으로 대체한 부분들도 많다. 그리고 '보조정리', '정리', '따름정리' 순서로 정리하지 않고, 모든 것을 '정리'라 두었다. 이는 이 책에서 다루는 정리의 수가 많지 않고, 그 자체로 의미가 있는 것들만을 정리로 두었기 때문이다. 그리고 수학과 관련된 내용을 많이 다루었기 때문에, 수학을 공부한 지 너무 오래되어 내용을 많이 잊어버린 이들도 이 책을 통해 다양한 내용을 배울 수 있을 것이다. 본문의 수학 내용은 최소한으로 제한하였으며, '쉬어가기' 코너를 통해 본문에서 충분히 다루지 못한 내용을 보충하거나, 본문과 직접적인 관련이 없는 내용을 소개하였다.

참고문헌은 본문의 가장 마지막 페이지에 있으며, 참고문헌을 인용할 때는 책이나 논문의 이름을 쓰지 않고 참고문헌 페이지에 있는 번호만을 표기하였다. 그리고 증명이나 풀이 끝에 □ 기호를 추가하여, 증명이나 풀이가 완료되었음을 표시했다.

저자는 수년간 참고문헌 [1]을 교재로 하여 수업을 하였기 때문에, 이 책에는 [1]의 영향을 받은 부분이 대단히 많다. (이 책에는 [1]을 참고한 부분이 너무 많아서, [1]은 따로 인용 표시를 할 수 없었다.) 이 책을 공부하며 부족하다고 느껴지는 부분은 [1]을 추가로 공부하여 보충할 수 있을 것이다. 참고문헌 [2]는 오래전에 집필되어 그동안 널리 사용되었으며, 교육대학의 교양수학 교재로 여전히 가장 훌륭하기 때문에, 저자가 커리큘럼을 만들 때 가장 많이 참고한 책이다. 하지만 현재 교육대학에 입학하는 학생들이 공부하기에는 내용이 다소 어렵고, 그동안의 학교수학 교육과정의 변화를 잘 반영하지 못하여 개선이 필요하기 때문에, 본 교재를 공부한 이후에 수학을 더 깊게 공부하고자 하는 이들에게 추천한다.

이 책은 한 학기 3학점 강좌에서 사용하기에 적합한 분량으로 집필되었다. 만일 2학점 강좌의 교재로 사용한다면, 책의 10장까지만 수업 시간에 다루고, 이후 내용은 읽기 과제나 참고 자료로 활용하면 될 것이다. 그리고 '쉬어가기'에 담긴 내용은 수업 여건에 따라 선택적으로 다루어 수업 분량을 조절할 수 있을 것이다.

이 책의 1장에서는 기존의 수학책이나 수학교육학 책에서 거의 접할 수 없는 독특한 내용을 다루었는데, 모든 독자가 반드시 읽어보기를 권한다. 실제 수업에서는 1장을 학생들에게 읽기 과제로 낼 수도 있고, 수업 시간에 교수가 강의를 통해 내용을 설명할 수도 있을 것이다. 그리고 2장부터 5장까지는 내용이 논리적으로 연결되어 있으며 이후 장들의 배경지식을 제공하기 때문에, 되도록 순서대로 공부하기를 권한다. 하지만 6장부터는 각 장이 다른 장들과 다소 독립적으로 구성되어 있으므로, 관심 있는 내용만 선택적으로 공부할 수 있다.

교육대학에서는 학생들에게 어떤 내용의 수학을 가르쳐야 할까? 이 책은 저자가 교육대학에서 근무를 시작할 때 받았던 과제였으며, 이제 이 책을 통해 저자의 결과물을 제출한다. 기존에 널리 알려져 있던 답안들과는 너무 다른 결과물을 제출하게 되어 두렵지만, 이를 통해 그동안 너무 당연하게 여겨졌던 답안이 정말로 최선의 답인지에 대해 다시 고민하는 계기가 되었으면 한다. 그리고 이 책을 통해 앞으로 교육대학에서 수학을 가르치는 이들의 어려움이 조금은 줄어들기를 바란다. 이 책이 초등수학교육을 개선하는 데에 조금이라도 이바지한다면 저자는 더할 나위 없이 기쁠 것이다.

이 책의 미완성 버전으로 강의하며 오류를 지적해 준 부산교육대학교 강사분들과 책을 읽기 좋고 예쁘게 편집해 준 경문사에 감사드린다. 그리고 이 책을 쓸 수 있도록 격려하며 책 내부의 일러스트를 그려준 아내 문소영에게 특별한 감사의 마음을 전한다.

2022년 여름

주진석

차례

수!

가자!

1장

삼각형의 넓이는 음수가 될 수 있을까

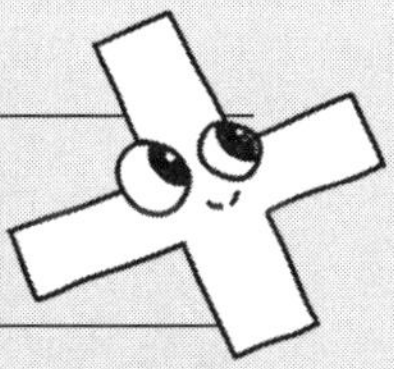

1장 미리 보기

학교수학이란 초등학교에서 고등학교까지 12년 동안 학교에서 배우는 수학을 의미한다. 교사들 중에는 학교수학과 수학자들이 연구하는 학문 수학이 동일할 것으로 생각하는 이들이 많으나, 학교수학은 학문 수학과 다른 독자적인 체계를 가지고 있다. 이번 장에서는 음수 넓이가 가능한지를 탐구하며 학교수학과 학문 수학의 차이를 알아본다.

1장

삼각형의 넓이는 음수가 될 수 있을까

학교수학이란 초등학교에서 고등학교까지 12년 동안 학교에서 배우는 수학을 의미한다.

교사들 중에는 학교수학과 수학자들이 연구하는 학문 수학이 동일할 것으로 생각하는 이들이 많다. 하지만 학교수학은 독자적인 체계를 가지고 있으며, 일반적으로 학문 수학보다 더욱 폐쇄적인 성격을 가진다. 이 책의 1장에서는 학교수학과 학문 수학의 차이를 알아본다.

이번 장은 독자들이 내용을 암기하여 이후에 활용하는 의도로 집필되지 않았으며, 대신 수학자의 사고 흐름과 연구를 간접적으로 체험하는 것을 목적으로 집필되었다. 독자들은 결과들을 외우는 것에 집중하지 말고, 수학자들의 논리가 어떻게 전개되는지에 주목하며 이번 장을 읽기를 바란다.

질문 1.1

삼각형의 넓이는 음수가 될 수 있을까?

어떤 삼각형의 넓이를 구했더니 그 넓이가 -3이 되었다. 이런 일이 가능할까? 질문이 명확하지 않기 때문에, 다음과 같이 다시 생각해 보자.

질문 1.2

(1) 학교수학에서 삼각형의 넓이가 음수가 될 수 있는가?

(2) 삼각형의 넓이가 음수가 되도록 정의할 수 있는가? 이러한 정의가 필요할까?

질문 1.2의 첫 번째 질문에 대한 답은 당연히 '아니요'이다. 학교수학에서 삼각형의 넓이는 항상 0보다 크다. 하지만 잠시 학교수학의 제약을 벗어나서 학문 수학을 연구하는 수학자의 마음으로 이 질문을 탐구해 보자.

△ABC가 평면 위에 고정되어 있다고 생각하자. 편의를 위해 (△ABC의 넓이)를 간략하게 줄여 (△ABC)라 쓰자.

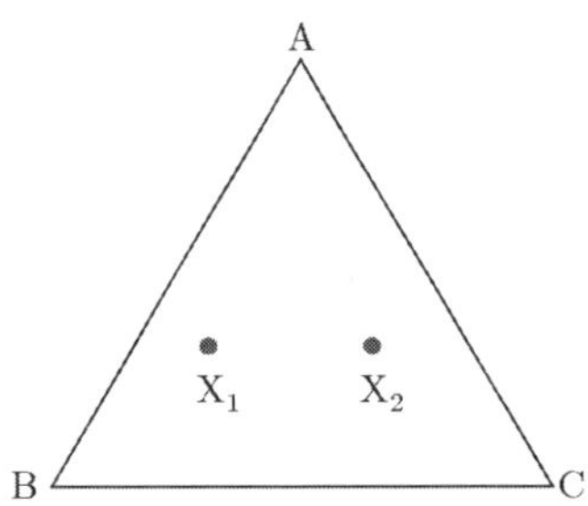

질문 1.3

위의 삼각형 △ABC에서

$$(\triangle ABX_1)+(\triangle BCX_1)+(\triangle CAX_1),\ (\triangle ABX_2)+(\triangle BCX_2)+(\triangle CAX_2)$$

중 어느 값이 더 큰가? 그 이유는 무엇인가?

질문 1.3의 두 값은 모두 (△ABC)이므로 서로 같다. 이로부터 다음과 같은 정리를 생각할 수 있다.

정리 1.1
평면 위의 임의의 점 X에 대하여, $(\triangle ABX)+(\triangle BCX)+(\triangle CAX)$의 값은 X의 위치에 관계없이 항상 일정하다.

정리 1.1은 참인가? 조금만 생각해 보면, 위의 정리는 점 X가 $\triangle ABC$의 내부에 있을 때에만 성립하며, X가 $\triangle ABC$로부터 멀리 떨어지면 떨어질수록 $(\triangle ABX)+(\triangle BCX)+(\triangle CAX)$의 값은 점점 더 커지게 됨을 알 수 있다.
예를 들어 아래 그림과 같은 상황을 생각해 보자.

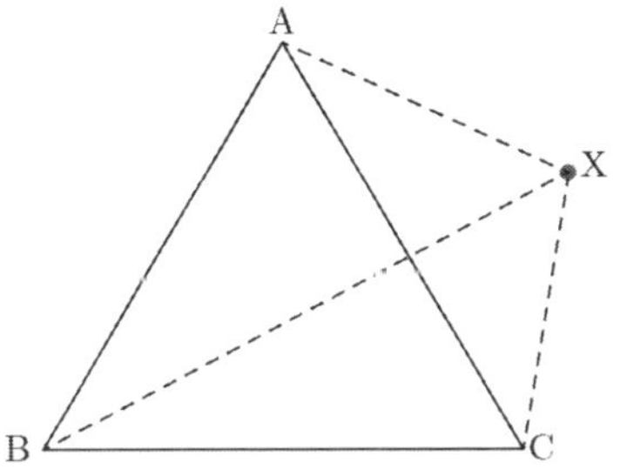

그림 1. X가 $\triangle ABC$의 외부에 있는 경우

여기에서는

$$(\triangle ABX)+(\triangle BCX)+(\triangle CAX)=(\triangle ABC)+2(\triangle ACX) \quad \cdots\cdots \ (*)$$

가 성립함을 알 수 있다. 그러므로 X가 $\triangle ABC$로부터 멀어질수록 $(\triangle ACX)$의 값이 커지기 때문에, $(\triangle ABX)+(\triangle BCX)+(\triangle CAX)$의 값도 커짐을 알 수 있다. 하지만 수학자들에게는 이러한 상황이 그다지 편안하게 느껴지지 않는다. X가 $\triangle ABC$의 내부에 있을 때 값이 일정했다면, 밖에 있을 때도 값이 일정한 것이 더욱 자연스럽기 때문이다. 그러면 이렇게 밖에서도 값이 일정하게 만들 수 있을까?

원래 문제를 해결하기 어려울 때는 문제를 다소 쉬운 상황으로 바꾸어 해결한 후에, 이로부터 아이디어를 얻어 본래의 문제를 도전하는 것이 도움이 된다. 이를 위해 이 문제를 다음과 같은 쉬운 상황으로 바꾸어 보자. 앞으로 (선분 $\overline{AB}$의 길이)를 간략하게 $(\overline{AB})$라 표현한다.

정리 1.2
아래 그림과 같이 수직선 위의 두 점 A, B가 고정되어 있을 때, 이 직선 위의 임의의 점 X에 대하여 $(\overline{AX})+(\overline{XB})$의 값은 항상 일정하다.

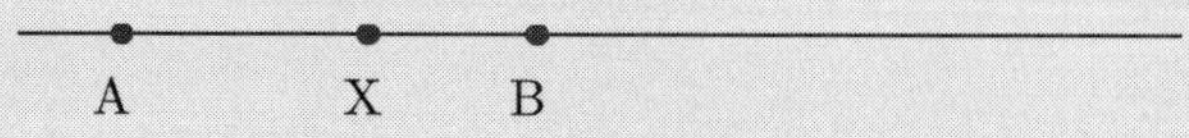

정리 1.2와 이전의 **정리 1.1**을 비교해 보면, 평면에서의 삼각형의 넓이가 직선에서의 선분의 길이로 바뀌었을 뿐 두 정리는 본질적으로 같다. 그리고 이 상황에서도 X가 선분 안에 있으면 $(\overline{AX})+(\overline{XB})$의 값이 $(\overline{AB})$로 일정하지만, 밖에 있으면 선분으로부터 멀어질수록 그 값이 커지게 된다. 구체적으로 아래와 같은 상황을 생각해 보자.

그림 2. X가 $\overline{AB}$의 외부에 있는 경우

이 상황에서는 $(\overline{AX})+(\overline{XB})=(\overline{AB})+2(\overline{BX})$가 성립함을 알 수 있다. 그런데 점 X가 선분 $\overline{AB}$ 안에 있는지 여부와 관계없이 항상 $(\overline{AX})+(\overline{XB})$의 값이 일정하게 하려면 어떻게 해야 할까?

힌트는 $2(\overline{BX})$에 있다. 이 길이가 한 번은 양수가 되도록 정의하고 또 한 번은 음수가 되도록 정의하여 서로 소거되도록 하면 되는데, 구체적으로 아래와 같은 방법으로 선분의 음수 길이를 정의할 수 있다.

정의 1.1
두 점 P, Q가 아래 그림과 같이 놓여있을 때 $(\overline{PQ})>0$이라 정의하고, $(\overline{QP})=-(\overline{PQ})<0$이라 정의한다.

이렇게 선분에 방향(orientation)을 도입하면 음수 길이를 정의할 수 있으며, 이러한

정의를 받아들이면 그림2에서

$$(\overline{AX})+(\overline{XB})=(\overline{AB})+(\overline{BX})+(\overline{XB})=(\overline{AB})+(\overline{BX})-(\overline{BX})=(\overline{AB})$$

가 성립하기 때문에, **정리 1.2**가 항상 참이 된다.

위와 같이 방향을 도입하여 음수 길이를 정의하는 것은 전혀 이상한 일이 아니다. 실제로 중학교에서 음수를 정의할 때, 수직선에서 숫자가 커지는 방향을 정의한 후 그 방향과 반대로 움직이는 점을 생각하는데, 이 점이 0을 지나서 더 움직이게 될 때 음수가 자연스럽게 등장하게 된다. 그러므로 우리는 음수를 정의할 때 이미 방향을 자연스럽게 생각하고 있었던 것이다. 그리고 벡터를 공부했던 학생이라면 $\overrightarrow{QP}=-\overrightarrow{PQ}$와 같은 식이 자연스럽게 성립한다는 사실을 기억할 것이다.

음수 길이를 정의하면 이로부터 음수 넓이를 가지는 삼각형을 자연스럽게 정의할 수 있다. 도형을 연속적으로 변형시켜서 음수 넓이가 자연스럽게 유도되도록, 아래와 같은 삼각형 $\triangle ABC$에서 밑변 $\overline{BC}$를 고정시키고 점 A를 아래로 내리는 상황을 생각해 보자.

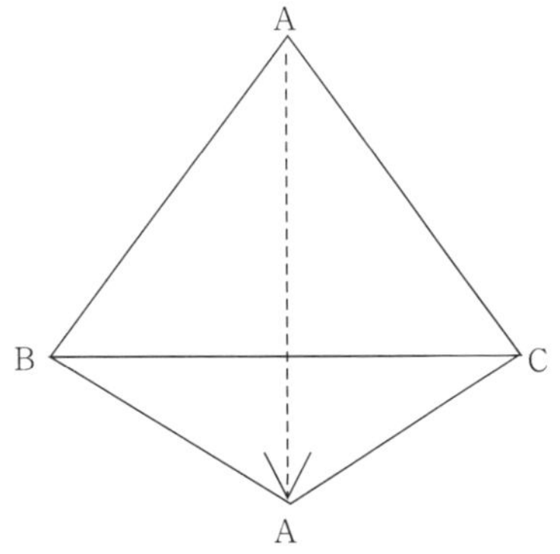

그림 3. 점 A를 아래로 내리는 상황

이렇게 점 A를 아래로 내리면 내릴수록 삼각형의 높이는 작아지게 되며, 결국 점 A가 밑변 $\overline{BC}$에 도달하고 나면 삼각형의 넓이는 0이 된다.[1] 여기에서 점 A가 밑변보다 더 아래로 내려가게 될 때, 높이를 0보다 작은 값으로 해석하면 음수 넓이를 가지는 삼각형을 얻게 된다. 이러한 현상은 **정의 1.2**로 정리할 수 있다.

---

1) 학교수학에서는 A가 $\overline{BC}$에 도달하는 순간 이 도형은 더 이상 삼각형이 아니라고 본다. 하지만 학문 수학에서는 이를 평평한 삼각형으로 해석하기도 한다. 평평한 삼각형은 세 개의 각 $\angle ABC=0°$, $\angle ACB=0°$, $\angle BAC=180°$를 가지고 있기 때문에, 세 내각의 합은 여전히 180°이다.

정의 1.2

세 점 P, Q, R이 아래 그림과 같이 놓여있을 때,

$$(\triangle PQR) = (\triangle QRP) = (\triangle RPQ) > 0$$

이라 정의하고,

$$(\triangle PRQ) = (\triangle QPR) = (\triangle RQP) = -(\triangle PQR) < 0$$

이라 정의한다.

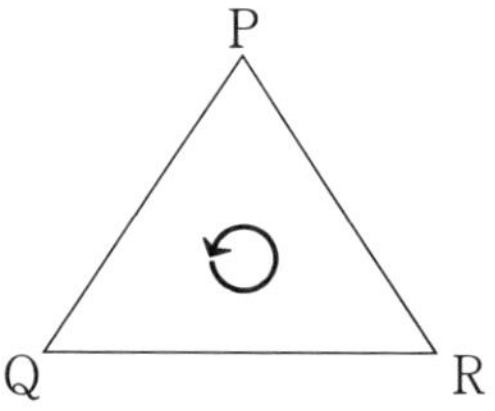

정의 1.2는 삼각형의 세 꼭짓점이 반시계 방향으로 놓여있을 때 이 삼각형의 넓이를 양수로 두고, 시계 방향으로 놓여있을 때 삼각형의 넓이를 음수로 둔다. 이는 **그림3**에서 세 점 A, B, C가 반시계 방향으로 놓여있을 때 $(\triangle ABC) > 0$이고, 여기에서 점 A를 밑변 $\overline{BC}$ 아래로 내리면 세 점 A, B, C가 시계 방향으로 놓이게 되어 $(\triangle ABC) < 0$이 되는 현상과 잘 맞아떨어진다.

이렇게 삼각형에 음수 넓이를 도입하고 나면, **정리 1.1**도 항상 참이 된다는 것을 확인할 수 있다. 예를 들어 **그림1**에서 식 (*)은 다음과 같이 바뀌게 된다.

$$\begin{aligned}(\triangle ABX) + (\triangle BCX) + (\triangle CAX) &= (\triangle ABC) + (\triangle ACX) + (\triangle CAX) \\ &= (\triangle ABC) + (\triangle ACX) - (\triangle ACX) \\ &= (\triangle ABC)\end{aligned}$$

탐구과제 1.1

음수 부피를 가지는 사면체는 어떻게 정의할 수 있을까? 밑면을 양수 넓이를 가

지는 삼각형으로 고정한 후, 높이를 줄여서 음수가 되도록 변형하면 음수 부피를 정의할 수 있다. 이에 관해 스스로 탐구해 보자.

음수 넓이를 가지는 삼각형이 학교수학에서 활용될 수 있을까? 현재 학교수학 교과서에서는 음수 넓이를 가지는 삼각형을 전혀 소개하지 않고 있지만, 고등학교 교과서에서는 정적분 값이 음수가 되는 상황들이 등장하고 있다. 이것을 학문 수학에서는 음수 넓이[2)]로 해석하고 있으므로, 이미 학교수학에서 음수 넓이가 암묵적으로 등장하고 있다고 할 수 있다.

정의 1.3

평면에 놓인 도형의 내부에 있는 임의의 두 점을 잇는 선분이 항상 도형 안에 놓이는 도형을 **볼록도형**이라 정의한다. 도형의 내부에 있는 임의의 두 점을 잇는 선분 중에서 도형 밖으로 벗어나는 것이 하나라도 있는 경우 **오목도형**이라 정의한다.

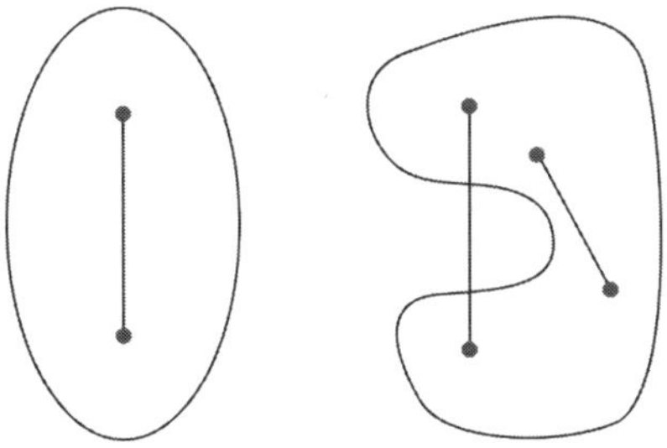

음수 넓이 삼각형이 학교수학에서 유용하게 활용되는 예로, 오목사각형을 생각할 수 있다. 오목사각형은 초등학교 교과서에 명시적으로 등장하지는 않으나, 수학적으로 자연스러운 대상이기 때문에 해외에서는 초등학교에서 소개할 때가 많다. 아래와 같은 두 사각형 □ABCD를 생각하자.

2) 정적분은 음수 값을 가질 수 있으므로 넓이가 아니라고 알고 있는 학생들을 종종 만날 수 있었다. 하지만 정적분은 넓이를 수학적으로 엄밀하게 정의하기 위해 고안된 개념이기 때문에, 넓이와 정적분을 구분하는 것은 적절치 못하다. 오히려 정적분 값은 넓이이고, 정적분 값이 음수이면 넓이가 음수라고 해석하는 것이 훨씬 자연스럽다.

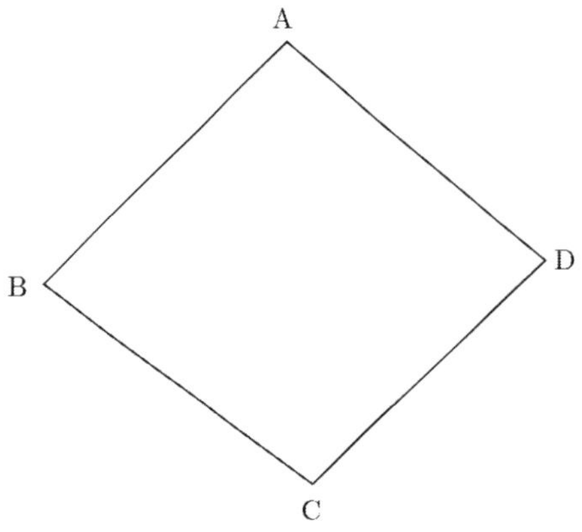

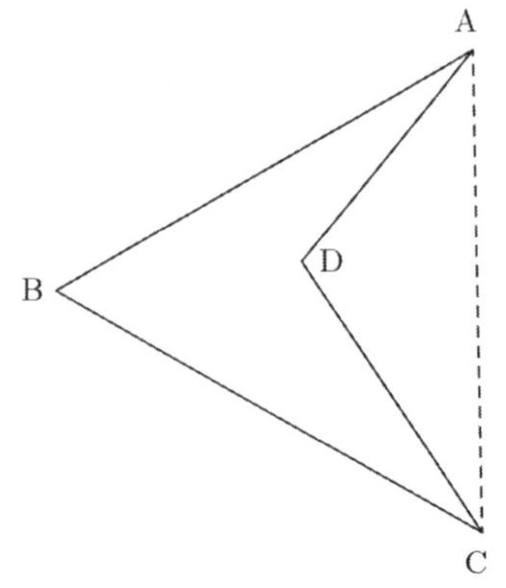

왼쪽의 사각형은 볼록사각형이고, 오른쪽의 사각형은 오목사각형이다. 여기에서 선분 $\overline{BD}$ 와 $\overline{AC}$ 는 도형의 대각선[3])이다. 그러면 이 대각선들을 이용하여 □ABCD를 두 개의 삼각형으로 쪼개는 것이 가능할까? 볼록사각형 □ABCD의 경우, 대각선 $\overline{BD}$ 로 쪼개면 △ABD와 △BCD를 얻고 대각선 $\overline{AC}$ 로 쪼개면 △ABC와 △ACD를 얻는다. 그렇다면 오목사각형에 대해서는 어떠할까? 대각선 $\overline{BD}$ 로 쪼개는 것은 당연히 가능하지만, 대각선 $\overline{AC}$ 로 쪼개는 것도 가능한가? 처음에는 이상하게 느껴질 수도 있지만, 여기에서 음수 넓이를 가지는 삼각형을 생각한다면 자연스러운 해석이 가능해진다. 삼각형 △ABC는 양의 넓이를 가진 삼각형이고, △ACD는 음의 넓이를 가진 삼각형이기 때문에, 둘을 서로 합치면 △ABC에서 △ACD가 있는 부분을 빼야 하며, 그 결과 오목사각형 □ABCD를 얻는다.

그러므로 □ABCD는 각각의 대각선을 이용하여 두 개의 삼각형으로 쪼개는 것이 항상 가능하며, 이때 □ABCD의 넓이는 다음과 같은 식을 만족한다.

$$(\square ABCD) = (\triangle ABD) + (\triangle BCD) = (\triangle ABC) + (\triangle ACD)$$

이 식은 □ABCD가 볼록인지 오목인지에 상관없이 항상 성립한다는 것에 주목하자. 사실 우리는 초등학생일 때부터 움푹 들어간 부분이 있는 도형의 넓이를 구할 때는 전체 넓이를 구한 후 움푹 들어간 부분의 넓이를 빼는 방식으로 계산을 해왔다. 음수 넓이를 가지는 도형이란 이렇게 움푹 들어간 부분을 의미하는 것으로, 음수 넓이란 전체에서 빼야 하는 부분의 넓이를 의미한다.

---

3) 도형의 인접하지 않은 꼭짓점을 잇는 선분을 **대각선**이라 정의하기 때문에, 오목사각형의 경우에도 $\overline{AC}$ 가 대각선이 된다는 사실에 주의하자.

탐구과제 1.2

삼각형의 넓이가 왜 「$\frac{1}{2}\times$(밑변)$\times$(높이)」가 되는지를 논증하려 한다. 이를 위해 먼저 직사각형의 넓이가 「(밑변)$\times$(높이)」임을 확인하였고, 직각삼각형의 넓이는 직사각형 넓이의 절반이므로 「$\frac{1}{2}\times$(밑변)$\times$(높이)」임을 확인하였다.
직각삼각형이 아닌 삼각형은 예각삼각형 또는 둔각삼각형이다.

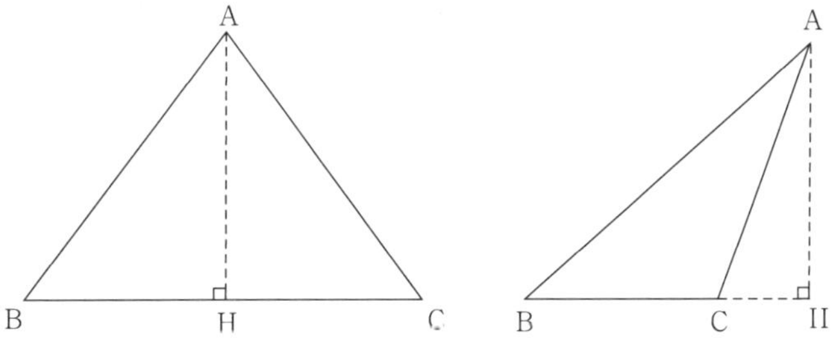

왼쪽 예각삼각형의 경우, $(\triangle ABC) = (\triangle ABH) + (\triangle AHC)$로부터

$$(\triangle ABC) = \frac{1}{2}\times(\overline{BH})\times(\overline{HA}) + \frac{1}{2}\times(\overline{HC})\times(\overline{HA}) = \frac{1}{2}\times(\overline{BC})\times(\overline{HA})$$

임을 얻는다.

오른쪽 둔각삼각형의 경우는 어떻게 논증할 수 있는가? 예각삼각형에서 사용했던 동일한 식을 이용하여 논증하는 것이 가능한가?

탐구과제 1.3

먼저 볼록다각형의 모든 외각의 합이 360°임을 증명하라.

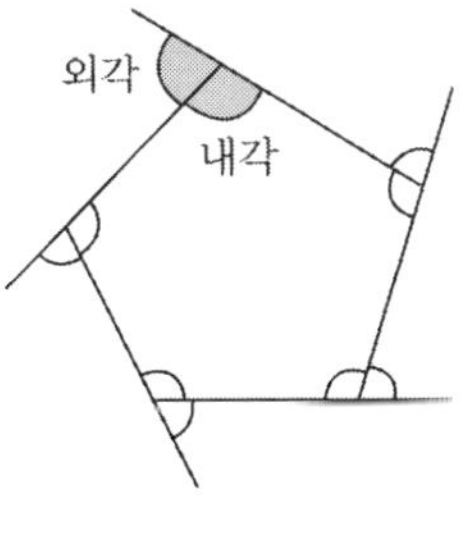

오목다각형의 외각의 합은 항상 360° 가 되는가? 오목다각형의 외각의 합이 항상 360° 가 되도록 하려면 어떻게 해야 하는가?

위의 **탐구과제1.3**에서 음수 각도가 필요하다는 사실에 주목하자. 혹시 고등학교에서 음수 각도를 이미 정의해서 사용했던 것을 기억하는가? 중학교에서 정의했던 삼각비를 고등학교에서는 일반각을 도입하며 삼각함수로 확장하였는데, 일반각이란 기준에서 얼마나 회전[4]하였는지를 나타내는 것으로, 반시계 방향으로 회전하면 각이 커지고 시계 방향으로 회전하면 각이 작아진다. 생각해 보면 $\sin\left(-\frac{\pi}{6}\right)=-\frac{1}{2}$과 같은 식에서 이미 우리는 음수 각도를 자연스럽고 익숙하게 사용하고 있었음을 알 수 있다.

각도에는 이미 방향을 도입하여 양수 각도와 음수 각도를 모두 사용하고 있는데, 왜 학교수학에서는 길이에 방향을 도입하여 음수 길이를 정의하지 않을까? 왜 음수 넓이는 사용하지 않는 것일까? 저자는 독자들이 음수 길이, 음수 넓이에 더 여유로운 마음을 가지게 되기를 희망한다.

학교수학은 학생들에게 혼란을 주지 않기 위해 학문 수학보다 폐쇄적인 체계를 가질 수밖에 없으나, 그렇다고 수학이라는 학문 자체가 폐쇄적인 것은 아니다. 수학을 가르치는 교사라면 학교수학에서 다루지 않는 수학 개념의 자연스러운 확장에 대해 너그러운 태도를 가지고 있어야 한다. 저자가 만났던 뛰어난 영재 학생 중에는 종종 교과서에 나오지 않는 방식으로 개념을 만들고 확장하는 이들이 있었는데, 이들이 교사의 폐쇄적인 태도 때문에 좌절을 경험한 상황이 있었기 때문이다.

이번 장에서 다룬 내용의 수학적인 배경지식과 수학교육학적인 분석은 참고문헌 [3]에서 찾을 수 있다. 더 깊은 내용을 알고 싶은 독자는 이 논문을 참고하기 바란다.

4) 평면에서 x축의 양의 방향이 기준이 되며, 원점을 중심으로 회전한 정도를 생각한다.

2장
명제

2장 미리 보기

"이번 학기에 성적우수 장학금을 받으면 노트북을 사주겠다"라는 약속을 생각해보자. 일상에서 이 같은 약속은 "장학금을 받지 못하더라도 노트북을 사줄 수 있다"는 것을 의미하지 않으며, 장학금을 받으면 노트북을 사주고 장학금을 받지 못하면 노트북을 사주지 않는다는 의미이다. 그러므로 일상에서는 조건문을 쌍조건문의 의미로 쓰는 경우가 있음을 알 수 있다.

2장

명제

전통적으로 중고등학교 수학 교과서는 집합과 명제부터 시작하였으나, 최근 나오는 교과서들은 이러한 전통을 따르지 않고 있다. 하지만 수학의 기초는 논리학과 집합론에 기반하기 때문에, 이 책에서도 명제와 집합을 가장 먼저 다룬다. 이번 장에서 다루는 내용인 명제의 진리표는 90년대 초반까지 고등학교 수학에서 다루었으나, 그 이후 학습 내용 감축을 위해 삭제된 바 있다. 하지만 저자는 이 내용이 삭제되어 학교수학에 논리적인 공백이 생겼다고 생각하며, 실제로 교사 중 명제에 대해 충분히 학습하지 못해 오개념을 가진 이들을 종종 만날 수 있었다. 사소해 보이지만 가장 기본이 되는 내용이기 때문에, 수학을 가르치는 사람은 명제를 정확히 이해하고 있어야 한다.

정의 2.1
명제란 참, 거짓을 분명하게 판별할 수 있는 문장이나 식을 의미한다.

학교수학에서는 명제를 **정의** 2.1과 같이 정의한다. 이 정의에 따르면, "3은 12의 약수이다"와 같은 문장은 명제이지만, "비가 온다", "날씨가 춥다"와 같은 문장은 명제가 되지 않는다. 하지만 이러한 정의는 논리학이나 수학에서 다루어야 하는 명제들을 모두 포괄하기에는 너무 제한적이기 때문에 적절하지 못하다. 이러한 이유로 이 책에서는 다음과 같은 정의를 제시한다. 여기에서 명제의 **진릿값**이란 명제의 참 또는 거짓을 나타내는데, 참인 명제의 진릿값은 **참**, 거짓인 명제의 진릿값은 **거짓**으로 정의한다.

정의 2.2

명제란 진릿값을 참, 거짓 중 하나만 가질 수 있는 문장이나 식을 의미한다.

위의 정의 2.2에 따르면, "비가 온다"라는 문장의 진릿값이 참이나 거짓 중 하나만 될 수 있다면 이 문장은 명제로 볼 수 있다. 마찬가지로 "날씨가 춥다"라는 문장도 날씨가 추운 것과 춥지 않은 것만 가능하다고 약속[5)]하면 명제로 볼 수 있다. 그러므로 어떤 문장이나 식이 명제인지를 확인하려면, 어떤 진릿값을 가질 수 있는지를 살펴보면 된다.

명제의 참인 진릿값을 T라 쓰고, 거짓인 진릿값을 F라 쓴다. 여기에서 T와 F는 각각 True와 False에서 유래하였다.

정의 2.3

단순명제란 더 분해할 수 없는 하나의 문장으로 이루어진 명제이고, **합성명제**란 단순명제를 논리 연산자로 연결하여 만든 명제이다. 보통 단순명제는 소문자 p, q, r, s, $\cdots$ 등으로 나타내고, 합성명제는 대문자 $P, Q, R, S, \cdots$ 등으로 나타낸다.

정의 2.3에서 논리 연산자란 $\sim, \wedge, \vee, \rightarrow, \leftrightarrow$를 의미한다. 이 논리 연산자의 정의를 하나씩 살펴보자.

정의 2.4

명제 p에 대하여, "p가 아니다(not p)"를 p의 **부정명제**라 하고 기호로 $\sim p$로 나타낸다. $\sim p$의 진릿값은 다음과 같이 정의한다.

p	$\sim p$
T	F
F	T

예를 들어 명제 p가 "비가 온다"이면, 명제 $\sim p$는 "비가 오지 않는다"이다. p가 참이면 $\sim p$는 거짓이고, p가 거짓이면 $\sim p$는 참이다.

5) 예를 들어 "날씨가 조금 춥다"는 허용하지 않는다고 약속한다.

명제가 가질 수 있는 진릿값의 모든 경우를 나열하여 표로 나타낸 것을 **진리표**라 하는데, 위의 **정의 2.4**에 있는 표가 그 예이다.

정의 2.5

명제 p와 q에 대하여, 합성명제 "p 그리고 q이다(p and q)"를 p와 q의 **논리곱**이라 하고 기호로 $p \wedge q$로 나타낸다. $p \wedge q$의 진릿값은 다음과 같이 정의한다.

p	q	$p \wedge q$
T	T	T
T	F	F
F	T	F
F	F	F

예를 들어 명제 p가 "비가 온다", q가 "날씨가 춥다"이면, 명제 $p \wedge q$는 "비가 오고 날씨가 춥다"이다. 여기에서 $p \wedge q$가 참이 되려면 p와 q가 모두 참이어야 한다.

정의 2.6

명제 p와 q에 대하여, 합성명제 "p 또는 q이다(p or q)"를 p와 q의 **논리합**이라 하고 기호로 $p \vee q$로 나타낸다. $p \vee q$의 진릿값은 다음과 같이 정의한다.

p	q	$p \vee q$
T	T	T
T	F	T
F	T	T
F	F	F

예를 들어 명제 p가 "비가 온다", q가 "날씨가 춥다"이면, 명제 $p \vee q$는 "비가 오던지 날씨가 춥다"이다. 여기에서 $p \vee q$가 참이 되려면 p와 q 중 하나라도 참이면 된다.

지금까지 배운 논리 연산자 $\sim, \wedge, \vee$를 조합하면 다양한 합성명제들을 만들 수 있다. 예를 들어보자.

예 2.1 명제 $\sim p \vee q$의 진리표[6]를 그려보자. 여기에서 논리 연산자 $\vee$로 단순명제들을 연결하면, 진릿값은 T가 3개, F가 1개가 된다. 그러므로 진릿값이 F가 되는 한 가지 경우만 확인한 후, 나머지 경우는 모두 T로 채우면 된다. 그리고 원하는 진릿값을 한 번에 구하는 것이 어려울 때는 필요한 만큼 열을 추가하여 중간 단계를 명시해도 된다. 예를 들면 아래에서는 $\sim p \vee q$ 앞에 $\sim p$ 열을 추가하여 진리표를 그렸다.

p	q	$\sim p$	$\sim p \vee q$
T	T	F	
T	F	F	F
F	T	T	
F	F	T	

⟶

p	q	$\sim p$	$\sim p \vee q$
T	T	F	T
T	F	F	F
F	T	T	T
F	F	T	T

예 2.2 합성명제 $\sim (p \wedge \sim q)$의 진리표는 다음과 같다. 여기에서 논리 연산자 $\wedge$로 단순명제들을 연결하면 진릿값에는 T가 1개뿐이므로, 그 경우만 확인하면 편하게 진리표를 채울 수 있다.

p	q	$\sim q$	$p \wedge \sim q$	$\sim (p \wedge \sim q)$
T	T	F	F	T
T	F	T	T	F
F	T	F	F	T
F	F	T	F	T

정의 2.7

진릿값이 항상 T인 합성명제를 **항진명제**(tautology), 항상 F인 명제를 **모순명제**(contradiction)라 한다. 예를 들어 $p \vee \sim p$는 항진명제이고, $p \wedge \sim p$는 모순명제이다.

p	$\sim p$	$p \vee \sim p$	$p \wedge \sim p$
T	F	T	F
F	T	T	F

6) 명제에서 $\sim$는 바로 뒤에 있는 명제만 부정하기 때문에, $\sim p \vee q$는 $(\sim p) \vee q$를 의미한다. 비슷한 예로 집합에서 $A \cap B^c$는 $A \cap (B^c)$를 의미하고 $(A \cap B)^c$를 의미하지 않는다.

정의 2.7에서 항진(恒眞)명제라는 이름은 '항상 진리'인 명제라는 의미에서 유래하였다. '항상 진리'라는 표현이 멋있고 가치 있어 보일 수도 있겠지만, 사실 영어에서 tautology는 '동어반복', '너무 당연하고 뻔해서 굳이 언급할 가치가 없는 이야기' 등을 의미한다. 항상 진리라는 것은 생각해 보면 동어반복이거나 너무 당연한 사실인 경우가 많으므로, tautology에는 부정적인 뉘앙스가 담겨 있다.

정의 2.8

두 명제 P와 Q의 진릿값이 항상 일치할 때, 두 명제는 서로 **동치**라 하고 기호로 $P \equiv Q$로 나타낸다. 이때 두 명제 P와 Q는 **필요충분조건**이라 부르기도 하며, 이 경우 기호로 $P \Leftrightarrow Q$로 나타내기도 한다.

두 명제가 동치라는 것과 필요충분조건이라는 것은 완전히 같은 의미이다. 그러므로 $P \equiv Q$라 쓰고 필요충분조건이라 읽어도 되고, $P \Leftrightarrow Q$라 쓰고 동치라 읽어도 된다.

정의 2.8에서 두 명제를 대문자 P, Q로 표현한 것에 주목하자. 두 명제가 항상 진릿값이 일치한다는 것은, 각각의 명제 P, Q를 구성하고 있는 단순명제 $p, q, r, \cdots$들의 진릿값에 따라 결정되는 P와 Q의 진릿값이 항상 일치한다는 것을 의미한다.

예 2.3 다음은 대표적인 동치 명제들이다.

(1) $\sim(\sim p) \equiv p$

(2) $p \wedge p \equiv p, \ p \vee p \equiv p$

(3) **교환법칙** $p \wedge q \equiv q \wedge p, \ p \vee q \equiv q \vee p$

(4) **결합법칙** $(p \wedge q) \wedge r \equiv p \wedge (q \wedge r), \ (p \vee q) \vee r \equiv p \vee (q \vee r)$

(5) **분배법칙** $(p \wedge q) \vee r \equiv (p \vee r) \wedge (q \vee r), \ (p \vee q) \wedge r \equiv (p \wedge r) \vee (q \wedge r),$
$p \wedge (q \vee r) \equiv (p \wedge q) \vee (p \wedge r), \ p \vee (q \wedge r) \equiv (p \vee q) \wedge (p \vee r)$

(6) **드모르간의 법칙** $\sim(p \wedge q) \equiv \sim p \vee \sim q, \ \sim(p \vee q) \equiv \sim p \wedge \sim q$

예 2.3의 결합법칙은 괄호의 순서에 영향을 받지 않기 때문에, 괄호를 빼고

$$(p \wedge q) \wedge r \equiv p \wedge (q \wedge r) \equiv p \wedge q \wedge r, \ (p \vee q) \vee r \equiv p \vee (q \vee r) \equiv p \vee q \vee r$$

와 같이 쓰기도 한다. 하지만 분배법칙에서는 괄호의 순서에 따라 진릿값이 달라지기 때문에 괄호를 뺄 수 없다. 실제로 $(p \wedge q) \vee r \neq p \wedge (q \vee r)$이 성립하는데, 이 두 명제의 진리표는 다음과 같다.

p	q	r	$p \wedge q$	$(p \wedge q) \vee r$	$q \vee r$	$p \wedge (q \vee r)$
T	T	T	T	T	T	T
T	T	F	T	T	T	T
T	F	T	F	T	T	T
T	F	F	F	F	F	F
F	T	T	F	T	T	F
F	T	F	F	F	T	F
F	F	T	F	T	T	F
F	F	F	F	F	F	F

쉬어가기 2.1

위에서 $p \wedge q \wedge r$와 같은 표현의 합성명제는 괜찮지만, $p \wedge q \vee r$와 같은 합성명제는 순서에 따라 의미가 달라지기 때문에 쓰면 안 된다고 하였다. 이렇게 수학에서는 여러 가지 의미로 모호하게 해석될 여지가 있는 수식은 쓰지 말아야 한다. 예를 들어

$$8 \div 2(2+2) =$$

의 값은 얼마인가? 이 수식을 계산기에 입력하면, 계산기의 종류에 따라 1 또는 16을 얻게 되는데,

$$8 \div \{2 \times (2+2)\} = 1, \quad \{8 \div 2\} \times (2+2) = 16$$

과 같이 계산기에 따라 계산하는 방식이 다르기 때문이다. 이렇게 같은 식을 서로 다르게 계산하게 된 근본적인 이유는, 명제 $p \wedge q \vee r$의 의미가 모호하듯이 식 $8 \div 2(2+2)$의 의미가 모호하기 때문이다. 그러므로 $8 \div 2(2+2)$와 같은 수식은 수학에서 허용[7]되지 않으며, $8 \div \{2 \times (2+2)\}$나 $\{8 \div 2\} \times (2+2)$와 같이 의미가 명확하도록 써야 한다.

예 2.3의 여러 동치 명제들은 모두 진리표를 이용하여 증명할 수 있다. 예를 들어 드모르간의 법칙 중 $\sim(p \wedge q) \equiv \sim p \vee \sim q$는 아래와 같이 증명한다. 나머지 동치 명제들의 증명은 독자에게 맡긴다.

p	q	$p \wedge q$	$\sim(p \wedge q)$	$\sim p$	$\sim q$	$\sim p \vee \sim q$
T	T	T	F	F	F	F
T	F	F	T	F	T	T
F	T	F	T	T	F	T
F	F	F	T	T	T	T

정의 2.9

명제 p와 q에 대하여, 합성명제 "p이면 q이다(If p, then q)"를 **조건문**이라 하고 기호로 $p \rightarrow q$로 나타낸다. $p \rightarrow q$의 진릿값은 다음과 같이 정의한다.

p	q	$p \rightarrow q$
T	T	T
T	F	F
F	T	T
F	F	T

조건문 $p \rightarrow q$에서 p를 **가정**, q를 **결론**이라 한다. 조건문의 예를 들면 p가 "비가 온다", q가 "날씨가 춥다"일 때 조건문 $p \rightarrow q$는 "비가 오면 날씨가 춥다"가 된다.

여기에서 조건문 $p \rightarrow q$는, 가정 p의 진릿값이 F일 경우 결론 q의 진릿값에 상관없이 항상 진릿값이 T가 된다는 사실에 주의해야 한다. 이 사실이 상식에 잘 맞지 않아 오해하거나 실수를 저지르는 이들이 많이 있다. 예를 들어 명제

"삼각형의 세 변의 길이가 3cm, 3cm, 7cm이면, 이 삼각형은 정삼각형이다."

는 가정의 진릿값이 F이므로 참인 명제이다. 그러므로 교사가 시험 문제로 옳은 문장을 고르라는 문제를 낼 때는 위와 같이 가정이 거짓이 되는 조건문을 보기에 넣지 않도록

7) 사실 수학을 가르치는 사람들은 대부분 $8 : 2(2+2) - 8 \div 2 \times (2+2) = 16$으로 계산하는데, 이는 자연수의 혼합 연산은 왼쪽부터 순서대로 계산한다는 초등학교 학교수학의 약속 때문이다. 하지만 이러한 약속이 수학을 사용하는 모든 이들에게 보편적인 것은 아니기 때문에 주의할 필요가 있다.

특별히 주의해야 한다.

왜 가정이 거짓인 조건문은 참이어야 할까? 논리학이나 수학에서 사용하는 명제들은 일상어와는 다른 방식으로 쓰는 경우가 많으므로, 복잡한 논의를 피하려면 이것이 조건문의 진릿값의 정의이기 때문에 받아들여야 한다고 말할 수도 있다. 하지만 이러한 정의를 선택하게 된 것에는 나름의 이유가 있으므로, 이에 대해 약간의 설명을 덧붙이고자 한다.

교수님이 수업 시간에

"학생이 기말시험에서 100점을 받으면 A^+ 학점을 받는다"

라고 말했다고 해보자. 그 후 기말시험에서 100점을 받은 학생들이 있었는데 모두 A^+ 학점을 받았다면, 교수님은 진실을 말했다고 할 수 있다. 만일 100점을 받은 학생 중 한 명이 출석률이 낮아 A^0 학점을 받았다면, 교수님은 거짓을 말했다고 할 수 있다. 여기까지는 상식에 어긋나지 않을 것이다.

만일 학생 중에 100점을 받은 학생이 아무도 없었다고 가정해 보자. 그런데 학생 중 A^+ 학점을 받은 학생이 몇 명 있었다면, 교수님이 거짓을 말한 것일까? 만일 학생 중 A^+ 학점을 받은 학생이 아무도 없었다면, 교수님은 거짓을 말한 것일까? 두 경우 모두 교수님이 거짓을 말했다고 할 수 없다. 교수님은 약속을 지켰기 때문이다. 그러므로 명제 "기말시험에서 100점을 받으면 A^+ 학점을 받는다"에서 가정이 거짓이면, 이 명제의 진릿값은 F가 될 수 없다. 명제의 진릿값은 T 아니면 F뿐인데, 가정이 F일 때 조건문의 진릿값은 F가 분명히 아니므로 T라 정의하는 것이 적절하다.

독자들은 고등학교에서 배운 명제와 이 장에서 다루고 있는 명제의 차이점을 잘 알고 있어야 한다. 고등학교에서 다룬 명제들은 대부분 변수 x를 포함하고 있으며 이를 **조건**이라 불렀다. 예를 들어 "x는 12의 약수이다"는 x의 값에 따라 진릿값이 달라지기 때문에 '조건'이라 불렀는데, 이 책에서는 '조건'이라는 학교수학 용어 대신 더 보편적으로 쓰이는 **명제함수**라는 용어를 사용하겠다. 명제함수라는 용어는, 변수가 가지는 범위의 집합을 정의역으로 하고 진릿값의 집합 {T, F}를 공역으로 하는 함수라는 뜻에서 유래한 것이다. 명제함수가 변수 x만을 포함하고 있을 때, 이 명제함수를 $p(x)$로 표기한다.

명제함수 $p(x)$에서는 명제가 참이 되도록 하는 x들을 모은 집합을 $p(x)$의 **진리집합**이라 한다. 예를 들어 명제함수 "$p(x)$: x는 12의 약수이다"의 진리집합은 $P = \{1,\ 2,$

3, 4, 6, 12}이다. 학교수학에서는 진릿값과 진리표 대신 진리집합을 이용하여 명제함수의 참과 거짓을 다루고 있다. 두 명제함수 $p(x), q(x)$로 만든 조건문 $p(x) \to q(x)$는, $p(x)$의 진리집합 P와 $q(x)$의 진리집합 Q가 $P \subset Q$를 만족할 때 참이고 $P \not\subset Q$일 때 거짓이 된다. 여기에서 조건문의 가정인 $p(x)$가 임의의 x에 대하여 항상 거짓이면 $P = \varnothing$이 되는데, 공집합은 모든 집합의 부분집합이므로, 이 경우 $p(x) \to q(x)$의 진릿값은 $q(x)$의 진리집합에 상관없이 항상 참이 된다. 그러므로 학교수학에서도 가정이 거짓인 조건문은 항상 참이 되며, 이는 **정의 2.9**에서 정의한 조건문의 진리표와 일치한다.

조건문 $p \to q$를 부정하면 어떤 명제가 될까? 예를 들어 "비가 오면 날씨가 춥다"는 명제의 부정은 무엇일까? 처음 명제를 공부하는 학생들은 $p \to \sim q$를 생각하여 "비가 오면 날씨가 춥지 않다"라고 착각하기 쉽다. 하지만 이는 조건문의 부정이 될 수 없는데, $p \to q$의 진릿값에는 T가 3개 있고 F가 1개 있으므로 $\sim(p \to q)$의 진릿값에는 T가 1개, F가 3개 있어야 한다. 하지만 $p \to \sim q$의 진릿값에는 여전히 T가 3개 있고 F가 1개 있으므로, $\sim(p \to q) \not\equiv (p \to \sim q)$이다.

조건문 $p \to q$의 부정 명제는 다음 정리로부터 구할 수 있다.

정리 2.1

조건문 $p \to q$와 명제 $\sim p \vee q$는 동치이다. 즉, $p \to q \equiv \sim p \vee q$가 성립한다.

증명 다음 진리표로부터 두 명제의 진릿값이 일치함을 확인할 수 있다.

p	q	$p \to q$	$\sim p$	$\sim p \vee q$
T	T	T	F	T
T	F	F	F	F
F	T	T	T	T
F	F	T	T	T

□

정리 2.1은 일상적인 언어표현에서는 성립하지 않는 것에 주의하자. 예를 들어 조건문 "비가 오면 날씨가 춥다"와 명제 "비가 오지 않던지 날씨가 춥다"는 일상적인 표현으로는 같은 의미를 전달한다고 할 수 없다. 하지만 논리학과 수학에서는 명제의 진릿값만을 고려하기 때문에 두 문장이 참이 되는 상황과 거짓이 되는 상황을 생각하면, 두 문장은 동일한 상황에서 항상 같은 진릿값을 가짐을 확인할 수 있다. (비가 오고 날씨가 춥지 않을 때 둘 다 거짓이고, 나머지 상황에서는 둘 다 참이다.)

예 2.4 조건문 $p \to q$는 $\sim p \vee q$와 동치이므로, 부정명제 $\sim (p \to q)$는 $\sim (\sim p \vee q) \equiv p \wedge \sim q$와 동치이다. 그러므로 명제 "비가 오면 날씨가 춥다"의 부정은 "비가 오고 날씨가 춥지 않다"이다.

정의 2.10

명제 p와 q에 대하여, 합성명제 "p일 때만 q이다(p if and only if q)"를 **쌍조건문**이라 하고 기호로 $p \leftrightarrow q$로 나타내며, 진릿값은 $p \leftrightarrow q \equiv (p \to q) \wedge (q \to p)$로 정의한다. 쌍조건문의 진리표는 다음과 같다.

p	q	$p \to q$	$q \to p$	$p \leftrightarrow q$
T	T	T	T	T
T	F	F	T	F
F	T	T	F	F
F	F	T	T	T

p가 "비가 온다"이고 q가 "날씨가 춥다"일 때, 쌍조건문 $p \leftrightarrow q$는 "비가 올 때만 날씨가 춥다"가 된다. 그리고 쌍조건문의 진릿값은 p와 q의 진릿값이 서로 같을 때는 T이고 서로 다를 때는 F가 된다.

조건문 $p \to q$와 쌍조건문 $p \leftrightarrow q$는 완전히 다른 명제이다. 하지만 일상적인 언어표현에서는 이 둘을 구분하지 않고 조건문을 쌍조건문의 의미로 쓸 때가 많으므로 주의할 필요가 있다. 예를 들어

"이번 학기에 성적우수 장학금을 받으면 노트북을 사주겠다"

라는 약속을 생각해 보자. 이 약속은 조건문이기 때문에, 장학금을 받았는데 노트북을 사주지 않은 경우에만 거짓이 된다. 그러므로 약속을 지킨다면, 장학금을 받지 못했더라

도 여전히 노트북을 사줄 가능성이 존재하는 것이다. 하지만 일상에서 위와 같은 약속은 "장학금을 받지 못하더라도 노트북을 사줄 수 있다"는 것을 의미하지 않으며, 장학금을 받으면 노트북을 사주고 장학금을 받지 못하면 노트북을 사주지 않는다는 의미이다. 그러므로 일상에서는 조건문을 쌍조건문의 의미로 쓰는 경우가 있음을 알 수 있다.

이러한 현상은 특별히 초등수학교육에서 더욱 주의해야 한다. 초등수학은 이후 중고등학교에서 배우는 수학과 다르게, 엄밀하고 정확한 표현보다는 상식적이고 일상적인 표현을 주로 사용하기 때문이다. 앞에서 예로 들었던 명제

"삼각형의 세 변의 길이가 3cm, 3cm, 7cm이면, 이 삼각형은 정삼각형이다"

는 엄밀하게는 수학적으로 참인 명제이지만, 초등수학에서는 이 명제를 일상 표현으로 받아들여 거짓인 문장으로 해석할 수도 있다. 그러므로 교사는 엄밀한 수학 지식을 알고 있어야 하지만, 동시에 이러한 지식을 학생들의 수준에 맞게 일상적인 표현으로 가르칠 수 있어야 한다.

정의 2.11

명제 $p \to q$에 대하여, 명제 $q \to p$와 $\sim q \to \sim p$를 각각 $p \to q$의 역(易), 대우(對偶)라고 정의한다. 참고로 명제 $\sim p \to \sim q$를 명제 $p \to q$의 이(異)라고 정의하는데, 이(異)는 수학에서 거의 사용되지 않기 때문에 최근 학교수학에서 삭제되었다.

예를 들어 "비가 오면 날씨가 춥다"라는 명제의 역은 "날씨가 추우면 비가 온다"이고, 대우는 "날씨가 춥지 않으면 비가 오지 않는다"이다.

정리 2.2

조건문 $p \to q$와 대우명제 $\sim q \to \sim p$는 동치이다. 즉,

$$(p \to q) \equiv (\sim q \to \sim p)$$

이 성립한다.

증명 다음 진리표로부터 두 명제의 진릿값이 일치함을 확인할 수 있다.

p	q	$p \to q$	$\sim q$	$\sim p$	$\sim q \to \sim p$
T	T	T	F	F	T
T	F	F	T	F	F
F	T	T	F	T	T
F	F	T	T	T	T

□

정의 2.12

명제 P, Q에 대하여 $P \to Q$가 항진명제일 때, P가 Q를 **함의한다**(P implies Q)고 하고 기호로 $P \Rightarrow Q$로 나타낸다. 그리고 $P \Rightarrow Q$일 때, P를 Q이기 위한 **충분조건**, Q를 P이기 위한 **필요조건**이라 한다. $P \Rightarrow Q$이고 $Q \Rightarrow P$일 때, P와 Q는 **필요충분조건**이라 하고 기호로 $P \Leftrightarrow Q$로 나타낸다.

명제함수에 대해서는 **정의 2.12**가 학교수학의 정의와 일치함을 보이자. 학교수학에서는 두 명제함수 $r(x)$, $s(x)$와 각각에 대한 진리집합 R, S에 대해, $R \subset S$이면 $r(x) \to s(x)$가 참이며 이때 $r(x) \Rightarrow s(x)$라 정의하였다. **정의 2.9**에 의하면, $x \in R \subset S$일 때 $r(x)$와 $s(x)$의 진릿값이 모두 T이므로 $r(x) \to s(x)$의 진릿값은 T가 된다. 그리고 $x \notin R$이면 $r(x)$의 진릿값이 F이므로, $r(x) \to s(x)$의 진릿값은 T가 된다. 그러므로 $R \subset S$이면 임의의 x에 대해 $r(x) \to s(x)$의 진릿값이 항상 T이므로, $r(x) \to s(x)$는 항진명제가 되어 $r(x) \Rightarrow s(x)$이다. 그러므로 학교수학의 정의는 **정의 2.12**를 유도하며, 그 역[8]도 같은 방법으로 보일 수 있다.

8) $r(x) \to s(x)$가 항진명제이면 진리집합이 $R \subset S$를 만족함을 보이면 된다.

쉬어가기 2.2

고등학교 수학 시험에 정답이 '필요충분조건'인 문제를 냈는데, 어떤 학생이 답으로 '충분필요조건'이라 썼다. 과연 이 학생의 답을 맞게 해야 할까?

저자는 이 질문을 현직 교사와 대학교수에게 동시에 물었을 때, 서로의 의견이 첨예하게 달라서 치열하게 싸우는 모습을 자주 볼 수 있었다. 많은 교사가 학생의 답이 당연히 틀렸다고 생각했지만, 교수 대부분은 학생의 답이 당연히 맞다고 생각했다. 왜 이러한 차이가 생긴 것일까?

저자가 만났던 다수의 교사는 '필요충분조건'이라는 용어가 교육과정에 나오는 공식 용어이지만, '충분필요조건'은 공식적인 용어가 아니기 때문에 답으로 적절치 못하다고 생각하였다. 그리고 교육과정에 없는 용어들을 허용하기 시작한다면, 다양한 용어들(예를 들면 충분하고 필요한 명제이다)이 난립하게 되어 결국 수학적 의사소통에 문제가 생길 수도 있다는 우려를 표하였다.

하지만 대학교수 대부분은 이러한 생각에 반대하는데, 학문 수학에서는 실제로 같은 의미를 가진 다양한 용어들을 자유롭게 허용하고 있으며, 이렇게 하더라도 수학자들 사이에서 수학적 의사소통에 큰 문제가 없기 때문이다. 그리고 '필요충분조건'은 영어 표현 'necessary and sufficient condition'으로부터 유래하였는데, 영어에서는 이를 'sufficient and necessary condition'이라 써도 되기 때문에, 용어의 유래를 생각하면 '충분필요조건'은 충분히 허용할 만한 표현이라 생각한다.

저자는 교수라서 교수들의 생각에 더 공감하고 있다. 하지만 교사들의 의견에도 주목해야 할 부분이 있는데, 학교수학에서는 공식적인 용어를 사용하는 것이 중요하다는 것이다. 특별히 대학 입시가 학생들의 인생에 절대적인 영향을 끼치고 있는 현 상황에서는, 교사들이 내신성적의 공정성을 위해 시험 채점에서 보수적인 입장을 취할 수밖에 없다. 이러한 상황에서는 교육과정에 근거하여 '충분필요조건'이 틀린 답이라고 주장하기는 쉬우나, 교육과정을 벗어나서 학문 수학을 근거로 '충분필요조건'이 맞는 답이라 주장하는 것은 쉽지도 않고 적절하지도 않다.

결국 학교수학과 학문 수학이 서로 다르기 때문에 이러한 관점의 차이가 발생한다고 볼 수 있다. 학생들이 학교에서 배우는 수학은 학교수학이지만, 교사들은 학문 수학의 특성을 이해하여 여유로운 마음을 가지고 학교수학을 가르치게 되기를 바란다.

예 2.5 다음은 대표적인 함의 명제들이다.

(1) $p \Rightarrow p \vee q$, $q \Rightarrow p \vee q$

(2) $p \wedge q \Rightarrow p$, $p \wedge q \Rightarrow q$

(3) $(p \vee q) \wedge \sim p \Rightarrow q$, $(p \vee q) \wedge \sim q \Rightarrow p$

(4) **삼단논법** $(p \rightarrow q) \wedge (q \rightarrow r) \Rightarrow (p \rightarrow r)$

예 2.5에 대한 증명은 이전과 마찬가지로 진리표로 할 수 있다. 여기에서는 (3)의 첫 번째 명제와 (4)에 대한 진리표만 제시하고, 나머지는 독자에게 맡긴다.

p	q	$p \vee q$	$\sim p$	$(p \vee q) \wedge \sim p$	q	$(p \vee q) \wedge \sim p \rightarrow q$
T	T	T	F	F	T	T
T	F	T	F	F	F	T
F	T	T	T	T	T	T
F	F	F	T	F	F	T

p	q	r	$p \rightarrow q$	$q \rightarrow r$	$(p \rightarrow q) \wedge (q \rightarrow r)$	$p \rightarrow r$	$(p \rightarrow q) \wedge (q \rightarrow r) \rightarrow (p \rightarrow r)$
T	T	T	T	T	T	T	T
T	T	F	T	F	F	F	T
T	F	T	F	T	F	T	T
T	F	F	F	T	F	F	T
F	T	T	T	T	T	T	T
F	T	F	T	F	F	T	T
F	F	T	T	T	T	T	T
F	F	F	T	T	T	T	T

3장 집합과 수

3장 미리 보기

자연수란 무엇인가? 자연수는 '사물의 개수'를 추상화한 것이다. 그렇다면 0은 자연수인가? 교사 중에는 0이 자연수라 하면 수학에 심각한 문제가 생긴다고 걱정하는 이들이 종종 있으나, 0을 자연수라 정의해도 큰 문제가 생기지 않으며, 학문 수학에서는 종종 자연수에 0을 포함시킨다.

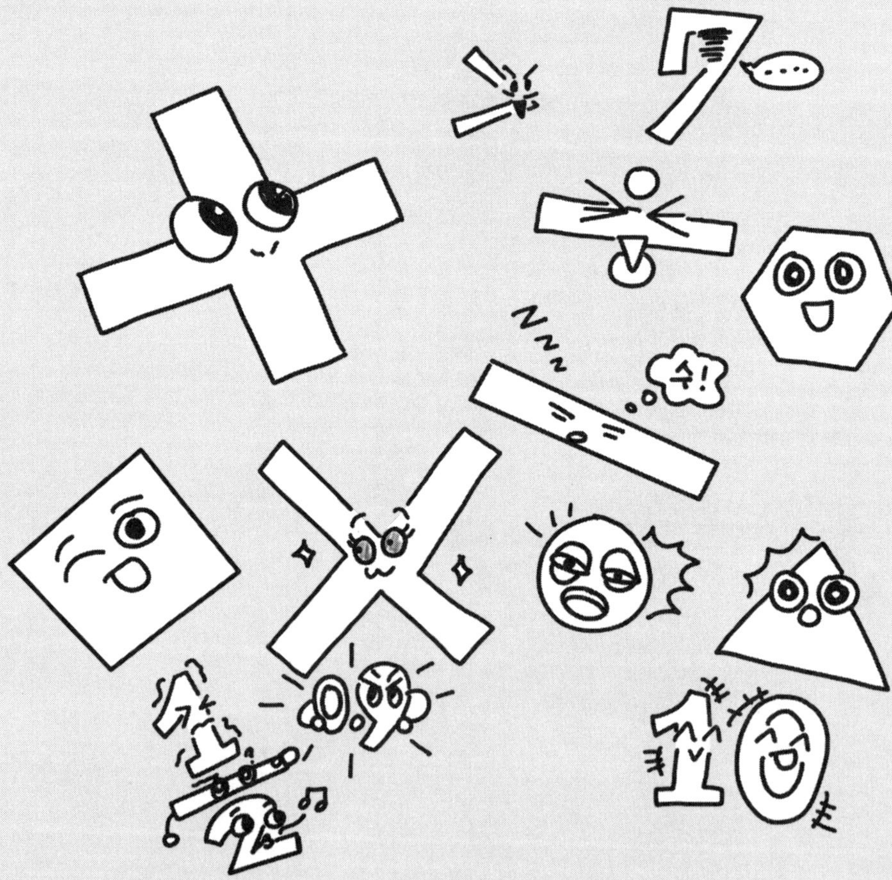

3장

집합과 수

집합은 수학의 가장 근본적인 대상 중 하나이며, 20세기에 가장 큰 변화를 겪은 수학 개념 중 하나이다. 특별히 집합론의 발전과 역설로부터 시작된 수학기초론에 대한 논의는 수학뿐만 아니라 철학에도 큰 영향을 끼쳤다. 이번 장에서는 이후에 공부하며 필요한 최소한의 집합 지식과 수의 기본적인 성질만을 다루며, 이 책의 주 독자가 초등교사임을 고려하여 추상적인 정의와 엄밀한 구성은 부록으로 미루었다. 추상적이고 엄밀한 논증을 좋아하는 독자는 부록을 추가로 공부하기를 권하며, 철학적인 논의를 좋아하는 독자는 이후 집합론과 수리철학 책을 공부하기를 권한다.

정의 3.1
어떤 기준에 의해 대상을 분명히 정할 수 있을 때, 그 대상들의 모임을 **집합**이라 하며, 집합을 이루는 대상 하나하나를 **원소**라 한다.

학교수학에서는 집합을 **정의 3.1**과 같이 정의(참고문헌 [4])하며, 이 정의는 19세기까지 엄밀하고 정확한 것으로 생각되었다. 하지만 1902년에 **러셀의 역설**(Russell's paradox)이 발표되어 **정의 3.1**이 집합의 정의로 부적절하다는 사실이 밝혀졌다. 오늘날 학문 수학에서는 집합을 상당히 복잡한 방식으로 정의하는데, 이 책의 목적은 학교수학을 이해하는 것이기 때문에, 집합의 현대적인 정의는 제시하지 않는다.

쉬어가기 3.1

러셀(Russell, 1872~1970)의 역설은 여러 가지 변형된 형태가 있다. 먼저 수식을 사용하지 않는 버전을 보자.

"어느 마을에는 자신의 머리를 스스로 깎지 않는 모든 사람의 머리를 깎아주는 이발사가 있다.9) 그렇다면 이 이발사는 자신의 머리를 깎아야 할까, 깎지 말아야 할까?"

만일 이발사가 자신의 머리를 깎는다면, 이발사가 자신의 머리를 스스로 깎는 사람이 되므로 머리를 스스로 깎을 수 없다는 가정에 모순이다. 만일 자신의 머리를 스스로 깎지 않는다면, 이발사는 자신의 머리를 스스로 깎지 않는 사람이 되므로 이발사가 머리를 깎아주어야 하는데 이것도 모순이다. 그러므로 이러한 이발사는 존재할 수 없다.

이제 **정의 3.1**이 가진 결함을 밝혀보자. 먼저 집합을 원소로 갖는 집합 X에 대해 $X \notin X$라는 조건을 생각해 보자. 많은 집합, 예를 들면 $X=\{\{1\}, \{1,2\}\}$는 $X \notin X$가 성립한다. 하지만 X를 모든 무한집합을 원소로 갖는 집합이라 정의하면, X도 무한집합이므로 $X \in X$가 성립한다.

$S=\{X \mid X \notin X\}$를 생각하자. S는 분명한 기준에 의해 정의되었기 때문에 **정의 3.1**에 의해 집합이라 할 수 있다. 이때 $S \in S$인가, $S \notin S$인가? 만일 $S \in S$이면 S의 정의에 의해 $S \notin S$이므로 모순이다. 만일 $S \notin S$이면 S의 정의에 의해 $S \in S$이므로 모순이다. 그러므로 이러한 집합 S는 존재할 수 없으며, **정의 3.1**은 집합의 정의로 불충분하다.

집합을 표현하는 방식으로 **원소나열법**과 **조건제시법**이 있다. 원소나열법은 집합이 가진 모든 원소를 나열한 것이고, 조건제시법은 집합의 원소가 될 조건을 제시한 것이다. 예를 들면 짝수 집합 A를 원소나열법으로 표현하면 $A=\{2, 4, 6, 8, \cdots\}$이고 조건제시법으로 표현하면 $A=\{2n \mid n$은 자연수$\}$가 된다. 하지만 많은 무한집합이 원소나

9) 한국어로는 뜻이 충분히 표현되지 않아 부연 설명을 하면, 자신의 머리를 스스로 깎지 않는 모든 이들의 머리는 반드시 이 이발사가 깎아야 하며, 자신의 머리를 스스로 깎는 사람의 머리는 이 이발사가 절대로 깎을 수 없다는 뜻이다.

열법으로는 적절하게 표현되지 않기 때문[10]에, 수학에서는 원소나열법보다는 조건제시법이 더 많이 사용된다.

쉬어가기 3.2

학교수학에 좋은 용어가 있을까? 좋은 용어란 이름이 그 개념을 잘 드러내야 하는데, 저자가 생각하기에 이러한 기준에 가장 잘 맞는 것이 바로 '원소나열법'과 '조건제시법'이다. 저자는 이보다 더 개념을 명확하게 보여주는 수학용어는 보지 못하였는데, 그래서인지 이 용어들을 처음 만들어서 교과서에 소개하였던 故 박한식 교수님께서는 이런 멋진 용어를 만드신 것을 평생 자랑스러워하셨다고 한다.

그렇다면 나쁜 용어도 있을까? 나쁜 용어는 개념을 헷갈리게 하는데, 저자는 이런 용어로 '일대일함수', '일대일대응'을 꼽는다. 이 용어는 마치 '일대일대응'은 함수가 아닌 것 같은 느낌을 주는데, 수업 시간에 일대일대응이 함수임을 강조하다가 실수로 '일대일대응함수'라는 표현을 쓸 때가 많았다. '일대일대응함수'는 일대일대응인가, 일대일함수인가? 이 용어는 저자를 정말로 헛갈리게 한다.

널리 사용되는 수학 용어들은 쉽게 바꿀 수 없으나, 그동안 수학교육계에서는 여러 번의 교육과정 개정을 통해 안 좋은 수학 용어들을 꾸준히 개선하고 있다. 수학을 가르치는 사람들은 정해진 수학 용어를 무조건 받아들일 것이 아니라, 개선이 필요한 용어들을 정리하고 발표해서 더 좋은 것이 되도록 노력해야 한다.

앞으로 새로운 정의가 많이 등장하기 때문에 여기에서 새로운 기호 :=를 도입하겠다. 이 기호는 대상을 정의할 때에만 사용하는데, 새로운 대상이나 기호 A를 정의할 때 다음과 같은 표현

$$A := B \text{ 또는 } B =: A$$

을 쓰면, A를 B로 정의하겠다는 의미이다. 그러므로 A가 새로 정의하려는 대상이나 기호이고, B는 A의 정의를 서술하는 표현이 된다.

---

10) 예를 들면 무리수 집합은 원소나열법으로 표현되지 않는다.

집합에 대한 기본적인 연산을 정의하자. 곱집합을 제외한 나머지 연산들은 이미 학교 수학을 통해 충분히 익숙할 것이기에, 여기에서는 이러한 연산을 어떻게 형식적으로 정의하는지에 주목하여 살펴보자.

정의 3.2

전체집합 U와 U의 두 부분집합 A, B에 대하여, **합집합** $A \cup B$, **교집합** $A \cap B$, **여집합** A^c, **차집합** $A - B$, **곱집합** $A \times B$는 다음과 같이 정의한다.

$$\begin{aligned} &A \cup B := \{x \in U \mid (x \in A) \vee (x \in B)\}, \\ &A \cap B := \{x \in U \mid (x \in A) \wedge (x \in B)\}, \\ &A^c := \{x \in U \mid x \notin A\}, \\ &A - B := \{x \in U \mid (x \in A) \wedge (x \notin B)\}, \\ &A \times B := \{(x, y) \mid (x \in A) \wedge (y \in B)\}. \end{aligned}$$

곱집합은 순서쌍을 원소로 가짐에 주의하자. 예를 들어 $A = \{1, 2\}$이고 $B = \{a, b, c\}$일 때,

$$A \times B = \{(1, a),\ (1, b),\ (1, c),\ (2, a),\ (2, b),\ (2, c)\}$$

가 된다. 여기에서 곱집합이라는 이름은 어디에서 유래한 것일까? 유한집합 X에 대하여 $n(X)$를 집합 X의 원소 개수라 하면,

$$n(A \times B) = n(A) \times n(B)$$

이 성립함은 쉽게 알 수 있다. 위의 식에서 $A \times B$의 원소의 개수는 A와 B의 원소 개수의 곱으로 표현되기 때문에, 곱집합이라는 용어와 $\times$ 기호를 도입하게 된 것이다.

수학에서는 다양한 수 집합을 자주 사용하기 때문에, 수 집합을 나타내는 간단한 기호를 정의하여 사용한다. 다음 기호들은 이후 내용을 위해 반드시 외워두어야 한다.

- 자연수(natural number) 집합 $\mathbb{N}$
- 정수(integer) 집합 $\mathbb{Z}$

- 유리수(rational number) 집합 $\mathbb{Q}$
- 실수(real number) 집합 $\mathbb{R}$
- 무리수(irrational number) 집합 $\mathbb{R}-\mathbb{Q}$
- 복소수(complex number) 집합 $\mathbb{C}$

자연수란 무엇인가? 자연수의 엄밀한 정의는 부록에서 소개하였으며, 이곳에서 아이디어만 소개하면 자연수는 '사물의 개수'를 추상화한 것이다. 예를 들어 사과 3개, 접시 3개, 사람 3명 등이 가진 공통 성질인 같은 개수로부터 3이라는 자연수를 정의했다고 할 수 있다.

0은 자연수인가? 교사 중에는 0을 자연수라 하면 수학에 심각한 문제가 생긴다고 걱정하는 이들이 종종 있으나, 0을 자연수라 정의해도 큰 문제는 생기지 않는다. 컴퓨터 프로그래밍에 익숙한 독자들은 수열을 정의할 때 0번째 항부터 정의하는 것에 익숙할 것이다. 이렇게 공학에서는 자연수에 0을 포함하여 생각할 때가 많으며, 학문 수학에서도 자연수에 0을 포함하는 것이 더 자연스러울 때가 많다. 참고로 미국에서는 자연수 집합에 0을 추가한 $\mathbb{N}\cup\{0\}$을 **범자연수**(whole number) 집합이라 정의해서 사용하기도 하는데, 수학교육학에서는 종종 사용되지만 학문 수학[11])에서는 거의 사용되지 않는다.

정의 3.3

수로 이루어진 집합 A와 연산(덧셈, 뺄셈, 곱셈, 나눗셈 중 하나)에 대하여, A의 임의의 두 원소를 연산한 결과가 다시 A의 원소가 될 때, 집합 A는 이 연산에 대해 **닫혀있다**고 정의한다. 예를 들어 자연수 집합 $\mathbb{N}$은 덧셈과 곱셈에 대해 닫혀있지만, 뺄셈과 나눗셈에 대해서는 닫혀있지 않다.

정수란 무엇인가? 수학적으로 엄밀한 정의는 부록에서 소개하였으며, 여기에서는 아이디어만 소개한다. 정수 집합은 자연수 집합을 확장하여 뺄셈에 대해 닫혀있게 만든 것이다. 구체적으로는 자연수 집합에, 작은 수에서 큰 수를 뺀 것들, 예를 들면 $1-2$, $1-3$, $1-4$, $\cdots$, $3-7$, $3-8$, $\cdots$ 등과 같은 원소를 추가하여 확장한 것이다. 그러므로 정수 집합은 덧셈과 곱셈뿐만 아니라 뺄셈에 대해서도 닫혀있다.

유리수란 무엇인가? 유리수 집합은 정수 집합을 확장하여 나눗셈에 대해서도 닫혀있

11) 학문 수학에서는 '음이 아닌 정수(non-negative integer)'라는 표현을 더 선호한다.

게 만든 것으로, 유리수란 두 정수의 비로 표현되는 수를 의미한다. 정확하게는

$$\mathbb{Q} := \left\{ \frac{p}{q} \;\middle|\; p, q \in \mathbb{Z},\ q \neq 0 \right\}$$

로 정의하며, 이를 엄밀하게 구성하는 방법은 부록에서 소개하였다. 여기에서 유리수의 영어 표현이 rational number라는 것은 흥미로운데, rational은 '이성적인, 합리적인'이라는 뜻이므로, 유리수란 '상식적인 수'를 뜻한다. 실제로 고대 그리스 시대의 수학자였던 피타고라스(Pythagoras, 기원전 570?~490?)는 세상의 모든 것이 수로 이루어져 있다고 생각했는데, 여기에서 수란 유리수를 의미하였다. 흥미롭게도 유리수가 아닌 수, 즉 무리수(irrational number)가 존재한다는 것을 처음 발견한 사람은 피타고라스 학파[12)]에 소속된 히파수스(기원전 500?)로 알려져 있는데, 모든 것이 유리수로 이루어져 있다는 피타고라스의 철학이 잘못되었다는 것을 피타고라스 학파 사람이 증명한 것이다. 아래는 히파수스가 발견한 것으로 알려진, 유리수가 아닌 수의 존재성에 대한 증명이다.

정리 3.1
한 변의 길이가 1인 정사각형의 대각선의 길이(즉, $\sqrt{2}$)는 유리수가 아니다.

증명 $\sqrt{2}$가 유리수라 가정하면, $\sqrt{2} = \dfrac{p}{q}$를 만족하는 서로소인 자연수 p, q를 찾을 수 있다. 이 식의 양변을 제곱하면 $2 = \dfrac{p^2}{q^2}$으로부터 $p^2 = 2q^2$을 얻으며, 이로부터 p^2이 짝수이므로 p는 짝수가 된다. $p = 2k(k \in \mathbb{N})$라 두면 $(2k)^2 = 2q^2$으로부터 $q^2 = 2k^2$을 얻는다. 이로부터 q^2이 짝수이므로 q도 짝수가 된다. 그러므로 p와 q는 2를 공약수로 가지는데, 이는 p와 q가 서로소라는 가정에 모순이다. 그러므로 $\sqrt{2}$는 유리수가 아니다. □

유리수의 정의에서 분모가 0인 경우를 제외한 사실에 주목하자. 왜 분수의 분모는 0이 될 수 없을까? 그 이유를 두 가지 경우로 나누어서 알아보자.

12) 피타고라스 학파는 피타고라스가 만든 종교 단체이며, 수학과 과학을 통해 마음을 정화할 수 있다고 믿었다. 이들은 진정한 쾌락은 수(유리수)의 완전성을 아는 것으로 생각하여 수를 진지하게 연구하였는데, 아이러니하게도 그 결과 유리수가 완전하지 못하다는 것을 발견하였다.

먼저 분모만 0인 경우를 생각해 보자. 예를 들어 $\frac{1}{0}$이 어떤 수 a가 되었다고 가정하면, $\frac{1}{0}=a$이므로 $1=a\times 0=0$이 되어 모순이다. 그러므로 분모만 0인 분수는 값을 정의할 수 없다.

이제 $\frac{0}{0}$을 생각해 보자. $\frac{0}{0}=b$가 되었다고 가정하면, $0=b\times 0=0$이 되므로 모순이 생기지 않는다. 그리고 규칙성 찾기를 해보면,

$$\cdots,\ \frac{-2}{-2}=1,\ \frac{-1}{-1}=1,\ \frac{0}{0}=?,\ \frac{1}{1}=1,\ \frac{2}{2}=1,\ \cdots,$$

로부터 $\frac{0}{0}=1$이 되어야 할 것처럼 보인다. (사실 0이 아닌 임의의 정수 n에 대하여, $\frac{n}{n}$은 항상 1이다.) 그러면 왜 수학에서는 $\frac{0}{0}$을 1로 정의하지 않을까? 위의 식 $\frac{0}{0}=b$에서 $0=b\times 0=0$은 b에 어떤 값이 들어가도 항상 성립하는 식이 되기 때문에, b에는 유일한 값을 정의할 수 없기 때문이다.

지금까지의 논의를 정리하면 다음과 같다. $\frac{1}{0}$은 값을 정의하면 모순이 되기 때문에 정의하지 않고, $\frac{0}{0}$은 하나의 값으로 정해지지 않기 때문에 정의하지 않는다.

쉬어가기 3.3

위의 설명이 분수의 분모가 0이 될 수 없는 이유에 대한 가장 일반적인 설명이지만, 이 설명이 충분하게 느껴지지 않는 독자들을 위해 다른 관점의 설명을 하나 더 추가한다.

$\frac{1}{0}$의 값이 정의될 수 있는지를 알아보려면, $x\to 0$일 때 $\frac{1}{x}$이 하나의 값으로 수렴하는지를 확인하면 된다. 그런데 $\lim_{x\to 0+}\frac{1}{x}=\infty$, $\lim_{x\to 0-}\frac{1}{x}=-\infty$이므로, $\lim_{x\to 0}\frac{1}{x}$은 수렴하지 않는다. 그러므로 $\frac{1}{0}$은 정의될 수 없다.

마찬가지로 $\frac{0}{0}$의 값이 정의될 수 있는지를 알아보려면, $x\to 0$, $y\to 0$일 때 $\frac{y}{x}$가 하나의 값으로 수렴하는지를 확인하면 된다. 고등학교에서 두 변수가 동시에 변하는 극한[13)]은 배우지 않았기 때문에 이를 수열의 극한으로 바꾸어 생각해 보면,

$$\lim_{n\to\infty}\frac{\frac{1}{n+1}}{\frac{1}{n}}=1,\ \lim_{n\to\infty}\frac{\frac{3}{n+1}}{\frac{1}{n+2}}=3,\ \lim_{n\to\infty}\frac{\frac{1}{n^2}}{\frac{1}{n+1}}=0,\ \lim_{n\to\infty}\frac{\frac{1}{n+2}}{\frac{1}{n^2}}=\infty$$

이 되어, 분자와 분모가 어떠한 비율로 0에 다가가는지에 따라 그 극한값이 다양하게 된다. 그러므로 $x\to 0$, $y\to 0$일 때 $\frac{y}{x}$는 무수히 많은 극한값을 가질 수 있으므로, $\frac{0}{0}$은 하나의 값으로 정의할 수 없다.

실수란 무엇인가? 실수를 정확하게 정의하기는 대단히 어려운데, 실수의 개념은 19세기에야 비로소 정립될 정도로 오랜 시간이 걸렸다. 학교수학에서는 실수를 수직선 위의 점과 일대일대응이 되는 수로 정의하지만, 사실 이러한 정의는 수직선 위의 점을 어떻게 실수로 해석할 수 있는지에 대한 설명[14]이 빠져 있기 때문에 논리적인 결함이 있다. 저자는 학교수학에 적합하면서 동시에 학문 수학 관점에서도 충분히 정당한 실수의 정의가 무엇인지를 숙고하여, 아래 **정의 3.4**를 제시한다. 저자는 이 정의가, 학문 수학에서 제시하는 다양한 실수의 정의 중에서 학교수학과 교사교육에 가장 적합하다고 생각한다.

정의 3.4

무한수열 $a_n\in\{0,1,2,\cdots,9\}$과 정수 m에 대하여,

$$m+0.a_1a_2\cdots a_n\cdots$$

꼴의 수 표현을 **소수전개**(decimal expansion)라 한다. 소수전개로 표현되는 수를 실수라 정의한다.

13) 이러한 종류의 극한은 대학 수학에서 다변수함수를 공부하며 정의한다.

14) 이에 관해 간단히 설명하면, 학문 수학에서 실수는 '순서관계(order relation)를 가지고 완비성(completeness)을 갖춘 체(field)'로 정의하며, 이러한 정의를 만족시키는 대상들 사이에는 일대일대응이 존재함이 알려져 있다. 수직선 위의 점들 사이에는 자연스러운 순서관계가 존재하고, 완비성이 있다고 가정할 수 있으며, 체 구조를 정의할 수 있으므로 실수와 일대일대응이 됨을 설명할 수 있다.

소수전개에서 소수점 아래 어떤 자리에서부터 일정한 숫자의 배열이 계속해서 되풀이되는 실수를 **순환소수**라 정의하고, 순환소수가 아닌 실수를 **비순환소수**라 정의한다. 예를 들어 0.44123123123...이나 0.123000...은 순환소수[15)]이고, 자연수를 크기 순서로 나열한 후 소수점 아래에 차례로 붙여 만든 소수전개 0.12345678910111213...는 비순환소수이다. 순환소수에서 계속해서 되풀이되는 숫자의 배열을 **순환마디**라 하며, 순환소수는 순환마디의 첫 숫자와 끝 숫자 위에 점을 찍어서 줄여 쓰기도 한다. 예를 들면

$$0.44123123123\ldots = 0.44\dot{1}2\dot{3},\ 0.123000\ldots = 0.123\dot{0}$$

과 같이 쓴다.

> **정리 3.2**
> 유리수의 소수전개는 항상 순환소수가 되며, 역으로 순환소수는 항상 유리수가 된다.

정리 3.2가 당연하지 않다는 사실에 주의하자. 보통 이 정리를 중학교 때 증명이나 정당화 없이 암기하여, 무의식적으로 당연하다고 여기는 이들이 많기 때문이다. 참고로 여기에서 유리수란 두 정수의 비로 표현되는 수를 의미한다.

먼저 순환소수가 유리수가 됨은 다음과 같이 확인할 수 있다. 예를 들어 $0.44\dot{1}2\dot{3}$의 경우, $x = 0.44\dot{1}2\dot{3}$이라 두면,

$$\begin{array}{rl} & 100000x = 44123.123123123\ldots \\ - & \quad\ \ 100x = \quad\ \ 44.123123123\ldots \\ \hline & 99900x = 44123 - 44 \end{array}$$

로부터 $x = \dfrac{44123-44}{99900}$가 되어 x가 유리수임을 확인할 수 있다. 이 계산 방법은 일반적인 순환소수에 항상 적용할 수 있으므로, 순환소수는 항상 유리수가 된다.

이제 유리수의 소수전개가 항상 순환소수가 됨을 확인해 보자. 이 사실은 그리 당연하지 않은데, 실제로 유리수 $\dfrac{1}{29}$의 소수전개[16)]를 직접 구해보면 순환마디가 잘 보이지

---

15) 논의를 간편하게 하도록, 학교수학과는 다르게 유한소수도 순환마디가 0인 순환소수라 정의한다.

16) $\dfrac{1}{29} = 0.\dot{0}34482758620689655172413793\dot{1}$

않아서 정말로 순환소수가 될 것이라는 확신이 생기지 않는다. 그러므로 유리수의 소수전개에 왜 항상 순환마디가 존재하는지에 대한 논증이 필요하다.

간단한 예인 $\frac{1}{7}$에 대해 실제 계산을 통해 순환마디가 항상 존재함을 알아보자. $\frac{1}{7}=0.\dot{1}4285\dot{7}$을 구하는 계산은 다음과 같다.

```
       0.142857...
    ┌───────────
  7 │ 10
      7
    ───────────
      30
      28
    ───────────
       20
       14
    ───────────
        60
        56
    ───────────
         40
         35
    ───────────
          50
          49
    ───────────
           10
            ⋮
```

여기에서 반복되어 등장한 숫자인 **10**에 주목하자. 10이 반복되었기 때문에, 이후 나눗셈 계산은 이전과 동일한 계산이 반복되며, 이러한 이유로 순환마디가 생기게 된다.

그렇다면 왜 유리수의 소수전개 계산에서는 반복된 숫자가 나오게 되는 것일까? $\frac{1}{7}$의 소수전개 계산에서는 분모가 7이기 때문에, 모든 나눗셈 계산에서 항상 7로 나누고 있다는 사실에 주목하자. 자연수를 7로 나눌 때의 나머지는 0부터 6까지만 가능하므로, 나눗셈을 무한히 반복하다 보면 이미 나왔던 나머지가 반복해서 나올 수밖에 없다. 이러한 이유로 유리수의 소수전개 계산에서는 같은 숫자가 반복되는 상황이 항상 발생하게 되어, 그러므로 항상 순환마디를 가진 순환소수로 표현되는 것이다.

정의 3.5

비순환소수로 표현되는 실수를 무리수라 정의한다.

복소수란 무엇인가? 복소수 집합 $\mathbb{C}$ 의 정의는 다음과 같으며, 여기에서 i는 $i^2=-1$을 만족하는 수이다.

$$\mathbb{C} := \{a+bi \mid a,b\in\mathbb{R}\}$$

복소수는 좌표평면 $\mathbb{R}^2=\{(x,y) \mid x,y\in\mathbb{R}\}$ 위의 점과 일대일대응이 되기 때문에, 굳이 없어도 될 것처럼 보일 수 있다. 하지만 복소수 집합에는 $\mathbb{R}^2$에 없는 유용한 성질들이 많아서 대단히 널리 사용되고 있는데, 예를 들어 전기를 다루는 학문인 전자기학은 거의 모든 이론을 복소수를 기반으로 전개하고 있다.

쉬어가기 3.4

학생들이 고등학교에서 복소수를 배우는 이유는 무엇일까? 이 책은 초등교사를 주 독자로 하는데, 초등교사에게는 복소수가 큰 의미가 없으므로 여기에서 자세한 설명을 제시하는 것은 적절치 못할 것이다. 하지만 고등학교에서 왜 복소수를 배워야 했는지에 대해 의문을 가진 독자[17)]들을 위해 몇 가지 이유를 간단히 제시한다.

먼저 복소수를 계수로 가지는 n차 방정식은 항상 n개의 복소수 해를 가진다는 '대수학의 기본 정리'가 있다. 독자들은 2차방정식의 해는 많아야 2개라는 사실을 기억할 것이다. 여기에서 만일 복소수 해를 허용한다면 2차방정식은 항상 2개의 해를 가지게 되어, 다양하고 좋은 성질들을 활용할 수 있게 된다.

그리고 학교수학에 등장하는 평행이동, 대칭이동, 회전이동은 복소수를 이용하면 좌표평면에서보다 훨씬 간편하게 기술할 수 있게 되는데, 전자기학에서 복소수가 많이 사용되는 이유가 바로 이것 때문이다.

이외에도 복소수를 이용한 미적분학 이론은 대단히 멋진 성질들을 많이 가지고 있으므로, 학문 수학에서 복소수는 대단히 강력한 도구가 된다. 하지만 이러한 내용은 이 책의 범위를 넘기 때문에, 관심 있는 독자들은 대학 전공수학(복소해석학) 교재를 참고하기를 바란다.

17) 저자는 현재 고등학교에서 복소수가 적절하게 다루어지지 않고 있다고 생각하며, 이러한 이유로 복소수가 왜 필요한지에 대해 많은 독자가 의문을 가지고 있을 것이라 예상한다.

이제 수학에서 가장 많이 사용되는 기호인 ∀와 ∃를 정의하자.

정의 3.6
"모든 x에 대해 $p(x)$이다(For all x, $p(x)$ holds)"라는 명제를 줄여서

$$\forall x,\ p(x)$$

로 나타내고, "$p(x)$를 만족하는 x가 존재한다(There exists an x such that $p(x)$)" 라는 명제를 줄여서

$$\exists x \text{ s.t. } p(x)$$

로 나타낸다. 여기에서 ∀를 **전칭기호**, ∃를 **존재기호**라 부르며, ∀와 ∃를 모두 **한정기호**라 한다. 한정기호는 명제함수가 가진 변수를 한정하여 명제함수를 명제로 바꾸어주는 역할을 한다.

한정기호 ∀는 영어로 for all이라 읽는데, 알파벳 A를 뒤집어서 만든 기호이고, ∃는 there exist라 읽는데, 알파벳 E를 뒤집어서 만든 것이다. 그리고 s.t.는 such that 또는 satisfying을 줄여 쓴 것이다. 여기에 사용되는 수식 표현과 약어들은 영어에서 유래한 것이기 때문에 한국어 어순과는 잘 맞지 않고 영어 어순과 정확히 일치한다.

예 3.1 "$\forall x \in \mathbb{R},\ x^2 \geq 0$"은 진릿값이 T인 명제이고, "$\forall x \in \mathbb{C},\ x^2 \geq 0$"은 진릿값이 F인 명제이다. "$\exists x \in \mathbb{R}$ s.t. $x^2 < 0$"은 진릿값이 F인 명제이고, "$\exists x \in \mathbb{C}$ s.t. $x^2 < 0$"은 진릿값이 T인 명제이다.

수학에서 엄밀하게 논리를 전개하다 보면 한정기호 ∀와 ∃를 대단히 많이 쓰게 된다. 하지만 이 책에서는 과도한 한정기호 사용은 피하였으며, 특별히 의미에 혼란이 없을 때는 한정기호를 생략하기도 하였다.

정리 3.3
명제 "$\forall x,\ p(x)$"의 부정명제는

$$\exists x \text{ s.t. } \sim p(x)$$

이고, "$\exists x$ s.t. $p(x)$"의 부정명제는

$$\forall x,\ \sim p(x)$$

이다.

정리 3.3에서 '$\forall$'의 부정은 '$\exists$'이 되고, '$\exists$'의 부정은 '$\forall$'이 된다는 사실에 주의하자.

정의 3.7
두 집합 A, B의 모든 원소가 일치할 때 A와 B가 **같다**고 하고 $A=B$라 쓴다. $x\in A \Rightarrow x\in B$가 성립할 때, A를 B의 **부분집합**이라 정의하고 $A\subset B$라 쓴다. $A\subset B$이고 $A\neq B$일 때, A를 B의 **진부분집합**이라 하고 $A\subsetneq B$라 쓴다.

정리 3.4
공집합 $\varnothing$은 임의의 집합의 부분집합이다.

증명 임의의 집합을 A라 두었을 때 조건문

$$x\in\varnothing \rightarrow x\in A$$

는 가정이 거짓이므로 항상 참이다. $x\in\varnothing \Rightarrow x\in A$이므로, $\varnothing\subset A$가 성립한다.

□

정의 2.9에서 조건문을 정의할 때 가정이 거짓인 명제의 진릿값은 항상 참이라 하였는데, **정리 3.4**와 그 증명은 왜 이러한 선택이 적절하였는지를 보여주고 있다. 만일 가정이 거짓일 때 조건문의 진릿값이 항상 참이 아니었다면 **정리 3.4**는 성립하지 않는다.[18]

정의 3.8
집합 A에 대해 A의 모든 부분집합을 원소로 가지는 집합을 **멱집합**(또는 **지수집합**)이라 정의하고, 기호로 $P(A)$ (또는 2^A)로 표시한다. 이를 조건제시법으로 표현하면 다음과 같다.

$$P(A) := \{X \mid X \subset A\}$$

예 3.2 $A=\{1,2,3\}$일 때, 멱집합 $P(A)$은 다음과 같다.

$$P(A)=\{\varnothing, \{1\}, \{2\}, \{3\}, \{1,2\}, \{1,3\}, \{2,3\}, \{1,2,3\}\}$$

독자들은 **정의 3.8**에서 멱집합이라는 이름이 생소할 것이다. 여기에서 멱(冪)이란 거듭제곱을 의미하는데, 이 이름은 $n(A)=k$일 때, $n(P(A))=2^k$으로부터 유래한 것이다. 멱집합이 한자 표현이기 때문에 요즘에는 이를 순화하여 지수집합이라 부르기도 하며, $P(A)$ 대신 2^A를 쓸 때가 더 많다. 2^A 기호를 사용하면 멱집합의 원소 개수 공식을 다음과 같이 깔끔하게 표현할 수 있다는 장점이 있다.

$$n(2^A)=2^{n(A)}$$

하지만 2^A 기호는 이후 멱집합이 다시 등장하는 5장에서 사용하기 불편하기 때문에, 이 책에서는 $P(A)$ 기호만을 사용하였다. **정리 3.5**에 등장하는 두 개의 부등식은 5장에서 중요하게 사용된다.

정리 3.5
유한집합 A와 B가 $A \subset B$이면,

$$n(A) \le n(B)$$

가 성립한다. 그리고 A의 멱집합 $P(A)$에 대하여,

18) 만일 p의 진릿값이 F일 때 조건문 $p \to q$의 진릿값을 항상 F라 정의했다면, 공집합은 어떤 집합에 대해서도 부분집합이 될 수 없다. 특별히 공집합은 공집합의 부분집합도 되지 않기 때문에, 이러한 수학 체계는 상식적이지 않다고 할 수 있다.

$$n(A) < n(P(A))$$

가 성립한다.

증명 $A \subset B$일 때 $n(A) \leq n(B)$임은 자명하므로, $n(A) < n(P(A))$를 보이자.

$n(A) = k$라 두면 $k \geq 0$이고 $n(P(A)) = 2^k$이 성립한다. 여기에서 음이 아닌 정수 k에 대해 $k < 2^k$이 성립하는 것을 수학적귀납법으로 증명하자.

먼저 $k = 0, 1$일 때에는 $k < 2^k$이 성립한다. 자연수 $k \geq 1$에 대하여 부등식 $k < 2^k$이 성립한다면,

$$2^{k+1} = 2 \times 2^k > 2 \times k \geq k+1$$

로부터 $k+1$에 대해서도 부등식이 성립한다. 그러므로 임의의 음이 아닌 정수 k에 대하여 $k < 2^k$이 항상 성립한다. □

탐구과제 3.1

다음은 하나의 집합, 두 개의 집합, 세 개의 집합에 대한 벤 다이어그램이다.

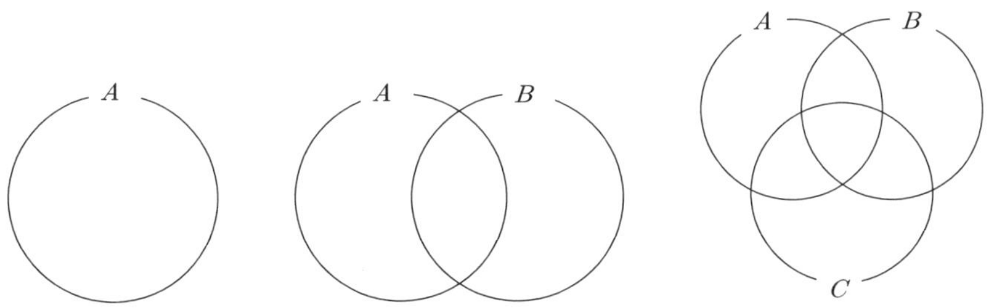

네 개의 집합에 대한 벤 다이어그램은 어떻게 그려야 할까? 이를 일반화하여, 일반적인 개수의 집합에 대한 벤 다이어그램은 어떻게 그릴 수 있을까?

벤 다이어그램을 그리는 패턴을 찾아서 규칙적인 그림을 그리는 것은 수학적인 연구 대상이 되지만, 여러 개의 집합에 대해 단순히 벤 다이어그램을 그리는 것은 수학 연구 주제로는 부적합하다. 왜 그러할까?

4장

함수

4장 미리 보기

학교수학에 나오는 모든 연산은 교환법칙을 만족하는데, 유일하게 함수의 합성만은 교환법칙을 만족하지 않는다. 그렇기 때문에 학교수학을 공부할 때 함수의 합성에서 교환법칙이 성립하지 않는 것을 확인하는 경험은 대단히 중요하다고 할 수 있다.

4장

함수

수학이란 무엇일까? 보통 수학은 '수를 다루는 학문'이라고 생각하지만, 실제로는 수보다는 함수나 패턴을 더 많이 다루는 것 같다. 그래서 어떤 이들은 수학을 '패턴의 과학'이라고 정의하였으며, 많은 수학자가 이 정의에 공감하고 있다.

함수를 엄밀하게 정의하는 것은 초등교사에게 과도하게 추상적[19]이어서 교육적으로 부적절할 수도 있다. 그래서 엄밀한 정의는 부록에서 다루고, 이곳에서는 학교수학에서 다루는 기본적인 개념과 5장에서 필요한 개념들만을 제한적으로 다룬다.

학교수학에서 함수를 바라보는 관점은 크게 두 가지가 있다. 하나는 역동적으로 변하는 현상을 기술하는 방식이 함수라고 보는 관점이고, 또 다른 하나는 두 집합 사이의 대응 관계가 함수라고 보는 관점이다. 전통적으로 학교수학에서는 함수를 집합의 대응 관점으로 가르친 후, 이에 관한 특별한 사례로 일차함수, 이차함수 등을 가르쳐왔다. 하지만 이러한 관점이 현실에서 역동적으로 변하는 현상을 기술하는 함수의 본질을 제대로 보여주지 못한다는 비판에 따라 최근에는 이전과 다른 방식으로 가르치고 있다. 현재는 정비례와 반비례, 일차함수, 이차함수로 변하는 현상을 기술하는 방식으로 함수를 먼저 도입한 후, 이후에 집합의 대응 개념으로 일반화한 함수 개념을 도입하고 있다. 이를 요약하면, 전통적으로는 함수의 정의를 먼저 제시한 후 특별한 사례를 보여주는 연역적 방법으로 함수를 지도하였으나, 최근에는 특별한 사례를 통해 일반적인 정의에 다가가는 귀납적 방법으로 함수를 지도하고 있다고 할 수 있다.

---

19) 수학의 본질은 추상성에 있으므로, 사실 추상적인 내용을 다루지 않으면 더 이상 수학이 아니라고 말할 수도 있다. 이 책에서는 독자들을 배려하여 과도하게 추상적인 내용은 부록으로 옮겨두었지만, 사실 수학의 본질을 알기 위해서는 부록의 내용을 반드시 공부해야 한다.

하지만 귀납적 방법과 연역적 방법 중 어느 쪽으로 학습하는지에 상관없이, 여전히 학생들은 특별한 함수의 예(정비례와 반비례, 다항함수, 유리함수, 무리함수, 지수함수, 로그함수, 삼각함수 등)와 일반적인 함수의 정의를 잘 연결하지 못하는 것으로 보인다. 그러므로 이번 장에서는 일반적인 함수의 정의와 구체적인 사례들을 연결하는 작업을 하려 한다.

정의 4.1

집합 X의 각 원소에 집합 Y의 원소가 하나씩만 대응할 때, 이러한 대응을 **함수** f라 하고, 기호로 $f: X \to Y$로 나타낸다. 여기에서 X를 **정의역**, Y를 **공역**이라 한다.

X의 원소 x가 함수 f에 의해 y에 대응할 때 기호로 $f(x)=y$ 또는 $x \mapsto y$로 표시하고, x를 **독립변수**, y를 **종속변수**라 한다.

집합 $f(X) := \{f(x) | x \in X\}$를 f의 **치역**이라 정의한다.

함수는 다양한 방식으로 표현할 수 있으며, 주로 벤 다이어그램, 좌표평면에서의 그래프, 관계식 제시 등을 많이 이용한다. 먼저 벤 다이어그램을 통해 함수인 예와 함수가 아닌 예를 살펴보자.

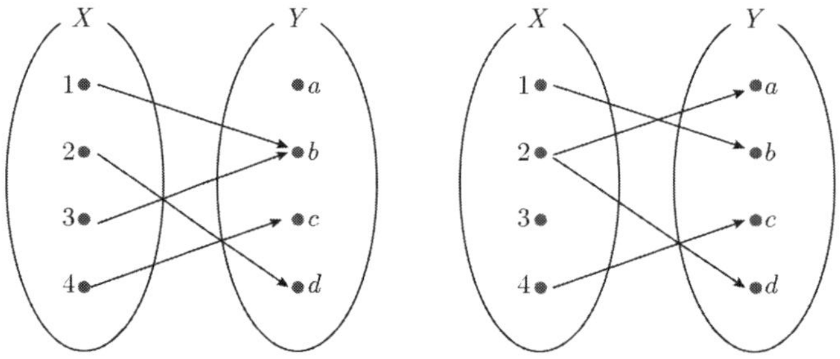

여기에서 왼쪽 그림은 함수인데, X의 각 원소가 Y의 원소에 하나씩만 대응하고 있다. 하지만 오른쪽 그림은 함수가 아닌데, X의 원소인 2는 두 개의 원소 a와 d에 대응하고 있고, X의 원소인 3에는 대응하는 Y의 원소가 없기 때문이다. 참고로 두 벤 다이어그램은 모두 X에서 Y로의 대응이지만, 둘 중에 함수인 것은 왼쪽뿐이다.

벤 다이어그램을 이용한 함수 표현은 원소 간의 대응을 그림으로 잘 보여준다는 장점이 있다. 하지만 정의역이 무한집합일 경우에는 벤 다이어그램으로 표현하는 것이 적절치 못할 때가 많다.

예전에는 초등학교에서도 함수를 가르쳤는데, 그때 자주 사용했던 그림은 다음과 같다.

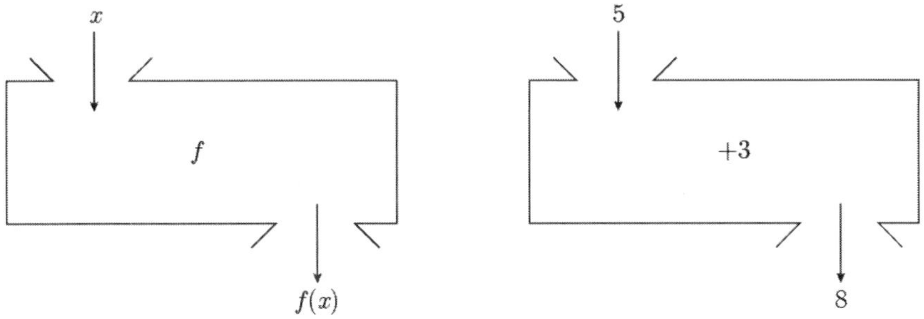

왼쪽 그림은 일반적인 함수를 나타내고, 오른쪽 그림은 $f(x) = x + 3$을 나타낸다. 이 그림은 함수의 본질을 직관적으로 보여준다는 장점이 있는데, 입력값(정의역의 원소 x)에 대해 출력값(대응하는 공역의 원소 $f(x)$)이 하나뿐이어야 한다는 사실을 잘 설명해 준다. 실제로

① 하나의 입력값에 대해 출력값이 없는 경우
② 하나의 입력값에 대해 출력값이 2개 이상 있는 경우

가 존재하면 함수가 될 수 없는데, 위의 그림을 통해 이 두 가지 상황을 직관적으로 설명할 수 있어, 초등학생에게 함수 개념을 지도하는 데에 많이 사용되었다.

정의역 X와 공역 Y가 모두 실수의 부분집합인 함수 f에 대하여, f의 그래프는

$$\{(x, f(x)) \in \mathbb{R}^2 \mid x \in X\}$$

로 정의한다. 여기에서 함수의 그래프는 좌표평면 $\mathbb{R}^2$의 부분집합이다. 함수의 그래프는 함수를 표현하는 가장 일반적인 방법이지만, 학문 수학에서 다루는 복잡한 함수 중에는 그래프를 그려서 눈으로 확인하기 곤란한 것[20]들이 있으므로 충분하지는 못하다. 이러한 이유로 수학에서 함수를 표현하는 가장 보편적인 방법은, $x \mapsto y$에 대하여 x와 y 사이의 관계식을 $y = f(x)$ 형태로 제시하는 것이다.

20) 예를 들어 함수 $f(x) = \begin{cases} 1 & (x \in \mathbb{Q}) \\ 0 & (x \in \mathbb{R} - \mathbb{Q}) \end{cases}$는 그래프를 그려 눈으로 확인하는 것이 곤란하다.

정의 4.2
$a < b$를 만족하는 실수 a, b에 대하여, 실수 집합 $\mathbb{R}$의 부분집합을 다음과 같이 정의한다.

열린 구간 $(a,b) := \{x \in \mathbb{R} \mid a < x < b\}$, $(-\infty, b) := \{x \in \mathbb{R} \mid x < b\}$,
$(a, \infty) := \{x \in \mathbb{R} \mid x > a\}$

닫힌 구간 $[a,b] := \{x \in \mathbb{R} \mid a \le x \le b\}$, $(-\infty, b] := \{x \in \mathbb{R} \mid x \le b\}$,
$[a, \infty) := \{x \in \mathbb{R} \mid x \ge a\}$

반열린(또는 반닫힌) 구간 $(a,b] := \{x \in \mathbb{R} \mid a < x \le b\}$,
$[a,b) := \{x \in \mathbb{R} \mid a \le x < b\}$

정의 4.2에서 구간이 경계점 $x = a, b$를 포함할 때 닫힌 구간이라 하고, 구간이 경계점을 포함하지 않을 때 열린 구간이라 한다. 여기에서 $\pm\infty$는 경계가 아니기 때문에 구간에 포함시킬 수 없다는 것에 주의하자.

반비례 관계를 나타내는 $xy = 1$은 함수인가? x값 하나에 대해 y값이 하나씩만 결정되기 때문에 함수 조건을 만족시키지만 $x = 0$일 때에는 y값이 결정되지 않으므로, 정의역에 0이 포함된다면 함수라 할 수 없다. 그러므로

- 정의역이 $\mathbb{R}$이면 $xy = 1$은 함수가 아니고,
- 정의역이 $\mathbb{R} - \{0\}$이면 $xy = 1$은 함수이다.

마찬가지로 $f(x) = \sqrt{x-3}$의 경우도 정의역이 $[3, \infty)$이면 함수이지만, 정의역이 $\mathbb{R}$이면 함수가 아니다. 그러므로 함수는 반드시 정의역을 명시해 줄 필요가 있는데, 만일 정의역이 명시되지 않았을 때는 일반적으로 정의역으로 가능한 가장 큰 집합을 정의역으로 생각[21]한다. 예를 들면 $f(x) = \frac{1}{x}$의 경우 정의역은 $\mathbb{R} - \{0\}$, $f(x) = \sqrt{x-3}$의 경우 정의역은 $[3, \infty)$으로 생각한다.

21) 암묵적인 약속이라 할 수 있다. 하지만 공식적인 것은 아니라서, 공적인 시험에서는 이를 가정하지 않는 것이 바람직하다.

쉬어가기 4.1

$y = ax + b$와 $ax + by + c = 0$의 차이는 무엇일까? 둘 다 직선의 방정식이지만, $y = ax + b$는 일차함수의 그래프가 되는 직선[22]만을 나타낼 수 있고 $ax + by + c = 0$은 임의의 직선을 모두 나타낼 수 있다.

예를 들어 점 $(1, 3)$에서 중심이 원점이고 반지름이 1인 원에 그은 접선을 구해보자. 구하고자 하는 직선을 $y = k(x-1)+3$이라 두면, 이 직선과 원점 사이의 거리가 1이라는 조건으로부터

$$\frac{|k-3|}{\sqrt{k^2+1}} = 1$$

을 얻고, 이를 정리하면 $k = \frac{4}{3}$를 얻는다. 그러므로 구하려는 직선은 $y = \frac{4}{3}x + \frac{5}{3}$이다. 여기에서 이상한 점이 느껴지는가?

원 밖의 점에서 원에 그은 접선은 항상 2개가 나와야 하지만, 위의 풀이에서는 1개만 구할 수 있었다. 어떻게 된 것일까? 사실 구하고자 하는 직선을 처음부터 $y = k(x-1)+3$이라 두었기 때문에, 조건을 만족시키는 직선 중에서 y축과 평행한 접선인 $x = 1$은 이러한 방식으로 구할 수 없었다. 그러므로 이러한 오류를 피하려면, 처음부터 직선의 방정식을 $a(x-1)+b(y-3)=0$이라 두고 문제를 해결하던지, 아니면 $y = k(x-1)+3$이라 두고 접선을 구한 후 y축과 평행한 접선이 존재하는지를 추가로 확인해야 한다.

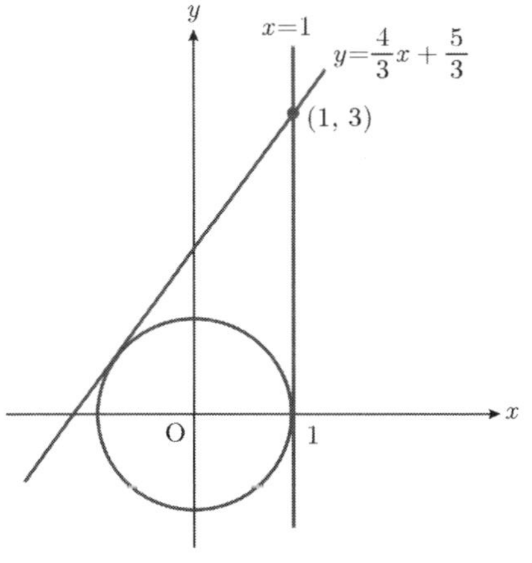

정의 4.3
두 함수 $f: X \to Y$, $g: Y \to Z$에 대하여

$$\begin{aligned} g \circ f: X &\to Z \\ x &\mapsto g(f(x)) \end{aligned}$$

로 정의되는 함수 $g \circ f$를 f와 g의 **합성함수**라 한다.

정의 4.3에서 합성함수 $g \circ f$는 f의 공역과 g의 정의역이 일치할 때만 정의된다는 사실에 주의하자.

예 4.1 정의역과 공역이 모두 $\mathbb{R}$인 두 함수 $f(x) = 2x+1$, $g(x) = x-2$에 대해 $(g \circ f)(x)$와 $(f \circ g)(x)$를 각각 구해보면

$$\begin{aligned} (g \circ f)(x) &= g(2x+1) = (2x+1)-2 = 2x-1, \\ (f \circ g)(x) &= f(x-2) = 2(x-2)+1 = 2x-3 \end{aligned}$$

이 된다. 이로부터 $g \circ f \neq f \circ g$임을 알 수 있다.

정의역과 공역이 모두 $\mathbb{R}$인 모든 함수를 모은 집합 $F = \{f \mid f: \mathbb{R} \to \mathbb{R}\}$를 생각하자. 이 집합에서 두 함수 $f, g \in F$를 뽑으면 $f \circ g \in F$가 되므로, 함수의 합성 $\circ$은 F에서의 연산[23]으로 생각할 수 있다. 이때 함수의 합성이 교환법칙이 성립하지 않는다는 사실은 대단히 중요하다.

학교수학에서 교환법칙이 성립하지 않는 연산이 있는가? 수의 사칙연산 중 뺄셈과 나눗셈은 교환법칙이 성립하지 않지만, 사실 $a-b = a+(-b)$이고 $a \div b = a \times \dfrac{1}{b}$이므로, 뺄셈은 덧셈으로 표현할 수 있고 나눗셈은 곱셈으로 표현할 수 있다. 결국 학교수학에서 수의 연산에는 덧셈과 곱셈만 있다고 볼 수 있으며, 이 두 연산은 모두 교환법칙을 만족한다. 그리고 주어진 두 집합에 대해 합집합, 교집합을 구하는 것도 연산으로 볼 수 있는데, 이 연산도 교환법칙을 만족한다. 그러므로 학교수학에 나오는 모든 연산은

22) y축과 평행하지 않은 직선을 의미한다.
23) 집합 A에서 두 원소를 뽑아서 계산한 결과가 다시 A의 원소가 될 때, 이 계산 방법을 집합 A에서의 **연산**이라 부른다.

교환법칙을 만족하는데, 유일하게 함수의 합성만은 교환법칙을 만족하지 않는다.

학교수학만 공부한 학생들은 대부분의 연산에서 교환법칙이 성립할 것이라 기대할 것이다. 하지만 실제 수학을 연구하고 활용하는 이들은 수보다는 함수를 더 많이 사용하기 때문에, 대부분의 수학적 상황에서는 연산의 교환법칙이 성립하지 않는다. 그러므로 학교수학을 공부할 때 함수의 합성에서 교환법칙이 성립하지 않는 것을 확인하는 경험은 대단히 중요하다고 할 수 있다.

초등학교 수학 교과서에 함수의 합성의 교환법칙이 성립하지 않음을 보여주는 내용이 있다면 믿을 수 있겠는가? 초등학생에게 함수의 개념을 가르치지 않는데, 어떻게 함수의 합성의 교환법칙이 등장할 수 있을까? 그러나 2015개정 교육과정 4학년 국정교과서에는 이와 관련된 내용이 실제로 나와 있으며, 이후 7장에서 이에 대해 자세히 살펴보겠다.

정의 4.4

함수 $f : X \to Y$를 생각하자.

(1) X의 임의의 두 원소 x_1, x_2에 대하여, $x_1 \neq x_2$일 때 항상 $f(x_1) \neq f(x_2)$가 성립하면, f를 일대일함수(단사함수)라 한다.

(2) $f(X) = Y$가 성립하면, 즉 f의 치역과 공역이 일치하면, f를 전사함수라 한다.

(3) f가 일대일함수(단사함수)이고 $f(X) = Y$를 만족(전사함수)하면, f를 일대일대응(전단사함수)이라 한다.

정의 4.4의 첫 번째 조건인 "$x_1 \neq x_2$일 때 항상 $f(x_1) \neq f(x_2)$가 성립한다"를 보이는 것이 번거로울 경우가 있다. 이럴 때는 대우명제를 생각하여, "$f(x_1) = f(x_2)$가 성립하면 $x_1 = x_2$이다"를 보이는 것이 더 편리한 경우가 많다.

쉬어가기 4.2

3장을 공부한 독자라면 저자가 나쁜 수학용어로 '일대일함수', '일대일대응'을 꼽았던 것을 기억할 것이다. 이 두 용어가 고등학교 교육과정 용어이기 때문에 이 책에서도 이 용어를 사용하지만, 저자가 생각하기에 이 용어들 대신 옛날 일본어 한자 표현인 단사(單射)함수, 전사(全射)함수, 전단사(全單射)함수가 더 이해하기 쉬운 것 같다. 단사(單射)라는 표현은 공역의 원소들이 화살을 최대 한 발만 맞은 모습을 나타내고, 전사(全射)는 공역의 모든 원소들이 화살을 맞은 모습을 나타내며, 전단사(全單射)라는 표현은 전사이면서 동시에 단사라는 뜻이다.

예 4.2 함수는 정의역과 공역에 따라 일대일함수/일대일대응 여부가 달라지기도 한다. 예를 들면 이차함수 $f(x)=x^2$는 $f:\mathbb{R}\to\mathbb{R}$ 일 때 일대일함수가 아니다. 하지만 정의역을 제한하여 $f:[0,\infty)\to\mathbb{R}$ 을 생각하면 이제는 일대일함수가 되지만, 이 함수의 치역은 $f([0,\infty))=[0,\infty)$이고 공역은 $\mathbb{R}$이므로 $f([0,\infty))\neq\mathbb{R}$ 로부터 일대일대응은 되지 않는다. 하지만 여기에서 함수의 공역을 $[0,\infty)$로 제한하여 $f:[0,\infty)\to[0,\infty)$를 생각하면 이제는 일대일대응이 된다.

정리 4.1

함수 $f:X\to Y$를 생각하자. 만일 함수 f가 일대일함수이지만 일대일대응이 아니라면, f의 공역을 $f(X)$로 제한하여 일대일대응

$$f:X\to f(X)$$

이 되도록 할 수 있다.

정의역이 $X=\{1,2,3\}$이고 공역이 $Y=\{a,b\}$인 함수 중에서 일대일함수는 모두 몇 개가 있는가? 실제로 이러한 함수를 찾기 위해, 1에 대응하는 원소를 정하고 2에 대응하는 원소를 정하고 나면, 3에 대응하는 원소는 더 이상 존재할 수 없게 된다. 그러므로 X에서 Y로의 일대일함수는 존재하지 않는다. 이러한 사실을 일반화하면 다음 정리를 얻는다.

정리 4.2
유한집합 X, Y에 대해 함수 $f: X \to Y$를 생각하자.
(1) f가 일대일함수이면 $n(X) \leq n(Y)$가 성립한다.
(2) f가 일대일대응이면 $n(X) = n(Y)$가 성립한다.

증명 $X = \{x_1, x_2, \cdots, x_k\}$라 두자. f가 일대일함수이면 f의 치역은

$$f(X) = \{f(x_1), f(x_2), \cdots, f(x_k)\}$$

이므로, $n(X) = n(f(X))$가 성립한다. 이때 $f(X) \subset Y$이므로, 정리 3.5에 의해

$$n(X) = n(f(X)) \leq n(Y)$$

가 성립한다. 그리고 f가 일대일대응이면 $f(X) = Y$이므로,

$$n(X) = n(f(X)) = n(Y)$$

가 성립한다. □

정의 3.6에서 존재함을 나타내는 기호로 $\exists$를 정의하였는데, 이 기호 옆에 !를 붙이면 유일하게 존재함(exist uniquely)을 나타내는 기호가 된다. 예를 들어

$$\exists !x \text{ s.t. } p(x)$$

는 "$p(x)$를 만족하는 x가 하나만 존재한다(There exists a unique x such that $p(x)$)" 라는 뜻이다.

정의 4.5
일대일대응 $f: X \to Y$를 생각하자. 일대일대응 조건으로부터, $\forall y \in Y$에 대하여

$$\exists !x \text{ s.t. } y = f(x)$$

이므로, 함수 f^{-1}를

$$f^{-1} : Y \to X$$
$$y \mapsto x$$

와 같이 정의한다. f^{-1}를 f의 **역함수**라 한다.

역함수의 정의는 수학 기호를 많이 사용하여 위와 같이 표현하는 것이 가장 명확하고 간결하다. 하지만 이러한 기호 사용이 익숙하지 않은 독자들을 위해, 같은 정의를 풀어서 아래에 다시 기술하였다. 독자들은 이 두 정의를 비교하면서 함수와 관련된 수학 기호 표현에 익숙해지기를 바란다.

정의 4.6

일대일대응 $f : X \to Y$를 생각하자. 일대일대응 조건으로부터, Y의 임의의 원소 y에 대하여 $y = f(x)$를 만족시키는 $x \in X$가 유일하게 존재하므로, y를 x에 대응시키는 함수를 $f^{-1} : Y \to X$라 정의한다. f^{-1}를 f의 **역함수**라 한다.

예 4.3 정의역이 $X = \mathbb{R} - \{3\}$, 공역이 $Y = \mathbb{R} - \{1\}$인 유리함수 $f(x) = \dfrac{x-2}{x-3}$는 일대일대응이 된다. 이때 역함수 f^{-1}를 구해보자. 역함수는 $x \mapsto y$를 $y \mapsto x$로 바꾸는 것이므로, 함수식 $y = \dfrac{x-2}{x-3}$에서 x와 y를 바꾼 $x = \dfrac{y-2}{y-3}$가 역함수의 함수식이 된다. 함수식 $x = \dfrac{y-2}{y-3}$에서 x가 독립변수이고 y가 종속변수이기 때문에, 식을 y에 대해 정리하면 $y = \dfrac{3x-2}{x-1}$를 얻는다. 그러므로 $f^{-1}(x) = \dfrac{3x-2}{x-1}$이다.

위의 **예 4.3**에서는 $f^{-1}(x)$를 x에 대한 식으로 정확하게 표현할 수 있었으나, 역함수의 식을 구하는 것이 항상 가능한 것은 아니다.
예를 들어 삼차함수 $f(x) = x^3 + 3x^2 + 7x$는

$$f'(x) = 3x^2 + 6x + 7 = 3(x+1)^2 + 4 > 0$$

이므로 증가함수이고, 그러므로 일대일대응이다. 하지만 $f^{-1}(x)$를 x에 대한 식으로 표현[24]하기는 쉽지 않다. 마찬가지로 $g(x) = \tan x$도 정의역을 $\left(-\dfrac{\pi}{2}, \dfrac{\pi}{2}\right)$로 제한하면

일대일대응이 되어 역함수가 존재하는데, $g^{-1}(x)$는 학교수학에서 배우는 함수들로 표현하는 것이 불가능[25)]하다.

정리 4.3
$y=f(x)$가 일대일대응이면, $y=f(x)$와 $y=f^{-1}(x)$의 그래프는 직선 $y=x$에 대해 대칭이다.

증명 $y=f(x)$의 그래프 위의 임의의 점을 $\mathrm{P}(x, y)$라 두고, 이 점을 직선 $y=x$에 대해 대칭이동시킨 점을 $\mathrm{P}'(x', y')$이라 두자.

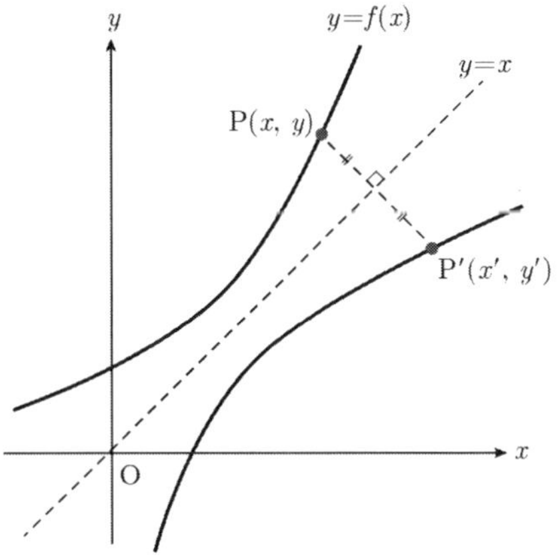

그러면 P와 P′의 중점은 직선 $y=x$에 놓이므로,

$$\frac{y+y'}{2}=\frac{x+x'}{2} \quad \cdots ①$$

가 성립한다. 그리고 직선 $\overline{\mathrm{PP}'}$은 직선 $y=x$와 수직이므로, 직선 $\overline{\mathrm{PP}'}$의 기울기는 -1이다. 이로부터

$$\frac{y'-y}{x'-x}=-1 \quad \cdots ②$$

24) 사실 이 경우에는 3차방정식의 근의 공식을 활용하면 $f^{-1}(x)$를 x에 대한 식으로 정확하게 표현하는 것이 가능하다.

25) 대학 수학에서는 $g(x)=\tan x$의 역함수에 새로운 이름을 붙여 $g^{-1}(x)=:\arctan x$라 한다. arctan 함수는 정의역이 $\mathbb{R}$이고, 공역이 $\left(-\frac{\pi}{2}, \frac{\pi}{2}\right)$이다.

을 얻는다.

①과 ②를 연립하여 풀면 $y' = x$, $x' = y$이므로, P'의 좌표는 $\mathrm{P}'(y, x)$가 된다.

위의 논의로부터 함수 $y = f(x)$의 그래프를 직선 $y = x$에 대해 대칭이동시킨 도형의 방정식은 $x = f(y)$가 되는데, 이 식은 함수 $y = f(x)$의 역함수의 함수식이다. 그러므로 $y = f(x)$의 그래프를 직선 $y = x$에 대해 대칭이동시킨 결과는 $y = f^{-1}(x)$의 그래프가 된다. □

5장

무한집합

5장 미리 보기

실수 집합은 자연수 집합보다 원소 개수가
더 많은 무한집합이다. 그러므로 무한히 많은
정도에는 등급이 존재하는데, 자연수 개수만큼
많은 것보다 실수 개수만큼 많은 것이
더 높은 등급이 된다. 이를 모순적인 표현을 써서
직관적으로 표현하면, 자연수 집합은
'조금 무한히 많은' 집합이고, 실수 집합은
'많이 무한히 많은' 집합이다.

5장

무한집합

유한한 존재인 인간이 무한을 다룰 수 있을까? 수학에서는 무한을 실질적 무한과 가상적 무한으로 나누어 서로 다른 방식으로 다루는데, 이번 장에서는 실질적 무한(무한집합)을 다루고 6장에서는 가상적 무한(극한)을 다룬다. 이를 통해 유한한 인간이 지성의 힘으로 인간의 한계를 뛰어넘어 어떻게 무한을 자유롭게 다룰 수 있게 되었는지를 소개한다.

이번 장에서 다루는 내용은 학교수학과 직접적인 관계가 없다. 하지만 무한집합 이론은 20세기 사람들의 사고방식에 큰 영향을 주었으며, 이는 수학이 인류문화에 어떻게 기여하는가를 보여준 대표적인 사례이기 때문에 특별히 이번 장에서 다루게 되었다. 다른 장들에 비해 다소 어려운 부분이 있지만, 이번 장을 통해 배우는 내용은 수학을 가르치는 사람이라면 꼭 알아두어야 하는 필수적인 교양이라 할 수 있다. (참고문헌 [5])

정의 5.1

두 집합 X와 Y에 대하여, X에서 Y로의 일대일대응이 존재할 때 X와 Y가 서로 대등하다고 하고, 기호로 $X \sim Y$라 쓴다. 만일 X에서 Y로의 일대일대응이 존재하지 않으면, 기호로 $X \nsim Y$라 쓴다.

두 집합이 대등하다는 것은 두 집합의 원소 개수가 같다는 것을 의미한다. 실제로 유한집합의 경우, X에서 Y로의 일대일대응이 존재하는 것과 $n(X)=n(Y)$이 성립하는 것은 필요충분조건이 된다. 하지만 무한집합에서는 어떻게 될까? 무한집합에서도 일대일대응을 통해 원소의 개수를 정의할 수 있을까?

수학자 힐베르트(Hilbert, 1862~1943)는 무한집합이 가진 흥미로운 성질을 **힐베르트 호텔**이라는 가상적인 이야기를 통해 다음과 같이 소개하였다.

> 방이 무한히 많은 힐베르트 호텔이 있는데, 모든 방에 손님이 투숙하고 있었다. 어느 날 여행객 한 명이 호텔을 찾아와서 빈방에 투숙하고 싶다고 이야기하였다. 그러자 호텔 지배인은 다음과 같은 방법으로 빈방을 하나 만들어 여행객에게 제공하였다.
>
> 지배인은 모든 투숙객에게 다음과 같이 지시하였다. "모든 투숙객은 다음 방으로 옮기시기를 바랍니다. 1번 방에 계신 손님은 2번 방으로, 2번 방에 계신 손님은 3번 방으로, n번 방에 계신 손님은 $n+1$번 방으로 옮기세요." 모든 투숙객이 방을 옮기고 나면, 1번 방은 빈방이 된다.
>
> 여전히 모든 방에 손님이 투숙하고 있는 힐베르트 호텔에 어느 날 100명의 여행객이 찾아왔다. 지배인은 다음과 같은 방법으로 빈방을 100개 만들어 여행객에게 제공하였다.
>
> 지배인은 모든 투숙객에게 다음과 같이 지시하였다. "모든 투숙객은 다음과 같이 다른 방으로 옮기시기를 바랍니다. 1번 방에 계신 손님은 101번 방으로, 2번 방에 계신 손님은 102번 방으로, n번 방에 계신 손님은 $n+100$번 방으로 옮기세요." 모든 투숙객이 방을 옮기고 나면, 1번부터 100번까지의 방은 빈방이 된다.
>
> 그런데 어느 날 힐베르트 호텔에 위기가 닥치게 되었다. 모든 방에 손님이 투숙하고 있었는데, 무한히 많은 여행객이 찾아와서 호텔에 투숙하고 싶다고 한 것이다. 하지만 호텔 지배인은 당황하지 않고 무한히 많은 빈방을 만들어서 이들 모두에게 제공하였다. 어떻게 한 것일까?
>
> 지배인은 모든 투숙객에게 다음과 같이 지시하였다. "모든 투숙객은 자신의 방 번호에 2를 곱한 번호의 방으로 옮기시기를 바랍니다. 1번 방에 계신 손님은 2번 방으로, 2번 방에 계신 손님은 4번 방으로, n번 방에 계신 손님은 $2n$번 방으로 옮기세요." 모든 투숙객이 방을 옮기고 나면 홀수 번 방들은 모두 빈방이 되는데, 홀수는 무한히 많이 존재한다.

힐베르트 호텔은 무엇을 이야기하는가? 이 이야기는 다음 집합들 사이에 일대일대응이 존재함을 보여준다.

- $X=\mathbb{N}$, $Y=\mathbb{N}-\{1\}$에 대해 $\begin{array}{c} f: X \to Y \\ n \mapsto n+1 \end{array}$ 는 일대일대응이다.
- $X=\mathbb{N}$, $Y=\mathbb{N}-\{1, 2, \cdots, 100\}$에 대해 $\begin{array}{c} f: X \to Y \\ n \mapsto n+100 \end{array}$ 는 일대일대응이다.
- $X=\mathbb{N}$, $Y=\{2, 4, 6, 8, \cdots\}$에 대해 $\begin{array}{c} f: X \to Y \\ n \mapsto 2n \end{array}$ 는 일대일대응이다.

여기에서 Y는 항상 X의 진부분집합이라는 사실에 주목하자. X가 유한집합일 때에는 진부분집합 $Y \subsetneq X$에 대해 항상 $n(Y)<n(X)$가 성립하여 $X \nsim Y$가 된다. 하지만 X가 무한집합일 경우에는 진부분집합 $Y \subsetneq X$ 중에 $X \sim Y$를 만족시키는 것이 존재한다는 것을 알 수 있다. 이는 무한집합만이 가진 고유의 성질로, 수학자 데데킨트(Dedekind, 1831~1916)는 이 성질을 무한집합의 정의로 받아들일 것을 제안하였다.

정의 5.2 (Dedekind)
자신과 대등한 진부분집합을 가지는 집합을 **무한집합**이라 정의하고, 자신과 대등한 진부분집합을 가질 수 없는 집합을 **유한집합**이라 정의한다.

보통은 무한집합을 '원소 개수가 유한이 아닌 집합'으로 정의할 것이다. 하지만 이렇게 정의를 한 경우 주어진 집합 X가 무한집합임을 증명하려면, $n(X)$가 유한이라 가정한 후 모순[26)]을 찾아야 한다. 하지만 위의 **정의 5.2**를 받아들인다면, X의 한 진부분집합 Y와 X 사이의 일대일대응을 하나 만들어서 X가 무한집합임을 증명할 수 있게 된다. 무한집합을 어떠한 방식으로 정의하더라도 수학 이론을 전개할 때에는 큰 차이가 나지 않지만, **정의 5.2**에서 제시한 정의가 무한집합이 가진 가장 본질적인 성질임은 꼭 알아두어야 한다.

---

26) 이러한 증명 방법을 귀류법이라 한다. 러셀의 역설 때문에 발생했던 20세기의 다양한 철학적인 논쟁 때문에 수학자 중 일부는 귀류법을 사용하여 증명하는 것을 가급적 피했는데, 그들은 **정의 5.2**가 무한집합의 바람직한 정의라 생각하였다.

쉬어가기 5.1

10장에서 살펴볼 유클리드가 쓴 '원론'이라는 책은, 기원전에 집필되었음에도 오늘날까지도 수학교육에 큰 영향을 끼치고 있는 대단히 중요한 책이다. 이 책에서는 몇 가지 자명한 명제들을 가정으로 받아들인 후 이로부터 당시에 알려져 있던 수많은 기하학 정리들을 논리적으로 증명하였는데, 그 가정 중 하나를 소개하면 다음과 같다.

"공리5: 전체는 부분보다 크다"

이 명제는 지난 2000년 동안 너무나 당연해서 누구도 의심하지 않았던 사실이었다. 하지만 무한집합 이론을 창시한 수학자 칸토어(Cantor, 1845~1918)는 이 자명한 명제에 도전하여, 무한집합에서는 전체와 부분이 같을 수도 있음을 보였다. 칸토어가 무한집합 이론을 처음 발표했을 때는 수많은 수학자가 이론의 부자연스러움을 이유로 이를 비판하였는데, 100년이 지난 오늘날 칸토어의 이론은 대단히 자연스러우면서도 멋진 이론으로 재평가받고 있다.

정의 5.3

자연수 집합과 대등한 무한집합을 **가부번**(可附番, denumerable)**집합**이라 하고, 자연수 집합과 대등하지 않은 무한집합을 **비가부번**(非可附番, non-denumerable)**집합**이라 한다. 그리고 유한집합과 가부번집합을 **셀 수 있는**(countable) **집합**이라 하고, 비가부번집합을 **셀 수 없는**(uncountable) **집합**이라 한다.

정의 5.3을 정리하면 다음과 같이 나눌 수 있다.

- 집합
  - 셀 수 있는 집합
    - 유한집합
    - 가부번집합 ┐
  - 셀 수 없는 집합
    - 비가부번집합 ┘ 무한집합

여기에서 가부번집합이란 '번호를 부여할 수 있는 무한집합'을 의미하고, 비가부번집합이란 '번호를 부여할 수 없는 무한집합'을 의미한다. 여기에서 '번호'란 자연수 번호(1번,

2번, 3번, $\cdots$, n번, $\cdots$)를 의미하는데, 만일 집합 X가 가부번이면 일대일대응 $f : \mathbb{N} \to X$가 존재하기 때문에 $X = \{f(1), f(2), \cdots, f(n), \cdots\}$라 쓸 수 있으며, 이로부터 X의 1번 원소를 $f(1)$, 2번 원소를 $f(2)$, $\cdots$, n번 원소를 $f(n)$, $\cdots$ 와 같이 두어 X에 번호를 부여할 수 있다. 가부번집합의 예로는 자연수 집합, 짝수 집합 등이 있으며, 비가부번집합의 예는 이후에 소개한다.

정리 5.1
모든 무한집합은 $\mathbb{N}$과 대등한 부분집합을 가진다. 그러므로 무한집합 중 $\mathbb{N}$이 가장 작은 집합이라 할 수 있다.

위의 **정리 5.1**의 증명의 아이디어는 다음과 같다.

집합 X가 무한집합이면, 여기에서 하나의 원소 $x_1 \in X$를 뽑는다. 그 후 $X - \{x_1\}$에서 x_2를 뽑고, $X - \{x_1, x_2\}$에서 x_3를 뽑는다.

이러한 방식으로 $x_n \in X - \{x_1,\ x_2,\ \cdots,\ x_{n-1}\}$을 무한히 많이 뽑으면 $\mathbb{N}$과 대등한 부분집합 $\{x_1, x_2, \cdots, x_n, \ \cdots\}$을 얻을 수 있다.

여기에서 무한히 많이 뽑는 것이 가능할까? 인간은 유한한 존재인데, 어떻게 무한히 많이 뽑을 수 있을까? 이러한 이유로 무한히 많이 뽑는 것이 가능하다는 가정이 필요한데, 이를 **선택공리**(axiom of choice)라고 한다. 선택공리 자체는 당연해 보이지 않을 수 있으나, 이와 동치인 명제들과 그로부터 유도되는 사실들을 체계적으로 공부해 보면 이 공리가 당연하게 느껴지게 된다. 그리고 대다수 수학자는 선택공리를 옳다고 가정하고 널리 사용하고 있으므로, 독자들은 현시점에서 선택공리를 받아들이는 것에 대해 의문을 가질 필요는 없을 것이다. 선택공리의 정확한 정의와 이와 관련된 수학적, 논리적, 철학적 논의를 보고 싶은 독자들은 대학 수학 전공서인 '집합론'이나 대학 철학 전공서인 '수리논리학', '수리철학', '수학철학' 등의 책을 찾아보기 바란다.

정리 5.2
집합 $\mathbb{N} \times \mathbb{N}$은 $\mathbb{N}$과 대등하다. 그러므로 $\mathbb{N} \times \mathbb{N}$은 가부번집합이다.

증명 집합 $\mathbb{N} \times \mathbb{N}$의 원소는 두 자연수의 순서쌍이라는 것을 기억하자. $\mathbb{N} \times \mathbb{N}$의 모든 원소를 아래와 같이 나열하자.

$$
\begin{array}{ccccc}
(1,1), & (1,2), & (1,3), & (1,4), & \cdots \\
(2,1), & (2,2), & (2,3), & (2,4), & \cdots \\
(3,1), & (3,2), & (3,3), & (3,4), & \cdots \\
(4,1), & (4,2), & (4,3), & (4,4), & \cdots \\
\vdots & \vdots & \vdots & \vdots & \ddots
\end{array}
$$

그림 4. $\mathrm{N} \times \mathrm{N}$에 번호를 부여

함수 $f: \mathrm{N} \rightarrow \mathrm{N} \times \mathrm{N}$을 다음과 같이 정의하자. 그림 4의 $\mathrm{N} \times \mathrm{N}$의 원소 배열 위에 대각선 ↙을 차례로 그어, 처음 만나는 원소를 $f(1)$, 두 번째 만나는 원소를 $f(2)$, $\cdots$, n번째 만나는 원소를 $f(n)$이라 정의한다. 즉, 첫 번째 대각선에서 $f(1)=(1,1)$로 정의하고, 두 번째 대각선에서 $f(2)=(1,2)$, $f(3)=(2,1)$로 정의하고, 세 번째 대각선에서 $f(4)=(1,3)$, $f(5)=(2,2)$, $f(6)=(3,1)$로 정의한다. 일반적으로 $k(k \geq 2)$번째 대각선에 있는 첫 번째 원소 $(1,k)$는 전체적으로 $\{1+2+\cdots+(k-1)\}+1=\dfrac{(k-1)k}{2}+1$번째 원소이므로, k번째 대각선으로부터

$$
f\left(\frac{(k-1)k}{2}+1\right)=(1,k),\ f\left(\frac{(k-1)k}{2}+2\right)=(2,k-1),\ \cdots,\ f\left(\frac{(k-1)k}{2}+k\right)=(k,1)
$$

로 정의한다.

여기에서 함수 f가 일대일대응임을 확인하려면 다음 두 조건

① $\mathrm{N} \times \mathrm{N}$의 원소 중에 두 개의 자연수에 대응되는 원소가 없음(즉, f는 일대일함수)

② $\mathrm{N} \times \mathrm{N}$의 모든 원소가 자연수와 대응됨(즉, $f(\mathrm{N})=\mathrm{N} \times \mathrm{N}$)

을 확인해야 한다. 그런데 위의 대응 규칙은 당연히 이 조건들을 만족하므로 f는 일대일대응이다. □

정리 5.2에서 $\mathbb{N}\times\mathbb{N}$이 가부번집합임을 보였다. 이는 대단히 놀라운 사실인데, 왜냐하면 그림4에서 이미 첫 번째 가로줄 $(1,1), (1,2), (1,3), (1,4), \cdots$이 $\mathbb{N}$과 일대일대응이 되기 때문이다. $\mathbb{N}$과 일대일대응이 되는 가로줄들이 자연수 개수만큼이나 많으므로, 직관적으로는 $\mathbb{N}\times\mathbb{N}$의 원소 개수가 $\mathbb{N}$보다 더욱 많아야 할 것처럼 보인다. 하지만 놀랍게도 $\mathbb{N}\times\mathbb{N}$과 $\mathbb{N}$은 대등하다.

정리 5.3

집합 X가 가부번집합이면, X의 임의의 부분집합은 항상 셀 수 있는 집합이다.

증명 Y를 X의 임의의 부분집합이라 두자. Y가 유한집합이면 증명할 것이 없으므로, Y를 무한집합이라 가정하자. X는 셀 수 있는 집합이므로 $X=\{x_1, x_2, \cdots, x_n, \cdots\}$이라 둘 수 있다. 이때 $Y\subset X=\{x_1, x_2, \cdots, x_n, \cdots\}$이므로, Y의 원소를 x_k의 첨자 $k\in\mathbb{N}$의 크기 순서대로 배열할 수 있다. 즉, $Y=\{x_{k_1}, x_{k_2}, \cdots, x_{k_l}, \cdots\}$가 $k_1<k_2<\cdots<k_l<\cdots$를 만족하도록 할 수 있다. 여기에서 함수 $f:\mathbb{N}\to Y,\ l\mapsto x_{k_l}$를 정의하면, f는 일대일대응이 된다. □

정리 5.4

두 집합 X와 Y가 가부번집합이면, $X\cup Y$도 가부번집합이다.

증명 가정에 의해 $X=\{x_1, x_2, \cdots, x_n, \cdots\}$, $Y=\{y_1, y_2, \cdots, y_n, \cdots\}$이라 둘 수 있다. 여기에서 $X\cup Y$의 원소를 $x_1, y_1, x_2, y_2, \cdots$ 순서로 나열하되, 만일 x_k가 $x_1, y_1, \cdots, x_{k-1}, y_{k-1}$ 중 하나여서 이미 이전에 나왔다면 x_k는 건너뛰고 나열하고, 마찬가지로 y_k가 $x_1, y_1, \cdots, y_{k-1}, x_k$ 중 하나여서 이미 이전에 나왔다면 y_k는 건너뛰고 나열한다.

예를 들어

$$X=\{1,3,5,7,9,11,\cdots\}=\{x_1, x_2, x_3, x_4, x_5, x_6, \cdots\},$$
$$Y=\{2,5,8,11,14,17,\cdots\}=\{y_1, y_2, y_3, y_4, y_5, y_6, \cdots\}$$

인 경우, 겹치는 값이 $x_3=y_2=5$, $x_6=y_4=11$, $\cdots$이 있으므로, $X\cup Y$를

$$X \cup Y = \{1, 2, 3, 5, 8, 7, 11, 9, 14, 17, \cdots\}$$
$$= \{x_1, y_1, x_2, y_2, y_3, x_4, y_4, x_5, y_5, y_6, \cdots\}$$

와 같이 표현한다.

이렇게 $X \cup Y$의 원소를 나열한 후, 자연수 n에 n번째 나열된 원소를 대응시키는 함수 $f : \mathbb{N} \to X \cup Y$를 생각하면, 이 함수는 일대일대응이 된다.

참고로 위의 예 $X \cup Y = \{x_1, y_1, x_2, y_2, y_3, x_4, y_4, x_5, y_5, y_6, \cdots\}$에서 f는

$$f(1) = x_1,\ f(2) = y_1,\ f(3) = x_2,\ f(4) = y_2,\ f(5) = y_3,$$
$$f(6) = x_4,\ f(7) = y_4,\ f(8) = x_5,\ f(9) = y_5,\ f(10) = y_6,\ \cdots$$

와 같이 정의된다. □

정리 5.4에 의해 정수 집합 $\mathbb{Z}$도 가부번집합임이 쉽게 증명[27]되는데, 이는 지금까지의 내용을 잘 이해한 독자라면 어렵지 않게 예상했던 내용일 것이다. 그렇다면 유리수 집합 $\mathbb{Q}$는 가부번집합일까? 직관적으로는 가부번이 될 수 없을 것처럼 보일 수 있으나, 놀랍게도 $\mathbb{Q}$도 가부번집합이다.

정리 5.5

집합 $\mathbb{Q}$는 $\mathbb{N}$과 대등하다. 그러므로 $\mathbb{Q}$는 가부번집합이다.

증명 먼저 $\mathbb{Q}_+$를 양의 유리수 집합, $\mathbb{Q}_-$를 음의 유리수 집합이라 하자. 함수 $f : \mathbb{Q}_+ \to \mathbb{N} \times \mathbb{N}$를 다음과 같이 정의한다.

기약분수 $\frac{p}{q} \in \mathbb{Q}_+$($p$와 q는 자연수이고 서로소)에 대해 $f\left(\frac{p}{q}\right) = (p, q)$이다.

함수 f의 정의를 이해하기 어려운 독자들을 위해 예를 들어보면,

$f\left(\frac{1}{2}\right) = (1,2)$이고 $f\left(\frac{8}{7}\right) = (8,7)$이며, $f(3) = f\left(\frac{3}{1}\right) = (3,1)$이고

$f\left(\frac{6}{9}\right) = f\left(\frac{2}{3}\right) = (2,3)$이다.

27) $\mathbb{Z}_+$를 양의 정수 집합, $\mathbb{Z}_-$를 음의 정수 집합이라 두면 $\mathbb{Z} = \{0\} \cup \mathbb{Z}_+ \cup \mathbb{Z}_-$이 성립하고, $\{0\} \cup \mathbb{Z}_+$과 $\mathbb{Z}_-$은 모두 가부번집합이므로 $\mathbb{Z}$도 가부번집합이다.

양의 유리수의 기약분수 표현은 유일하므로 f는 잘 정의되어 있고 일대일함수이다. 하지만 f의 치역인 $f(\mathbb{Q}_+)$는 f의 공역 $\mathbb{N}\times\mathbb{N}$의 진부분집합이므로, f는 일대일대응이 아니다. (예를 들면 $f(x)=(9,6)$을 만족하는 $x\in\mathbb{Q}_+$는 없다.) 하지만 **정리 4.1**에 의해 $\mathbb{Q}_+$와 $f(\mathbb{Q}_+)$는 대등하며, $\mathbb{N}\times\mathbb{N}$은 가부번집합임을 **정리 5.2**에서 보였으므로, **정리 5.3**에 의해 $f(\mathbb{Q}_+)$는 가부번집합이다. 그러므로 $\mathbb{Q}_+$도 가부번집합이 된다.

$\mathbb{Q}=\{0\}\cup\mathbb{Q}_+\cup\mathbb{Q}_-$이고, 위의 논의로부터 $\{0\}\cup\mathbb{Q}_+$와 $\mathbb{Q}_-$는 모두 가부번집합이므로, **정리 5.4**에 의해 $\mathbb{Q}$도 가부번집합이다. □

지금까지의 논의를 정리하면, 짝수 집합, 자연수 집합, 정수 집합, 유리수 집합 사이에는 일대일대응이 존재하기 때문에 모두 가부번집합이 된다. 그렇다면 모든 무한집합은 가부번인 것일까? 이후에 증명할 내용을 미리 소개하면, 실수 집합 $\mathbb{R}$은 비가부번집합이다. 이를 증명하기 위해 몇 가지 정리를 소개한다.

정리 5.6

임의의 두 실수 $a<b$에 대하여, 열린구간 $(0,1)$과 (a,b)는 대등하다.

증명 함수 $f:(0,1)\to(a,b)$, $x\mapsto(b-a)x+a$ 가 $(0,1)$과 (a,b) 사이의 일대일대응이 된다. □

정리 5.6으로부터 열린구간은 길이에 상관없이 모두 대등하다는 사실을 알 수 있다. 이로부터 일대일대응은 구간의 길이를 보존하지 않는다는 것을 알 수 있다.

정리 5.7

열린구간 $(0,1)$은 $\mathbb{N}$과 대등하지 않다. 그러므로 $(0,1)$은 비가부번집합이다.

증명 $(0,1)$이 $\mathbb{N}$과 대등하다고 가정하고, 이로부터 모순을 유도하자. $(0,1)$이 $\mathbb{N}$과 대등하면

$$(0,1)=\{x_1, x_2, x_3, \cdots, x_n, \cdots\}$$

와 같이 표현할 수 있다. 여기에서 $x_1, x_2, x_3, \cdots, x_n, \cdots$의 소수전개[28]를 다음과 같이 나타내자.

$$\begin{aligned} x_1 &= 0.a_{11}a_{12}a_{13}\cdots a_{1n}\cdots, \\ x_2 &= 0.a_{21}a_{22}a_{23}\cdots a_{2n}\cdots, \\ x_3 &= 0.a_{31}a_{32}a_{33}\cdots a_{3n}\cdots, \\ &\vdots \\ x_n &= 0.a_{n1}a_{n2}a_{n3}\cdots a_{nn}\cdots, \\ &\vdots \end{aligned}$$

여기에서 $a_{ij}\in\{0,1,2,\cdots,9\}$는 x_i의 소수점 아래 j번째 자릿수를 나타낸다. 이제 무한수열 $b_n\in\{0,1,2,\cdots,9\}$를 $b_n\neq a_{nn}$을 만족하도록 하나 선택한다. 예를 들어 $\forall n\in\mathbb{N}$에 대하여

$$b_n=\begin{cases}1 & (a_{nn}\neq 1)\\ 3 & (a_{nn}=1)\end{cases}$$

와 같이 정의하면 $b_n\neq a_{nn}$을 항상 만족한다. 이로부터 새로운 실수 y를

$$y=0.b_1b_2b_3\cdots b_n\cdots$$

라 정의하면, 정의로부터 $y\in(0,1)$이 성립한다. 그런데 $\forall n\in\mathbb{N}$에 대하여 $b_n\neq a_{nn}$이므로 $y\neq x_n$이고, 이로부터

$$y\notin\{x_1,x_2,x_3,\cdots,x_n,\cdots\}=(0,1)$$

이 성립한다. 이는 $y\in(0,1)$에 모순이므로, $(0,1)$은 $\mathbb{N}$과 대등할 수 없다. □

위의 증명은 집합론을 창시한 칸토어가 처음 제시한 것으로, 실수 y를 구성하는 독창적인 방법 때문에 유명한데, 이를 **칸토어의 대각선 논법**이라 부른다.

---

28) 일반적으로 유한소수의 소수전개는 두 가지 표현이 가능한데, 예를 들어 0.1258의 소수전개는

$$0.1258000\ldots=0.1257999\ldots$$

와 같이 두 개가 있다. 이 증명에서는 유한소수의 소수전개는 오른쪽 표현만 사용한다고 가정한다.

정리 5.8
실수 집합 $\mathbb{R}$은 $\mathbb{N}$과 대등하지 않다. 그러므로 $\mathbb{R}$은 비가부번집합이다.

증명 실수 집합 $\mathbb{R}$이 열린구간 $(0,1)$과 대등하다는 것을 보이자. **정리 5.6**에서 정의한 일대일대응 $f:(0,1)\to\left(-\frac{\pi}{2},\frac{\pi}{2}\right)$, $x \mapsto \pi x-\frac{\pi}{2}$와 일대일대응 $g:\left(-\frac{\pi}{2},\frac{\pi}{2}\right)\to\mathbb{R}$, $x\mapsto \tan x$를 합성한 함수 $g\circ f:(0,1)\to\mathbb{R}$는 일대일대응이다. 이때 **정리 5.7**에서 $(0,1)$이 $\mathbb{N}$과 대응하지 않음을 보였으므로, $\mathbb{R}$은 $\mathbb{N}$과 대등하지 않다. □

정리 5.7과 **정리 5.8**에 의해 비가부번집합의 예들을 찾을 수 있었다. 이에 따르면 실수 집합 $\mathbb{R}$은 $\mathbb{N}$과 대등하지 않은데, **정리 5.1**에 의해 $\mathbb{N}$은 무한집합 중 가장 작은 것이므로, $\mathbb{R}$은 $\mathbb{N}$보다 원소 개수가 더 많은 집합임을 알 수 있다. 다시 말하면, 무한히 많은 정도에는 등급이 존재하는데, 자연수 개수만큼 많은 것보다 실수 개수만큼 많은 것이 더 높은 등급이 된다[29]는 것이다.

쉬어가기 5.2

좌표평면 $\mathbb{R}^2$가 수직선 $\mathbb{R}$과 대등할 수 있을까? 칸토어는 대등할 수 없다고 생각하여 이를 수년간 증명하려 했으나 계속 실패하였고, 결국 생각을 바꾸어 대등하다는 증명을 시도하여 성공하였다. 이 증명의 아이디어는 다음과 같다.

먼저 $\mathbb{R}^2$는 열린구간의 곱집합 $(0,1)\times(0,1)$과 대등하고 $\mathbb{R}$은 $(0,1)$과 대등하므로, $(0,1)\times(0,1)$과 $(0,1)$이 대등함을 보이면 된다.

$(x,y)\in(0,1)\times(0,1)$에 대해, x와 y의 소수전개가

$$x=0.a_1a_2a_3\cdots a_n\cdots,\ y=0.b_1b_2b_3\cdots b_n\cdots$$

일 때, 일대일대응 $f:(0,1)\times(0,1)\to(0,1)$을

29) 모순적인 표현을 써서 직관적으로 표현하면, $\mathbb{N}$, $\mathbb{Z}$, $\mathbb{Q}$는 원소가 '조금 무한히 많은' 집합이고, $\mathbb{R}$은 원소가 '많이 무한히 많은' 집합이다.

$$f(x,y) = 0.a_1b_1a_2b_2a_3b_3 \cdots a_nb_n \cdots$$

로 정의하면 된다.

참고로 일반적인 n차원 좌표공간 $\mathbb{R}^n = \{(x_1, x_2, \cdots, x_n) \mid x_1, x_2, \cdots, x_n \in \mathbb{R}\}$ 이 항상 $\mathbb{R}$과 대등하다는 것도 마찬가지 방법으로 증명할 수 있다.

이제 무한히 많은 정도에 대한 등급을 엄밀하게 정의하자.

정의 5.4

집합 X에 대해 다음 조건을 만족시키는 값을 X의 **기수**(또는 **농도**)라 정의하고 $|X|$라 쓴다.

(1) 두 집합 X와 Y에 대해 $|X| = |Y|$를 만족할 필요충분조건은 $X \sim Y$이다.

(2) X가 유한집합이면 $|X| = n(X)$이다.

기수는 집합의 크기를 나타내는 개념이다. 수에는 크기를 나타내는 **기수**(cardinal number)와 순서를 나타내는 **서수**(ordinal number)가 있는데, 예를 들어 1, 2, 3 등은 기수에 해당하고, 첫째, 둘째, 셋째 등은 서수에 해당한다. 이 책에서는 서수의 수학적 정의는 다루지 않는다.

정의 5.4(1)에 의해 기수는 두 집합이 대등할 때 같고, 대등하지 않을 때 다른 어떤 값이다. 아직 기수들 간의 대소 관계를 정의하지 않았기 때문에, 무한집합에서는 아직은 $|\mathbb{N}| = |\mathbb{Q}|$, $|\mathbb{N}| \neq |\mathbb{R}|$와 같은 표현만 존재한다. **정의 5.4**(2)에 의해 유한집합의 기수는 집합의 원소 개수와 같으며, 이로부터 기수가 집합의 원소 개수를 일반화한 개념이라는 것을 알 수 있다.

정의 5.5

자연수 집합의 기수를 $|\mathbb{N}| =: \aleph_0$라 쓰고, **알레프 영**(aleph zero) 또는 **알레프 널**(aleph null)이라 읽는다. 실수 집합의 기수를 $|\mathbb{R}| =: \aleph_1$ 또는 $|\mathbb{R}| =: \aleph$라 쓰고, 알

레프 일(aleph one) 또는 알레프라 읽는다. 여기에서 알레프 $\aleph$는 히브리어 알파벳의 첫 글자이다.

정의 5.5에서 기수에 ∞ 기호를 사용하지 않는 것에 주목하자. 보통 ∞는 무한히 큰 크기에 사용하는데, 여기에서는 무한히 큰 크기를 세분하여 등급을 나누기 때문에, 기존에 모든 무한에 사용하던 ∞ 기호는 혼란을 일으킬 수 있다. ∞ 대신 사용하는 알레프 $\aleph$ 기호는 칸토어가 처음 사용하였으며, 이제는 모든 이들이 무한집합의 기수에 보편적으로 사용하는 기호가 되었다.

이제 기수의 대소 관계를 정의하자.

정의 5.6

집합 Y가 집합 X의 부분집합과 대등할 때, $|X|$와 $|Y|$의 **대소 관계**를 다음과 같이 정의한다.

$$|Y| \leq |X|$$

그리고 $|Y| \leq |X|$와 $|Y| \neq |X|$가 성립할 때,

$$|Y| < |X|$$

라 정의한다.

기수 사이의 대소 관계를 정의하였기 때문에, 이제는 $\aleph_0 < \aleph_1$이 성립한다고 말할 수 있게 되었다.

정리 5.9 (Schröder-Bernstein 정리)

두 집합 X와 Y에 대하여, $|X| \leq |Y|$이고 $|Y| \leq |X|$이면

$$|X| = |Y|$$

가 성립한다.

정리 5.9는 당연해 보일 수도 있다. 하지만 X가 Y의 부분집합과 대등하고, Y가 X의 부분집합과 대등할 때, 두 집합 X와 Y 사이의 일대일대응을 찾는 것은 쉬운 작업이 아니다. 이 증명은 상당히 어렵기 때문에 이 책에서는 생략한다.

쉬어가기 5.3

Schröder-Bernstein 정리의 증명은 Schröder(1841~1902)와 Bernstein(1878~1956)이 거의 같은 시기(1898년 즈음)에 독립적으로 완성하여 발표하였다. 수학자 이름이 붙은 정리들은 중요하지만 증명이 어려운 경우가 많으며, 특히 현대 수학자의 이름이 붙었다면 증명이 만만하지 않은 경우가 대부분이다. 실제로 Schröder가 발표했던 복잡한 증명은 수년이 지난 후에 오류가 발견되어 철회되었으며, 이러한 이유로 이 정리는 Bernstein 정리라 불리기도 한다. 놀랍게도 Bernstein이 이 정리의 증명을 완성하여 칸토어의 세미나에서 발표했던 때에 그의 나이는 19살이었다. 그는 이후 1903년에 독일의 Göttingen 대학에서 수학 박사학위를 받은 후 수학자로 활동하였다.

$\aleph_1$보다 더 큰 기수를 가지는 집합이 존재할까? 임의의 자연수 n에 대하여 $|\mathbb{R}^n| = \aleph_1$이 성립하기 때문에, $\aleph_1$보다 더 큰 기수를 가지는 집합을 상상하기는 쉽지 않다. 칸토어는 이 질문에 대해 다음과 같은 대답을 제시하였다. 참고로 멱집합은 **정의 3.8**에서 정의하였으며, 자연수 집합의 멱집합 $P(\mathbb{N})$에 대해 $|P(\mathbb{N})| = |\mathbb{R}| = \aleph_1$이라는 사실이 알려져 있다.

정리 5.10 (Cantor 정리)
임의의 집합 X에 대하여

$$|X| < |P(X)|$$

가 성립한다.

정리 5.10에서 집합 X가 유한집합인 경우는 이미 **정리 3.5**에서 증명하였기 때문에, 여기에서는 X가 무한집합인 경우만 증명한다. 여기에서 주의할 것은 부등식

$$|X| \leq |P(X)|$$

는 자명[30]하므로, 이 정리는 $|X| \neq |P(X)|$를 증명하는 것이 핵심이다. 증명의 핵심 아이디어는 **정리 5.7**의 증명에서 소개한 '칸토어의 대각선 논법'의 일반화인데, 증명이 다소 어려우므로 **쉬어가기 5.4**로 옮겨서 관심 있는 독자만 읽을 수 있도록 하였다.

쉬어가기 5.4

임의의 집합 X에 대하여 $|X| \neq |P(X)|$가 성립함을 증명하겠다.

귀류법을 쓰자. $|X| = |P(X)|$를 만족하는 집합 X가 있다고 가정하면, 일대일대응 $f : X \to P(X)$이 존재한다.

이제 S라는 집합을 다음과 같이 정의한다.

$$S := \{x \in X \mid x \notin f(x)\}$$

이 정의에서 $f(x) \in P(X)$이므로 $f(x)$는 X의 부분집합이라는 사실에 주의하자. S는 X의 부분집합이므로, $S \in P(X)$를 만족한다. 이때 $f : X \to P(X)$는 일대일대응이므로, $f(s) = S$를 만족하는 $s \in X$가 존재해야 한다.

s는 S의 원소가 될 수 있을까? 만일 $s \in S$이면 S의 정의에 의해 $s \notin f(s) = S$이므로 모순을 얻고, 만일 $s \notin S = f(s)$이면 $s \notin f(s)$를 만족하므로 S의 정의에 의해 $s \in S$가 되어 모순을 얻는다. 그러므로 $|X| = |P(X)|$를 만족하는 집합 X는 존재할 수 없다.

이렇게 증명이 완결되었다. 독자들은 이 증명을 이전에 어디에선가 본 기억이 나는가? **쉬어가기 3.1**의 러셀의 역설에서 이와 비슷한 논증이 있었는데, 사실 러셀의 역설은 바로 **정리 5.10**의 증명으로부터 영감을 얻었다고 할 수 있다.

---

30) 예를 들어 $X = \{x_1, x_2, \cdots, x_n, \cdots\}$인 경우, $Y = \{\{x_1\}, \{x_2\}, \cdots, \{x_n\}, \cdots\}$는 X와 대등한 $P(X)$의 부분집합이므로, $|X| \leq |P(X)|$는 당연히 성립한다.

정리 5.11 (Cantor)
세상의 모든 것들의 모임 X는 집합이 아니다.

증명 세상의 모든 것들의 모임인 X를 집합이라 가정하면, 임의의 집합 Y는 $Y \subset X$를 만족한다. 그러므로 $P(X) \subset X$로부터 $|P(X)| \le |X|$가 성립하는데, 이는 **정리 5.10**에 모순이다. □

정의 3.1에서 제시한 집합의 정의를 받아들인다면, **정리 5.11**에서 정의한 X는 모든 것을 원소로 가지므로 집합이 되어야 한다. 하지만 이는 모순을 일으키기 때문에, **정의 3.1**에서 제시한 집합의 정의는 학문 수학에서 사용하기에 부적절하다는 것을 알 수 있다.

정리 5.10에 의해 집합들의 기수 사이에 다음과 같은 부등식이 성립함을 알게 되었다.

$$|\mathbb{N}| < |P(\mathbb{N})| < |P(P(\mathbb{N}))| < |P(P(P(\mathbb{N})))| < \cdots$$

이로부터 집합의 다양한 기수들을 다음과 같이 정의한다.

정의 5.7
집합의 기수 $\aleph_0, \aleph_1, \aleph_2, \aleph_3, \cdots$를 다음과 같이 정의한다.

$$\aleph_0 := |\mathbb{N}|, \quad \aleph_1 := |P(\mathbb{N})| = |\mathbb{R}|, \quad \aleph_2 := |P(P(\mathbb{N}))|, \quad \aleph_3 := |P(P(P(\mathbb{N})))|, \quad \cdots$$

정의 5.7과 **정리 5.10**으로부터 집합의 기수에 대한 다음과 같은 부등식을 얻는다.

$$\aleph_0 < \aleph_1 < \aleph_2 < \aleph_3 < \cdots$$

이 부등식은 무한집합의 크기(기수)가 무한히 많다는 것을 보여준다. 즉 무한집합의 크기에는 다양한 등급이 존재하는데, 이 등급이 무한히 많다는 것이다. 어떤 이들은 위의 부등식을 '무한의 사다리'라고 부르는데, 이는 서로 다른 등급의 무한집합이 무한히 많다는 것을 보여주는 흥미로운 부등식이다.

무한의 사다리를 보고 있으면 자연스러운 질문이 하나 생긴다. $\aleph_0$과 $\aleph_1$ 사이의 기수가 존재할까? 예를 들면 $\aleph_{0.5}$, $\aleph_{\frac{\sqrt{2}}{2}}$ 등과 같은 기수가 존재할까? 이러한 질문을 칸토어는 다음과 같이 기술하였다. (참고문헌 [6])

> **연속체 가설**
> $\aleph_0 < |X| < \aleph_1$을 만족하는 집합 X는 존재하지 않는다.

1883년, 칸토어에 의해 가설이 처음 제기된 이후 많은 수학자가 이 가설을 연구하였는데, 다음 두 가지 연구 결과를 통해 현재 연속체 가설은 완전히 해결되었다.

- 1940년 괴델(Gödel) : "$\aleph_0 < |X| < \aleph_1$를 만족하는 X가 없다"는 것을 증명할 수 없다.
- 1963년 코언(Cohen) : "$\aleph_0 < |X| < \aleph_1$를 만족하는 X가 있다"는 것을 증명할 수 없다.

1940년에 괴델(Gödel, 1906~1978)의 연구가 나온 후, 사람들은 X가 존재할 것이라 기대하였다. 하지만 코언(Cohen, 1934~2007)은 모든 이들의 예상을 뒤엎고 X의 존재성을 증명할 수 없다는 것을 증명하였는데, 그는 이 연구를 통해 1966년에 필즈상을 받았다.

위의 결과에서 "증명할 수 없다"는 사실을 증명한 것에 주의해야 한다. 여기에서 "증명할 수 없다"는 것은 우리가 일반적으로 사용하는 집합론 체계 안에서는 증명할 수 없다는 것으로, 증명의 불가능성을 증명해 낸 것이다. 이 책의 8장에서 불가능성의 증명을 소개하였는데, 불가능성의 증명은 증명할 수 없어 포기한 것이 아니라는 사실에 주의할 필요가 있다.

연속체 가설에서 X의 존재성이나 비존재성을 증명하는 것이 불가능하다는 것은, 현재의 집합론 체계에서는 X가 존재한다고 가정해도 되고, X가 존재할 수 없다고 가정해도 된다는 뜻이다. 만일 이러한 X가 존재한다고 가정한다면, 이로부터 얻어지는 집합론 체계는 X가 존재할 수 없다고 가정했을 때 얻어지는 집합론 체계와는 다른 것이 된다. 그러므로 X의 존재성을 가정했을 때의 집합론에서는 참인 명제가, X의 비존재성을 가정했을 때의 집합론에서는 거짓인 명제가 될 수도 있는 것이다. 이렇게 우리가 집합론을 정립하기 위해 참이라고 가정하는 명제를 **공리**(axiom)라고 부르는데, 괴델과

코언의 연구에 따르면 연속체 가설은 집합론에서 공리로 채택할 수 있는 명제인 것이다. 공리의 더 많은 예는 10장에서 다룬다.

쉬어가기 5.5

수학은 기초과학임에도 불구하고 노벨상이 없다. 이는 노벨이 처음 상을 제정할 때 수학 분야를 고려하지 않았기 때문인데, 이를 안타깝게 여긴 캐나다 수학자 필즈(Fields, 1863~1932)는 자신의 재산으로 최고의 수학 업적을 거둔 수학자에게 주는 필즈상을 만들어서 노벨 수학상과 같은 역할을 하도록 하였다.

필즈상은 여러 가지 면에서 노벨상과는 차이가 큰데, 가장 큰 차이는 필즈상은 40세까지의 업적만으로 상을 수여한다는 것이다. 이러한 규칙은 권위에 좌우되지 않고 온전히 40세까지 보여준 연구 성과만으로 평가하겠다는 의도로 제정된 것이다. 필즈상은 최근에는 4년에 한 번씩 열리는 세계수학자대회에서 네 명의 수학자에게 수여하고 있으며, 수상자에게는 금으로 만든 필즈 메달을 부상으로 수여한다.

나이 제한에 걸려 필즈상을 수상하지 못한 수학자가 있는데, 그는 페르마의 마지막 정리를 증명한 앤드루 와일즈(Andrew Wiles, 1953~현재)이다. 그는 페르마의 마지막 정리를 40세가 되기 전에 증명하여 발표하였으나, 증명에 오류가 발견되어 이를 수정하는 동안 나이가 40세를 넘게 되었다. 1998년 세계수학자대회에서는 최고의 수학 업적을 거둔 앤드루 와일즈에게 나이 제한 때문에 필즈상을 수여하지 못하고 대신 필즈 특별상을 수여하였는데, 필즈 메달 대신 은으로 만든 필즈 상패(silver plaque)를 부상으로 수여하였다. 지금까지 필즈 특별상을 받은 사람은 앤드루 와일즈가 유일하다.

6장
수열의 극한

6장 미리 보기

저자가 만났던 학생 중에는 0.999...=1을 알고 있지만 믿지 않는다고 말하는 이들이 다수 있었다. 이 등식을 정확하게 이해하기 위해서는 수열의 극한 개념을 알아야 하는데, 수열의 극한은 고등학교에서 배우기 때문에, 0.999...=1를 처음 접하게 되는 중학생들이 이 등식을 정확하게 이해하기는 쉽지 않다.

6장

수열의 극한

5장에서는 실질적 무한인 무한집합 이론을 다루었는데, 일대일대응을 이용하여 무한을 있는 그대로 다루었다. 이번 장에서는 가상적 무한인 극한을 다루는데, 가상적 무한은 '한없이 가까이 간다'라는 표현을 써서 무한을 간접적으로 다루는 방식이다. 고등학교에서는 이와 관련하여 수열의 극한, 함수의 극한, 미분, 적분 등을 다루었으나, 이번 장에서는 수열의 극한만 다루고 이후에 9장에서 적분을 소개하는 정도로만 다루겠다.

이번 장에서 처음 다룰 내용은 $0.999\cdots = 1$이며, 이를 통해 수열의 극한의 의미를 알아보겠다.

질문 6.1

$0.999\cdots$의 값은 정확히 1인가, 아니면 근삿값이 1인가? $0.999\cdots$과 $0.999\cdots9$는 서로 같은 것일까, 다른 것일까?

많은 이들이 1은 $0.999\cdots$의 근삿값이라 생각하는데, 이는 $0.999\cdots9$에서 9를 아무리 많이 쓰더라도 그 결과가 항상 1보다 작기 때문이다. 그래서 보통 $0.999\cdots = 1$이라는 식의 의미를 제대로 이해하지 못한 상황에서 외워버리는 경우가 많다. 더구나 어떤 학생들은 이러한 경험을 통해, 수학은 이해하는 것이 아니라 무조건 외워서 문제를 푸는 것이며, 풀이를 외워서 문제를 잘 푸는 것이 수학을 잘하는 것이라는 잘못된 생각을 가지게 되기도 한다. 저자가 생각하기에 이러한 모든 오해의 시작이 바로 등식 $0.999\ldots = 1$이기 때문에, 이 식을 제대로 이해할 필요가 있다.

정의 6.1

무한수열 a_n을

$$a_1 = 0.9,\ a_2 = 0.99,\ \cdots,\ a_n = 0.99\ldots9\ \ (9\text{가 } n\text{개}),\ \cdots$$

라 정의하였을 때, $0.999\ldots$을

$$0.999\ldots := \lim_{n\to\infty} a_n$$

으로 정의한다.

정의 6.1에서 정의한 수열 a_n에서 $a_n = 1$이 성립할 수 있는가? 모든 자연수 n에 대하여 $a_n < 1$이 성립하기 때문에 $a_n \neq 1$이며, 이는 $0.999\ldots9$에서 9를 아무리 많이 쓰더라도 1이 될 수 없다는 것을 의미한다.

그러면 $\lim\limits_{n\to\infty} a_n$의 값은 무엇인가? 수열의 극한값은 수열 a_n이 어느 순간 도달하는 값을 의미하지 않고, n값이 **커지면 커질수록 한없이 가까이 다가가는 값**을 의미한다.

예를 들어 고등학교에서 가장 중요한 극한인

$$\lim_{n\to\infty} \frac{1}{n} = 0$$

을 생각해 보면, 수열 $\frac{1}{n}$은 n이 아무리 커지더라도 항상 $\frac{1}{n} > 0$이 성립한다. 하지만 그 극한값은 0이 되는데, 왜냐하면 n이 100일 때보다 1000일 때, n이 1000일 때보다 10000일 때 $\frac{1}{n}$의 값은 0에 더 가까워지기 때문이다. $\frac{1}{n}$은 0에 도달하지 않지만 0에 한없이 가까이 다가가기 때문에, $\frac{1}{n}$의 극한값은 0이라 할 수 있다.

마찬가지로 위에서 정의한 수열 $a_n = 0.99\ldots9$ (9가 n개)도 1에 도달하지는 않지만, n의 값이 커지면 1에 한없이 가까이 다가가기 때문에 $\lim\limits_{n\to\infty} a_n = 1$이 성립한다. 여기에서 주의할 것은, 1은 $\lim\limits_{n\to\infty} a_n$의 참값이지 근삿값이 아니라는 것이다. 그리고 **정의 6.1**에서 $0.999\ldots = \lim_{n\to\infty} a_n$으로 정의했기 때문에, $0.999\ldots = 1$이 성립한다.

쉬어가기 6.1

'한없이 가까이 다가간다'라는 표현은 수학적으로 전혀 엄밀하지 못하기 때문에, 이를 바탕으로 수학 이론을 만들고 정리를 증명하는 것은 불가능하다. 그래서 고등학교에서는 $\lim_{n\to\infty}\frac{1}{n} = 0$과 $|r| < 1$일 때 $\lim_{n\to\infty} r^n = 0$이 성립한다는 사실을 직관적으로 받아들이고, 이로부터 다양한 수열의 극한을 구하는 방식으로 이론 체계를 구성하였다.

극한의 엄밀한 정의는 19세기에야 비로소 완성되었는데, 그전까지는 위와 같은 부정확한 표현으로 정의한 극한을 이용하였기 때문에 수학자들은 다양한 오류와 역설들을 경험하였다. 하지만 미분과 적분이 모든 과학 분야에서 대단히 강력한 도구가 되었기 때문에, 극한을 쉽게 버릴 수는 없었다.

극한의 엄밀한 정의는 수학사에서 가장 중요한 발견 중 하나이다. '한없이 가까이 다가간다'를 엄밀한 논리식으로 대체한 이 정의는 인류 지성의 최대 성과 중 하나로 부를 수 있을 정도로 대단한 결과이지만, 이 정의를 이해하는 것[31]이 쉽지 않기 때문에 본문이 아닌 이곳에서 간단히 소개한다.

$\lim_{n\to\infty} a_n = \alpha$의 정의[32]는 아래와 같다.

$$\forall \epsilon > 0,\ \exists N \in \mathbb{N} \text{ s.t. 「} n \ge N \Rightarrow |a_n - \alpha| < \epsilon \text{」}$$

이 정의의 의미를 간단히 설명하면, n값을 충분히 크게[33] 하면 a_n과 α 사이의 차이를 아무리 작은 양수 ϵ보다도 더 작게 만들 수 있다는 뜻이다.

이 정의로부터 $\lim_{n\to\infty}\frac{1}{n} = 0$임을 증명하면 다음과 같다.

「$\forall \epsilon > 0$에 대하여 $\epsilon > \frac{1}{N} > 0$을 만족하는 자연수 N을 하나 정하면,

$$n \ge N \Rightarrow \left|\frac{1}{n} - 0\right| = \frac{1}{n} \le \frac{1}{N} < \epsilon$$

이 성립한다. 그러므로 $\lim_{n\to\infty}\frac{1}{n} = 0$이다.」

질문 6.1에서 0.999...9와 0.999...의 차이는 무엇일까? 0.999...9는 9를 많이 쓴 것으로, 9를 아무리 많이 쓰더라도 이 수는 1이 될 수 없다. 하지만 0.999...는 수열의 극한이기 때문에 9를 많이 쓸 때 한없이 가까이 다가가는 값을 의미하며, 그러므로 정확히 1이 된다. 이를 식으로 표현하면

$$0.999...9 < 0.999... = 1$$

이 된다. 독자들은 0.999...의 의미를 0.999...9로 오해하지 않도록 주의하기를 바란다.

정리 6.1

수열 a_n과 b_n이 $\lim_{n\to\infty} a_n = \alpha$, $\lim_{n\to\infty} b_n = \beta$를 만족하면 다음이 성립한다.

(1) $\lim_{n\to\infty}(a_n \pm b_n) = \alpha \pm \beta$

(2) $\lim_{n\to\infty}(a_n b_n) = \alpha\beta$

(3) $\beta \neq 0$이고, $\forall n \in \mathrm{N}$에 대해 $b_n \neq 0$일 때, $\lim_{n\to\infty}\frac{a_n}{b_n} = \frac{\alpha}{\beta}$

정리 6.1의 증명은 **쉬어가기 6.1**에 소개한 수열의 극한의 엄밀한 정의를 사용해야 하므로, 학교수학에서는 증명을 제시하지 않고 결과만 받아들인다.

예 6.1 $\lim_{n\to\infty}\frac{n^2-n+1}{3n^2+2n+1}$의 계산은 **정리 6.1**을 이용하여 다음과 같이 할 수 있다. 여기에서 $\lim_{n\to\infty}\frac{1}{n} = 0$을 사용하고 있다는 사실에 주목하자.

$$\lim_{n\to\infty}\frac{n^2-n+1}{3n^2+2n+1} = \lim_{n\to\infty}\frac{1-\frac{1}{n}+\left(\frac{1}{n}\right)^2}{3+\frac{2}{n}+\left(\frac{1}{n}\right)^2} = \frac{1-\lim_{n\to\infty}\frac{1}{n}+\left(\lim_{n\to\infty}\frac{1}{n}\right)^2}{3+2\lim_{n\to\infty}\frac{1}{n}+\left(\lim_{n\to\infty}\frac{1}{n}\right)^2} = \frac{1}{3}$$

---

31) 수학을 전공하기 위해 수학과에 입학한 학생들이 처음 좌절하는 순간이 바로 이 정의를 배울 때라고 한다. 그나마 수열의 극한은 이해하기 쉬운 편이며, 함수의 극한은 더욱 어렵다.

32) 이 정의를 $\epsilon-\delta$(엡실론-델타) 논법이라 하는데, 수열의 극한에서는 δ 대신 N을 사용한다.

33) n은 N 이상이어야 하므로, N값을 충분히 크게 잡아야 한다.

예 6.2 $\frac{1}{3}$의 소수전개를 구하면 $0.333\ldots$이 되므로, $\frac{1}{3} = 0.333\ldots$이다. 여기에서 $0.333\ldots$은 수열 $b_n = 0.33\ldots3$ (3이 n개)의 극한값인 $\lim_{n\to\infty} b_n$을 의미하기 때문에, 정의에 의해 $\frac{1}{3} = \lim_{n\to\infty} b_n$이 성립한다. 양변에 3을 곱하면 $1 = 3\lim_{n\to\infty} b_n = \lim_{n\to\infty} 3b_n$이 되는데, $3b_n = 0.99\ldots9$ (9가 n개)이므로

$$1 = \lim_{n\to\infty} 3b_n = 0.999\ldots$$

가 성립한다.

아래는 **정의 3.4**에서 빠졌던 부분을 추가하여 다시 제시한 것이다.

정의 6.2

부한수열 $a_n \in \{0, 1, 2, \cdots, 9\}$과 정수 m에 대하여,

$$m + 0.a_1 a_2 \cdots a_n \cdots$$

꼴의 수 표현을 **소수전개**(decimal expansion)라 한다. 여기에서 $0.a_1 a_2 \cdots a_n \cdots$의 의미는 다음과 같다. 수열

$$s_1 = 0.a_1,\ s_2 = 0.a_1 a_2,\ \cdots,\ s_n = 0.a_1 a_2 \cdots a_n,\ \cdots$$

에 대하여

$$0.a_1 a_2 \cdots a_n \cdots := \lim_{n\to\infty} s_n$$

으로 정의하며, 여기에서 $\lim_{n\to\infty} s_n$은 임의의 무한수열 $a_n \in \{0, 1, 2, \cdots, 9\}$에 대해 항상 수렴한다는 사실이 알려져 있다.

소수전개로 표현되는 수를 **실수**라 정의한다.

쉬어가기 6.2

저자가 만났던 학생 중에는 $0.999\ldots=1$이라는 등식을 알고는 있지만 믿지는 않는다고 말하는 이들이 다수 있었다. 이와 같은 일이 벌어지는 데에는 다양한 이유가 있겠지만, 그중 한 가지로 수학교육과정을 들 수 있다. 학생들이 $0.999\ldots=1$을 처음 접하는 것은 중학교 때인데, 피타고라스 정리를 배우기 전에 무리수 개념을 도입하기 위해 순환소수, 비순환소수 등을 배우면서 이 등식을 접하게 된다. 하지만 이 등식을 정확하게 이해하기 위해서는 수열의 극한 개념을 알아야 하는데, 수열의 극한은 고등학교에 가서야 배우기 때문에, 중학생들이 이 등식을 정확하게 이해하기는 쉽지 않다.

그렇다면 어떻게 해야 학생들이 $0.999\ldots=1$을 잘 이해할 수 있을까? 이 등식을 수열의 극한을 배운 이후에 가르치는 것은, 일찍 배워두어야 하는 중요한 수학 내용들의 학습 시기를 너무 늦추기 때문에 부적절할 것이다. 그렇기에 저자는 먼저 중학교에서 $0.999\ldots$에 9가 유한개가 아니라는 사실을 강조하여 지도한 후, 이후 고등학교에서 수열의 극한을 배운 이후 이 내용을 한 번 더 강조하여 다시 지도하는 것을 제안한다.

이제 수학자들을 아주 오랫동안 괴롭혔던 유명한 문제를 하나 소개한다.

질문 6.2

$S=1+(-1)+1+(-1)+1+(-1)+\cdots$ 일 때, S의 값은 얼마인가? 이에 대해 옛날 수학자들은 다음과 같은 세 가지 풀이를 제시하였다. 이 중 어느 것이 옳은 것일까?

(1) $S=\{1+(-1)\}+\{1+(-1)\}+\{1+(-1)\}+\cdots=0+0+0+\cdots=0$

(2) $S=1+\{(-1)+1\}+\{(-1)+1\}+\{(-1)+1\}+\cdots=1+0+0+0+\cdots=1$

(3)
$$\begin{array}{rccccccccccccc} & S= & 1+ & (-1)+ & 1 & +(-1)+ & 1 & +(-1)+\cdots \\ + & S= & & 1 & +(-1)+ & 1 & +(-1)+ & 1 & +\cdots \\ \hline & 2S= & 1+ & 0 & + & 0 & + & 0 & + & 0 & + & 0 & +\cdots & =1 \end{array}$$

이므로 $S = \frac{1}{2}$

질문 6.2의 어떤 풀이가 옳은지에 대해 100년 이상 오랜 논쟁이 있었다. 사실 이 논쟁은 '무한히 더한다'라는 개념이 대단히 모호하기 때문에 발생한 것인데, 예를 들면 수열을 무한히 많이 더할 때 중간에 괄호를 추가하든지 혹은 더하는 순서를 임의로 바꾸어도 괜찮은 것일까? 위의 풀이들은 이러한 조작을 함부로 하면 안 된다는 것을 보여주고 있으며, 그러므로 무한히 더하는 것을 직관적으로 계산해서는 안 되고 이에 대한 정확한 수학적 정의를 내린 후에 계산해야 한다.

정의 6.3

수열 a_n에 대해 **무한급수** $\sum_{n=1}^{\infty} a_n$을 다음과 같이 정의한다.

$$\sum_{n=1}^{\infty} a_n := \lim_{n \to \infty} \left(\sum_{k=1}^{n} a_k \right)$$

무한히 더하는 것의 모호함을 해소하기 위해 **정의 6.3**에서는 n항까지의 유한합 $\sum_{k=1}^{n} a_k$을 생각한 후, 유한합의 극한을 무한급수로 정의하였다. 수열의 극한은 엄밀하게 정의할 수 있으므로, 이를 활용하여 무한급수를 엄밀하게 정의한 것이다.

정의 6.3을 활용하여 **질문 6.2**에 대한 답을 하자. 수열 $a_n = \begin{cases} 1 & (n\text{이 홀수}) \\ -1 & (n\text{이 짝수}) \end{cases}$에 대하여 $S_n := \sum_{k=1}^{n} a_k$이라 하면, 정의에 의해 $S = \lim_{n \to \infty} S_n$이 된다. 여기에서 S_n은

$$S_n = \begin{cases} 1 & (n\text{이 홀수}) \\ 0 & (n\text{이 짝수}) \end{cases}$$

이므로, $\lim_{n \to \infty} S_n$은 수렴하지 않는다. 그러므로 S 값은 존재하지 않는다.

질문 6.3

$S=1+2+4+8+\cdots$에 대하여 다음과 같은 계산으로 $S=-1$을 구하였다. 무엇이 잘못되었는가?

$$\begin{array}{rl} & S=1+2+4+8+16+32+\cdots \\ - & 2S=\quad\ 2+4+8+16+32+\cdots \\ \hline & -S=1+0+0+0+0+0+\cdots=1 \end{array}$$

이므로 $S=-1$이다.

앞의 **질문 6.2**에서 살펴본 바와 같이 수렴하지 않는 값을 S라 놓고 계산하면 모순이 발생한다. **질문 6.3**도 동일한 상황인데, 먼저 $S=\infty$라는 사실에 주목하자. 위의 계산을 분석해 보면

$$\begin{array}{rl} & S=1+\infty \\ - & 2S=\quad\ \infty \\ \hline & -S=1 \end{array}$$

과 같이 줄여 쓸 수 있다. 여기에서 $1+\infty=\infty$이고 $\infty-\infty$는 계산할 수 없으므로, 이 계산은 잘못되었다. 이러한 오류는 수렴하지 않는 극한을 S라 두고 수와 같은 방식으로 계산하였기 때문에 발생한 것으로, 극한과 관련된 사칙연산은 항상 계산에 앞서 그 값이 수렴하는지 여부를 먼저 확인해야 오류를 피할 수 있다.

예 6.3 3장에서 우리는 순환소수 $0.44\dot{1}2\dot{3}$가 유리수인지를 판단하기 위해 $x=0.44\dot{1}2\dot{3}$라 두고 다음과 같은 계산을 수행하였다.

$$\begin{array}{rl} & 100000x=44123.123123123\ldots \\ - & 100x=\quad 44.123123123\ldots \\ \hline & 99900x=44123-44 \end{array}$$

여기에서 위의 계산은 과연 정당한 것일까? **정의 6.2**에 의해 $0.44\dot{1}2\dot{3}$은 수렴한다는 사실이 알려져 있으므로, 수렴하는 값을 x라 두고 사칙연산을 적용할 수 있다. 그러므로 이 계산은 정당하다.

쉬어가기 6.3

저자가 고등학교 때에는 교과서와 문제집에

$$\text{“}1+\cfrac{2}{1+\cfrac{2}{1+\cfrac{2}{\cdots}}}\text{의 값을 구하시오”}$$

와 같은 문제가 많이 있었다. 이 문제는 다음과 같이 해결할 수 있다.

$x=1+\cfrac{2}{1+\cfrac{2}{1+\cfrac{2}{\cdots}}}$라 두면 $x=1+\dfrac{2}{x}$가 성립하므로 $x^2-x-2=0$이 성립한다. 그러므로 $x=2,\ -1$이며 $x>0$이므로 $x=2$가 답이다.

그런데 과연 이 풀이가 정당한 것일까? 여기에서 x는 수렴하는 값일까? x가 수렴한다는 것을 어떻게 보장할 수 있을까?

이후 대학에서 수학을 전공하며 x의 수렴성을 증명하는 방법을 배우게 되었으나, 여전히 이 문제가 고등학생에게 적절한가에 대해서는 의문을 품고 있었다. 마침 기회가 되어 이 문제를 고등학교에서 다루면 안 된다는 내용의 글을 써서 수학교사 잡지에 투고하였는데, 이후에 저자의 생각에 동의하는 이들이 많아져서 이제는 고등학교에서 수렴성을 증명할 수 없는 극한 문제들이 거의 퇴출되었다.

정리 6.2

무한급수 $\sum_{n=1}^{\infty} a_n$이 수렴하면 $\lim_{n\to\infty} a_n = 0$이 성립한다.

증명 $\sum_{k=1}^{n} a_k = S_n$이라 두고, $\sum_{n=1}^{\infty} a_n = \lim_{n\to\infty} S_n = \alpha$라 두자.

$n \geq 2$에 대해 $a_n = S_n - S_{n-1}$이므로,

$$\lim_{n\to\infty} a_n = \lim_{n\to\infty} S_n - \lim_{n\to\infty} S_{n-1} = \alpha - \alpha = 0$$

이 성립한다. □

정리 6.2의 역은 성립하지 않는데, 반례로는 $a_n = \frac{1}{n}$이 있다. $\lim_{n\to\infty}\frac{1}{n} = 0$이지만,

$$\begin{aligned}\sum_{n=1}^{\infty}\frac{1}{n} &= 1+\frac{1}{2}+\left\{\frac{1}{3}+\frac{1}{4}\right\}+\left\{\frac{1}{5}+\frac{1}{6}+\frac{1}{7}+\frac{1}{8}\right\}+\left\{\frac{1}{9}+\cdots+\frac{1}{16}\right\}+\left\{\frac{1}{17}+\cdots+\frac{1}{32}\right\}+\cdots \\ &> 1+\frac{1}{2}+\left\{\frac{1}{4}+\frac{1}{4}\right\}+\left\{\frac{1}{8}+\frac{1}{8}+\frac{1}{8}+\frac{1}{8}\right\}+\left\{\frac{1}{16}+\cdots+\frac{1}{16}\right\}+\left\{\frac{1}{32}+\cdots+\frac{1}{32}\right\}+\cdots \\ &= 1+\frac{1}{2}+\frac{1}{2}+\frac{1}{2}+\frac{1}{2}+\frac{1}{2}+\cdots \\ &= \infty\end{aligned}$$

이므로 $\sum_{n=1}^{\infty}\frac{1}{n} = \infty$이다.

정리 6.3

수열 a_n이 공비가 r인 등비수열이고 $|r| < 1$이면,

$$\sum_{n=1}^{\infty} a_n = \frac{a_1}{1-r}$$

이 성립한다.

증명 먼저 $r \neq 1$와 $\forall n \in \mathbb{N}$에 대해

$$1+r+r^2+\cdots+r^{n-1} = \frac{1-r^n}{1-r}$$

이 성립한다. 그러므로 $\sum_{k=1}^{n} a_k = a_1\frac{1-r^n}{1-r}$이 성립하고, $|r| < 1$에서 $\lim_{n\to\infty} r^n = 0$이 성립하므로

$$\sum_{n=1}^{\infty} a_n = \lim_{n\to\infty}\left(a_1\frac{1-r^n}{1-r}\right) = \frac{a_1}{1-r}$$

이다. □

등비수열의 무한급수는 **등비급수**[34)]라고도 부르는데, 다양한 상황에서 유용하게 사용

34) 등비급수라는 표현 대신 기하급수라는 표현을 쓰기도 하지만, 보통 기하급수는 사회과학이나 공학에서 다른 의미로 사용될 때가 많다. 1보다 큰 어떤 수 r에 대하여 r^n에 상수를 곱한 항이 포함된 수열을 보통 기하급

되기 때문에 잘 알아둘 필요가 있다.

예 6.4 $0.999\ldots=1$은 등비급수를 이용해서도 확인할 수 있다.

$$0.999\ldots=0.9+0.09+0.009+\cdots=0.9\times\frac{1}{1-0.1}=0.9\times\frac{1}{0.9}=1$$

여기에서 0.999...을 등비급수로 해석한 것과 **정의 6.1**이 정확히 일치한다는 사실에 주목하자.

예 6.5 저자가 상상으로 만든 자비로운 쇼핑몰이 있다. 이 쇼핑몰은 물건을 구매할 때마다 구매 금액의 20%를 항상 포인트로 적립해 준다. 일반적인 쇼핑몰은 포인트로 구매한 금액에 대해서는 다시 포인트를 적립해 주지 않지만, 이 쇼핑몰은 자비로워서 포인트로 구매한 금액에 대해서도 20%를 무조건 적립해 준다.

이 쇼핑몰에서 1만원을 가지고 물건을 사면 20%인 2000원을 포인트로 받는다. 이 2000원으로 물건을 사면 다시 400원을 받는다. 이제 이러한 방식으로 물건을 무한 번 구매한다고 상상해 보자. 여기에서 이 쇼핑몰은 자비로우므로, 아무리 적은 금액이라도 사용할 수 있다고 가정한다. 예를 들면 0.0000001원으로도 살 수 있는 물건이 있다고 하자. 그렇다면 1만원으로 총 얼마어치의 물건을 구매할 수 있을까?

이 질문을 초등학생이나 중학생에게 하면 보통 무한히 큰 금액만큼 물건을 살 수 있다고 대답한다. 왜냐하면 포인트를 무한히 많은 횟수만큼 돌려받기 때문에, 무한히 많이 받은 포인트를 모두 더하면 무한히 커지리라 생각하기 때문이다. 그래서 쇼핑몰을 이러한 방식으로 운영하면 망하게 된다고까지 생각한다. 하지만 실제로 그러한가?

1만원으로 구매할 수 있는 물건들의 가격을 구해보자. 항상 구매 금액의 20%를 돌려주기 때문에, 무한 번 구매했을 때 구매한 물건들의 가격을 모두 더한 결과는 아래와 같은 등비급수가 된다.

$$10000+2000+400+80+16+3.2+\cdots=10000\times\frac{1}{1-0.2}=12500$$

즉 1만원으로 아무리 많이 구매하더라도 총 구매 금액은 12500원을 넘을 수 없

수라 부르는데, 일상적으로는 값이 대단히 빠른 속도로 증가할 때 "기하급수적으로 커진다"는 표현을 사용한다. 학술적으로는 r^n항이 포함한 수열의 커지는 정도를 '기하급수적 증가' 또는 '지수함수적 증가'라 부른다.

다. 그러므로 쇼핑몰에서 이윤을 적절하게 조정한다면, 포인트로 구매한 금액에 대해서 포인트를 다시 적립해 주어도 쇼핑몰은 망하지 않는다.

독자들은 무한급수를 통해, 무한히 더한 결과가 유한할 수 있다는 사실을 반드시 알고 있어야 한다. 이러한 사실은 오늘날에는 너무나 당연하게 여겨지지만, 옛날 사람들에게는 전혀 당연하지 않은 사실이었다.

예 6.6 제논은 기원전 고대 그리스에서 살았던 철학자이다. 그가 고안한 무한에 관한 여러 가지 역설들은 상당히 오랫동안 철학자들을 혼란스럽게 했는데, 여기에서는 그 중 '아킬레스와 거북이'에 대한 역설만 살펴보겠다. (참고문헌 [5])

제논의 역설

세상에서 가장 빠른 사람인 아킬레스와 세상에서 가장 느린 동물인 거북이가 경주한다. 아킬레스는 거북이보다 100m 뒤에서 출발하는데, 아킬레스는 아무리 빨리 달리더라도 거북이를 따라잡을 수 없다. 그 이유는 다음과 같다.

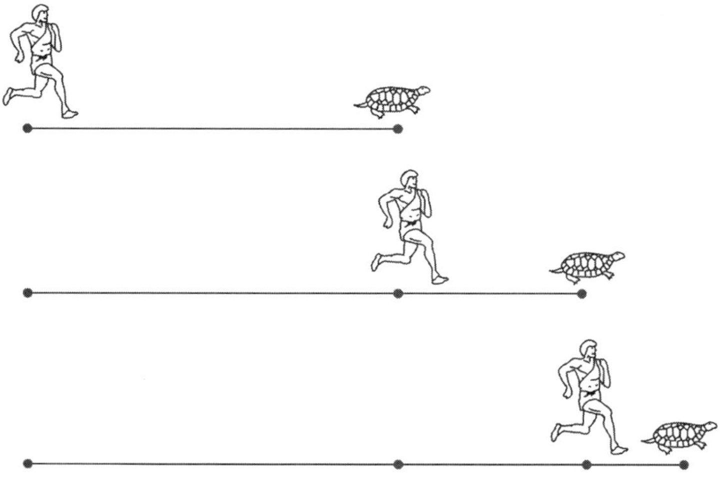

아킬레스가 100m를 달려서 거북이가 있던 자리에 도착하면, 그동안 거북이는 앞으로 나아가기 때문에 아킬레스 앞에 있다. 아킬레스가 거북이가 있는 자리에 도착하면, 그동안 거북이는 앞으로 나아가기 때문에 항상 아킬레스 앞에 있게 된다. 그러므로 아킬레스는 항상 거북이 뒤에 있으며 거북이를 따라잡을 수 없다.

당연히 아킬레스는 거북이를 따라잡을 수 있으므로 위의 이야기는 역설(패러독스)이다. 위의 논증은 말이 안 되지만, 위의 논증의 어느 부분에 논리적인 오류가 있는지를 정확히 지적하기는 쉽지 않다. 왜냐하면 아킬레스가 거북이의 위치에 왔을 때 항상 거북이가 그 앞에 있다는 것은 맞는 이야기이기 때문이다.

여기에서 중요하게 고려해야 하는 것은 아킬레스가 거북이의 위치에 올 때까지 걸리는 시간이다. 아킬레스와 거북이가 일정한 속력으로 달리고 있다고 가정하고 아킬레스가 100m를 달려서 거북이의 처음 위치에 도착할 때까지 걸리는 시간을 t_1이라 두자. 그 후 아킬레스가 거북이의 두 번째 위치(즉, t_1시간이 흘렀을 때 거북이의 위치)에 도착할 때까지 걸리는 시간을 t_2라 두고, 마찬가지 방법으로 t_n을 정의한다. 그러면 t_n은 공비가 1보다 작은 등비수열[35]이 되며, 등비급수 $\sum_{n=1}^{\infty} t_n$는 유한값이 된다. 여기에서 $t := \sum_{n=1}^{\infty} t_n$라 하자. 그러면 거북이는 무한히 많은 순간에 아킬레스 앞에 있지만, 그 순간들 사이의 시간을 모두 더하면 유한한 시간인 t가 되므로 t시간이 지나면 아킬레스는 거북이를 앞지르게 된다.

이 문제가 고대 그리스 사람들에게 특히 어려웠던 것은, 그들은 무한히 많이 더하면 항상 그 결과가 무한히 커진다고 생각하였기 때문이다. 하지만 오늘날은 등비급수를 통해 고등학생도 무한히 더한 결과가 유한할 수 있다는 사실을 쉽게 이해하게 되었다.

등비급수는 그 수렴 여부와 수렴값을 대단히 쉽게 알 수 있으나, 사실 일반적인 무한급수의 수렴 여부를 확인하는 것은 간단하지 않은 경우[36]가 많다. 그뿐만 아니라 무한급수의 수렴값을 정확히 구하기 위해서는 어려운 학문 수학 지식이 필요하며, 무한급수의 근삿값만 구할 수 있고 정확한 값은 알 수 없는 경우가 대부분이다. 전문적인 내용은 수학을 전공하는 학생들만 배우기 때문에, 여기에서는 간단한 세 가지 예를 증명 없이 소개하겠다.

예 6.7 $\sum_{n=1}^{\infty} \frac{1}{n} = \infty$이지만 $\forall n \in \mathbb{N}$에 대하여 $\frac{1}{n} > \frac{1}{n^2}$이 성립하기 때문에,

---

35) 예를 들어 아킬레스의 속력이 거북이 속력의 10배이면 공비는 $\frac{1}{10}$이 된다.

36) 자연과학이나 공학을 전공하는 학생들이 배우는 대학 미적분학에서는 다양한 무한급수의 수렴판정법이 등장하는데, 이는 보통 복잡한 함수를 무한급수(이를 '테일러 전개'라고 부른다)로 바꾸어 간단하게 계산하기 위함이다. 이러한 계산을 할 때에는 간단하게 바꾼 무한급수의 수렴 여부가 대단히 중요하기 때문에, 다양한 수렴판정법을 아는 것은 모든 이공계 학생들에게 필수적이다.

$\sum_{n=1}^{\infty}\frac{1}{n^2}$은 수렴할 가능성이 있어 보인다. 실제로 이 값은 수렴하는데, $\sum_{n=1}^{\infty}\frac{1}{n^2}=\frac{\pi^2}{6}$이 알려져 있다.

예 6.8 자연수 n에 대하여 $n!=n\times(n-1)\times\cdots\times 1$이라 정의하고, $0!$은 특별히 1로 정의한다. 이때 $\sum_{n=0}^{\infty}\frac{1}{n!}=e$가 성립함이 알려져 있다. 여기에서 e는 **자연상수**라 불리는 값으로, 학교수학에서는 $e=\lim_{n\to\infty}\left(1+\frac{1}{n}\right)^n$로 정의했던 값이다. 원주율 π와 마찬가지로 e도 무리수임이 알려져 있으며, 그 값은 2.732...이다.

예 6.9 $\sum_{n=1}^{\infty}\frac{(-1)^{n-1}}{n}=1-\frac{1}{2}+\frac{1}{3}-\frac{1}{4}+\cdots$과 $\sum_{n=1}^{\infty}\frac{(-1)^{n-1}}{2n-1}=1-\frac{1}{3}+\frac{1}{5}-\frac{1}{7}+\cdots$이 수렴한다는 사실은 대학 미적분학에서 배우는 수렴판정법을 사용하면 간단히 증명할 수 있다. 하지만 이 급수들의 정확한 수렴값을 구하는 것은 대단히 어려운데, 다음과 같은 사실이 알려져 있다.

$$\sum_{n=1}^{\infty}\frac{(-1)^{n-1}}{n}=1-\frac{1}{2}+\frac{1}{3}-\frac{1}{4}+\cdots=\log_e 2,$$

$$\sum_{n=1}^{\infty}\frac{(-1)^{n-1}}{2n-1}=1-\frac{1}{3}+\frac{1}{5}-\frac{1}{7}+\cdots=\frac{\pi}{4}$$

7장
도형의 이동

7장 미리 보기

두 도형의 모양이 같다는 것은 합동변환에 의해 하나의 도형이 다른 도형으로 옮겨지는 것을 의미하며, 이러할 때 두 도형이 서로 합동이라고 한다. 대칭변환은 방향을 항상 반대로 바꾸는데, 학교수학에서는 도형의 방향을 고려하지 않기 때문에 대칭변환을 합동변환으로 생각하는 것이다.

7장

도형의 이동

7장에서 다룰 내용은 합동변환으로, 특별히 초등학교 수학 교과서에 나오는 '도형의 이동' 단원의 수학적, 교육학적 측면을 다룬다. 교육대학에서는 보통 수학교수법이나 수학교재론과 같은 강좌를 통해 초등학교 수학 교과서의 내용을 직접 공부할 기회가 있기 때문에, 이 책에서는 초등수학 교과서에 나온 내용을 많이 다루지는 않는다. 하지만 '도형의 이동' 단원은 수학적인 측면에서도 생각해 보아야 할 내용이 많으므로, 특별히 이번 장에서는 교과서의 내용을 직접 다루려 한다.

정의 7.1

정의역과 공역이 좌표평면인 함수 $f:\mathbb{R}^2\to\mathbb{R}^2$를 **변환**이라 한다.

저자마다 변환의 정의가 다를 때가 많으나, 이 책에서는 변환을 **정의 7.1**로 정의한다. 이에 따르면 변환이란 평면 위의 각 점을 평면 위의 다른 점으로 옮기는 함수를 의미한다. 학교수학에 나오는 변환은 평행이동, 대칭이동, 회전이동, 직선 위로의 정사영, 확대, 축소 등이 있으며, 6차 교육과정(1992년 개정)[37] 이전과 2007개정 교육과정에서는 행렬로 표현되는 변환인 일차변환[38]도 다루었다.

37) 7차 교육과정(1997년 개정) 이후부터는 교육과정이 공표된 연도를 따라 구분하게 되었다. 수학과의 경우 7차 교육과정 이후는 2007년 개정, 2009년 개정, 2015년 개정, 2022년 개정 교육과정이 있다.

38) 대학에서는 일차변환이라는 표현 대신 **선형변환**(linear transformation)이라는 표현을 사용하고, 행렬과 선형변환을 다루는 학문을 **선형대수학**(Linear Algebra)이라고 한다. 미적분학과 더불어 대학에서 가장 널리 사용되는 중요한 수학 과목이다.

예 7.1 변환은 두 변수 x, y로 표현할 수 있다. 예를 들면 $f(x,y)=(x+y, x-y)$와 같은데, f에 의해 몇 개의 점이 어떻게 옮겨지는지를 살펴보면

$$f(1,0)=(1,1),\ f(0,1)=(1,-1),\ f(1,1)=(2,0)$$

이다. 그러므로 변환 f는 점 $(1,0)$을 점 $(1,1)$로 보내고, 점 $(0,1)$을 점 $(1,-1)$로 보내며, 점 $(1,1)$을 점 $(2,0)$으로 보낸다.

예 7.2 변환 $f(x,y)=(x^2,y)$는 $f(\pm 2,0)=(4,0)$, $f(0,1)=(0,1)$, $f(0,0)=(0,0)$을 만족한다.

예 7.3 $f(x,y)=(0,0)$은 평면 위의 모든 점을 원점으로 보내는 변환이다.

정의 7.2
변환 중에서 도형의 '모양'과 '크기'를 변화시키지 않는 것을 **합동변환**이라 한다.

정의 7.2는 초등교사를 위해 임시로 제시하는 것으로, '모양'과 '크기'가 무엇인지 미리 정의하지 않았기 때문에 수학적으로는 대단히 부적절하다. 하지만 초등학교 수학 교과서와 맞추기 위해 위와 같이 정의하였으며, '모양'과 '크기'의 의미는 일단 상식에 맡기기로 한다. 참고로 여기에 '크기'가 제시된 것은 이후 중학교에서 다룰 '확대', '축소'를 염두에 둔 것이며, 합동변환은 '모양'과 '크기'를 변화시키지 않지만 '위치'와 '방향'은 변화시킨다고 할 수 있다. 합동변환의 정확한 수학적 정의는 **쉬어가기 7.1**에 제시하였다.

쉬어가기 7.1

좌표평면 위의 임의의 두 점 $P(x_1, y_1), Q(x_2, y_2) \in \mathbb{R}^2$에 대해, 두 점 사이의 거리를 나타내는 함수 $d: \mathbb{R}^2 \times \mathbb{R}^2 \to \mathbb{R}$ 를

$$d(P,Q)=\sqrt{(x_1-x_2)^2+(y_1-y_2)^2}$$

으로 정의한다. **합동변환**(또는 **등거리변환**)이란 임의의 두 점 사이의 거리를 항상 보존하는 변환을 의미하며, 엄밀하게 표현하면

$$\forall \mathrm{P},\mathrm{Q} \in \mathbb{R}^2,\ d(f(\mathrm{P}), f(\mathrm{Q})) = d(\mathrm{P},\mathrm{Q})$$

를 만족하는 변환 $f : \mathbb{R}^2 \to \mathbb{R}^2$으로 정의한다. 두 점 사이의 거리를 항상 보존하면, 이로부터 모든 도형의 모양과 크기를 항상 보존한다는 사실을 증명할 수 있다.

정의 7.1과 **정의 7.2**를 자세히 비교해 보면 서로 상충하는 부분이 있음을 확인할 수 있다. **정의 7.1**에 의하면 변환은 평면 전체를 평면 전체로 옮기는 함수이지만, **정의 7.2**는 평면에 놓인 도형에만 집중하고 있다. 실제로 이러한 갈등은 학교수학 전체에서 계속 발생하는데, 이러한 갈등을 해소하기 위해 다음을 가정하자. 변환은 원래는 평면 전체에서 정리된 함수이지만, 필요에 따라 도형 위에 있는 점만 옮기도록 정의역을 제한시키는 것도 허용[39]하기로 한다.

이제 본격적으로 합동변환의 예들을 알아보자. 여기에서는 기본이 되는 세 가지 합동변환인 평행이동, 회전이동, 대칭이동만을 다루는데, 모든 합동변환은 이 세 가지 기본 합동변환들을 합성하여 얻을 수 있다는 사실이 알려져 있다.

정의 7.3

평면 위의 점을 x축 방향으로 m만큼, y축 방향으로 n만큼 이동하는 변환

$$\begin{aligned} f:\ \mathbb{R}^2 &\to \mathbb{R}^2 \\ (x,y) &\mapsto (x+m,\, y+n) \end{aligned}$$

을 **평행이동**이라 정의한다. 초등학교에서는 평행이동을 **밀기**라 부른다.

다음은 2015개정 4학년 1학기 국정교과서의 4단원에 제시된 문제이다.

39) 어디까지나 학교수학을 위한 임시적인 가정이며, 학문 수학에서 변환은 항상 평면 전체를 옮기는 함수이다. 평면 위에 도형이 있다면, 변환은 도형 위의 점뿐만 아니라 도형 밖의 점도 함께 옮긴다고 생각한다.

문제 7.1

삼각형 ㄱㄴㄷ을 위쪽과 오른쪽으로 6cm 밀었을 때의 도형을 그리세요.

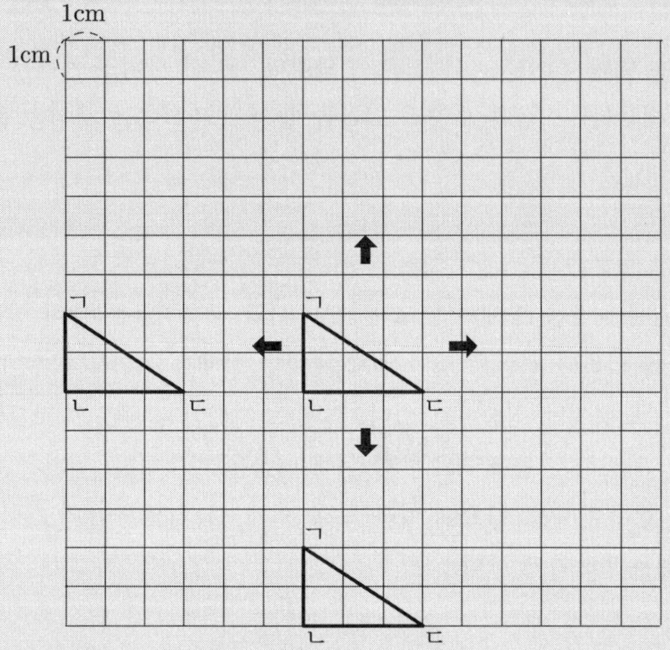

도형을 밀었을 때 모양과 위치는 어떻게 변하나요?

문제 7.1에서 평행이동에 따른 도형의 모양과 위치 변화에 대해서만 묻고 있는 것에 주목하자. 평행이동은 합동변환이기 때문에 모양은 변하지 않으며, 위치에는 변화가 생긴다. 만일 크기의 변화를 묻는다면, 확대나 축소가 없으므로 크기는 변하지 않았다고 해야 한다. 만일 방향의 변화를 묻는다면, 도형이 전혀 회전하지 않았기 때문에 방향[40)] 도 변하지 않았다고 해야 한다.

우리가 평행이동을 기술할 때 항상 x축 방향, y축 방향으로 얼마나 이동했는지를 명시해야 하듯이, 밀기에서도 오른쪽이나 왼쪽, 위쪽이나 아래쪽으로 얼마나 이동해야 하는지를 명시해 주어야 한다. **문제 7.1**에서는 미는 방향과 거리를 위쪽으로 6cm, 오른

---

40) 여기에서 방향은 direction의 의미로, 이 책의 1장에서 소개한 orientation과는 다른 의미이다. 삼각형 ㄱㄴㄷ의 direction이란, ㄴ을 기준으로 할 때, ㄱ이 위쪽 방향, ㄷ이 오른쪽 방향에 있다는 뜻이며, 수학적으로 엄밀하게 정의하면 꼭짓점으로 이루어진 벡터들, 예를 들면 $\overrightarrow{ㄴㄱ}$과 $\overrightarrow{ㄴㄷ}$이 가리키는 방향이다.

쪽으로 6cm와 같이 명시하고 있다.

문제 7.2는 시중에 판매 중인 문제집들에 자주 등장하는 문제이지만, 결함을 가지고 있다. 아래 저자의 해설을 읽기 전에 독자들은 무엇이 문제인지 먼저 생각해 보기를 바란다.

문제 7.2

아래 그림을 오른쪽으로 밀었을 때 생기는 모양은?

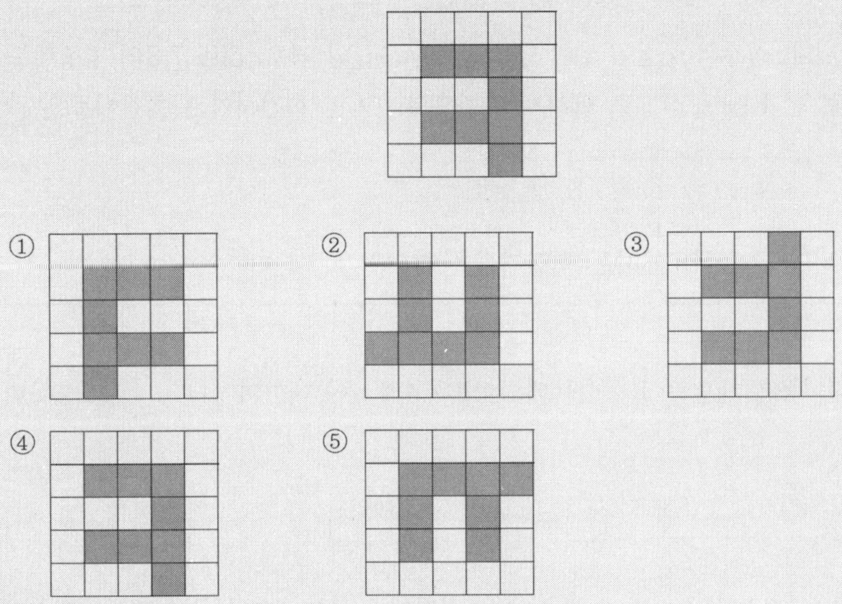

문제 7.2에 결함이 있다고 느껴지는가? 밀기는 도형의 방향을 바꾸지 않기 때문에, 이 문제의 답은 ④이다. 하지만 이 문제가 과연 적절한 것인가?

밀기, 즉 평행이동의 본질은 이동에 있다. 도형의 모양을 변형하지 않고 그대로 이동시켜 위치만을 바꾸는 것이 바로 밀기, 즉 평행이동이다. 그런데 **문제 7.2**는 이러한 이동을 전혀 보여주지 못하고 있다. 다시 말하면, 이 문제는 밀기에 관해 묻고 있지만, 문제 안에 밀기를 통해 구현되는 위치의 변화가 전혀 드러나지 않고 있다. 그러므로 밀기에 대한 충분한 사전경험 없이 **문제 7.2**로부터 밀기의 개념을 이해하려는 학생이 있다면, 이 문제로부터 밀기는 도형을 가만히 놔두는 것이라는 오개념을 가지게 될 수도 있다.

이렇게 수학 문제를 만들 때는 문제가 묻고 있는 개념의 본질을 훼손시키거나 왜곡시키지 않도록 주의할 필요가 있다.

정의 7.4

평면 위의 한 점을 중심으로 회전시키는 변환을 **회전이동**이라 정의한다. 회전의 중심이 원점이고 반시계 방향으로 θ만큼 회전시키는 회전이동은

$$\begin{aligned} g: \quad \mathbb{R}^2 &\to \quad \mathbb{R}^2 \\ (x,y) &\mapsto ((\cos\theta)x-(\sin\theta)y, (\sin\theta)x+(\cos\theta)y) \end{aligned}$$

으로 표현된다. 회전의 중심이 일반적인 점 $\mathrm{P}(m,n)$인 경우, **정의 7.3**의 평행이동을 f라 할 때, 점 P를 중심으로 반시계 방향으로 θ만큼 회전시키는 회전이동은

$$f \circ g \circ f^{-1}$$

으로 표현된다. 초등학교에서는 회전이동을 **돌리기**라 부른다.

보통 회전이동은 행렬로 표현하는데, **정의 7.4**의 g에 대하여 $g(x,y)=(x',y')$라 두었을 때

$$\begin{pmatrix} x' \\ y' \end{pmatrix} = \begin{pmatrix} \cos\theta & -\sin\theta \\ \sin\theta & \cos\theta \end{pmatrix} \begin{pmatrix} x \\ y \end{pmatrix}$$

가 성립한다. 그리고 복소평면을 배운 경우 회전이동은 복소수의 곱셈으로 간편하게 표현할 수 있는데,

$$x'+y'i=(\cos\theta+(\sin\theta)i)(x+yi)$$

가 성립한다. 그러나 2015개정 교육과정에서는 행렬과 복소평면이 모두 삭제되어 있어, 초등학교에서 비형식적으로 배운 돌리기를 이후에 형식적인 회전이동으로 정리하는 것이 불가능해졌다. 회전이동은 가장 기본적인 합동변환의 하나이므로, 이후에 행렬이나 복소평면 중 하나를 고등학교 교육과정에 다시 포함시켜서 회전이동을 학생들에게 가르칠 수 있게 되기를 희망한다.

초등학교 교과서의 돌리기는 회전이동을 표현한 것이지만, 사실 돌리기와 회전이동이 완전히 동일한 것은 아니다. 2015개정 교육과정 국정교과서에서 돌리기를 어떻게 다루는지를 **문제 7.3**을 통해 살펴보자.

문제 7.3

삼각형 ㄱㄴㄷ을 시계 방향으로 90° 만큼 돌렸을 때의 도형을 그려 보세요.

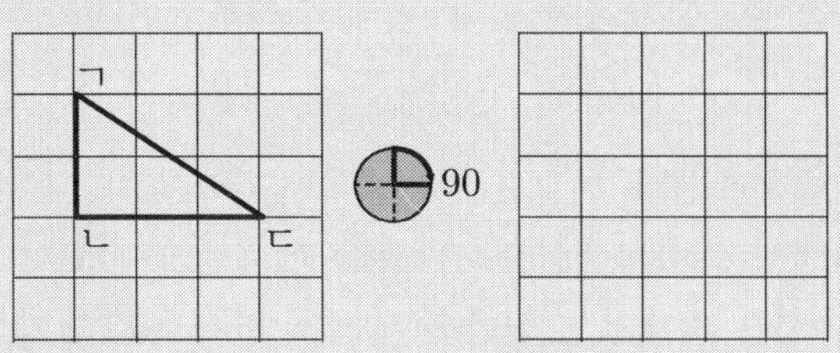

도형을 돌렸을 때 모양과 방향은 어떻게 변하나요?

먼저 돌리기에서는 회전의 중심이 명시되지 않음에 주의할 필요가 있다. 평면 위의 두 점 P, Q에 대하여, 하나의 도형을 P점을 중심으로 θ만큼 회전이동시킨 도형과, Q점을 중심으로 θ만큼 회전이동시킨 도형은 평행이동을 통해 서로 겹치게 할 수 있다. 그러므로 돌리기에서는 도형의 정확한 위치는 고려하지 않으며, 도형의 방향(direction)만을 고려하여 지도하게 되어 있다. 다시 말하면 **문제 7.3**의 답으로 아래 그림들이 모두 가능하다는 것이다.

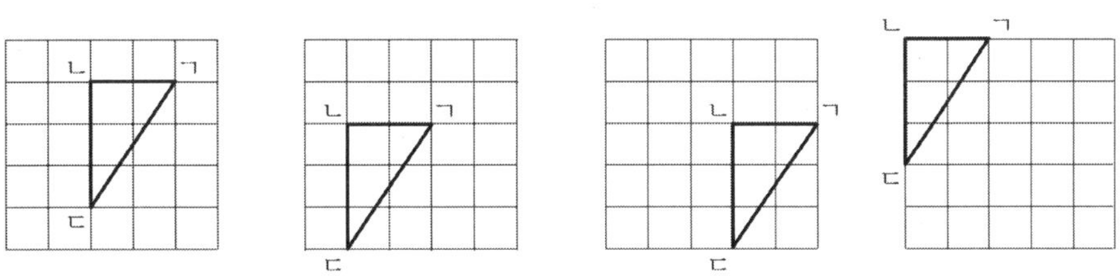

교과서의 지도서에 따르면 위의 네 개의 그림들이 모두 **문제 7.3**의 답이 된다. 하지만 학생들에게 이렇게 지도하는 것이 과연 적절한 것일까? 이 문제를 놓고 현장의 초등 교사들과 여러 번 토론하였는데, 많은 교사가 위의 네 개의 그림 중에서 첫 번째만을 정답으로 처리하고, 나머지는 모눈종이 안에서 삼각형의 위치가 잘못되었기 때문에 오답 처리를 하겠다는 의견을 제시하였다.

교사들의 이러한 관점에는 나름대로 합리적인 근거가 있는데, 바로 돌리기가 도형만을 돌리는 것이 아니라 모눈종이 전체를 돌리고 있다고 생각할 수 있기 때문이다. 실제로 회전이동은 평면 전체를 회전시키기 때문에, 돌리기도 모눈종이 전체를 돌리는 것으로 지도하는 것이 바람직하며, 이렇게 종이를 돌리는 활동은 초등학생들이 직접 경험하기에도 적합하다. 이러한 관점을 취한다면, 모눈종이를 돌린 후 모눈종이 안에서 삼각형의 위치를 정확하게 그리는 것도 중요한 평가요소가 된다고 할 수 있다.

하지만 이러한 관점에도 문제점이 있다. 앞에서 다루었던 밀기는 모눈종이 전체를 옮기는 것으로 해석할 수 없기 때문에, 이전에 배운 내용과의 일관성이 떨어지는 것이다. 이전에 제시했던 **문제 7.2**에서 확인한 바와 같이, 모눈종이 전체를 미는 것은 도형의 이동을 제대로 드러내지 못하기 때문에 밀기를 해석하는 적절한 방법이 아니다.

교과서에서는 일관성을 위해서 도형만을 옮기는 방식으로 밀기, 돌리기, 뒤집기를 제시하고 있지만, 저자는 돌리기와 뒤집기만은 모눈종이 전체를 돌리고 뒤집는 것으로 지도하는 것이 더 적절하다고 생각한다. 그리고 여기에서 다루는 내용들은 이후에 형식화된 엄밀한 정의로 다시 배울 예정이기 때문에, 초등학교에서는 직관적으로 경험하는 것으로 충분하며 과도하게 엄밀하게 다루지 않는 것이 적절하다.

문제 7.3의 두 번째 질문을 살펴보자. 여기에서 의도적으로 위치를 묻지 않음에 주의하자. 돌리기의 경우에도 합동변환이므로 모양은 변하지 않는다. 돌리기에 의해 도형은 방향(direction)이 변하는데, 여기에서 360° 만큼 돌릴 때에는 방향이 변하지 않는다는 것도 주의하자.

정의 7.5

평면 위의 한 직선이나 점에 대해 대칭시키는 변환을 **대칭이동**이라 정의한다. 대칭축이 x축, y축, 직선 $y=x$일 때의 대칭이동을 각각 h_1, h_2, h_3라 하면

$$h_1(x,y)=(x,-y),\ h_2(x,y)=(-x,y),\ h_3(x,y)=(y,x)$$

가 성립한다. 원점에 대해 대칭시키는 대칭이동을 h_4라 하면,

$$h_4(x,y)=(-x,-y)$$

가 된다. 여기에서 h_4는 원점을 중심으로 반시계 방향으로 180° 회전시키는 회전이동과 일치한다.

초등학교에서는 x축 또는 y축으로의 대칭이동을 **뒤집기**라 부른다.

임의의 점에 대한 대칭이동도 다음과 같이 간단하게 구할 수 있는데, 점 $\mathrm{P}(m,n)$에 대해 점 (x,y)를 대칭이동시킨 점을 (x',y')라 두면

$$\frac{x+x'}{2}=m,\ \ \frac{y+y'}{2}=n$$

이 성립한다. 그러므로 점 $\mathrm{P}(m, n)$에 대한 대칭이동을 h_5라 하면

$$h_5(x, y)=(2m-x, 2n-y)$$

가 성립한다.

임의의 직선에 대한 대칭이동도 구할 수 있는데, **정리 4.3**의 증명의 아이디어를 일반적인 직선에 대해 적용하면 된다. 하지만 실제 공식은 상당히 복잡하고, 특별한 아이디어 없이 단순 계산으로 결과를 얻을 수 있으므로 생략한다.

초등학교 교과서의 뒤집기는 대칭이동을 표현한 것이지만, 이전에 돌리기와 회전이동이 완전히 동일하지는 않았던 것처럼, 뒤집기와 대칭이동도 완전히 동일한 것은 아니다. 2015개정 교육과정 국정교과서에서 뒤집기를 어떻게 다루는지를 **문제 7.4**를 통해 살펴보자.

문제 7.4

삼각형 ㄱㄴㄷ을 위쪽과 오른쪽으로 뒤집었을 때의 도형을 그려 보세요.

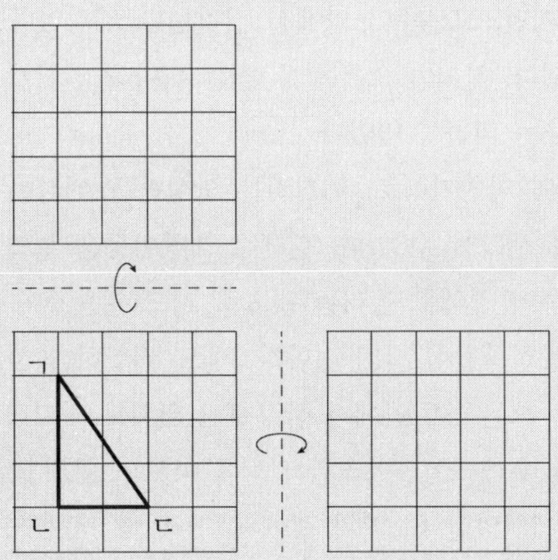

도형을 뒤집었을 때 모양과 방향은 어떻게 변하나요?

뒤집기에서 뒤집는 방향은 오른쪽, 왼쪽, 위, 아래로 총 네 개가 있다. 여기에서 이 네 방향이 대칭이동의 대칭축을 의미하는 것은 아니라는 사실에 주의할 필요가 있다. 하나의 도형을 x축과 평행한 직선 l_1과 l_2로 각각 대칭이동시켜 얻은 도형은 평행이동을 통해 서로 겹치게 할 수 있다. 그러므로 뒤집기에서는 돌리기와 마찬가지로 도형의 정확한 위치는 고려하지 않으며, 도형의 방향(direction)만 고려하여 지도하게 되어 있다. 다시 말하면 **문제 7.4**에서 오른쪽으로 뒤집은 그림의 답으로 아래 그림들이 모두 가능하다는 것이다.

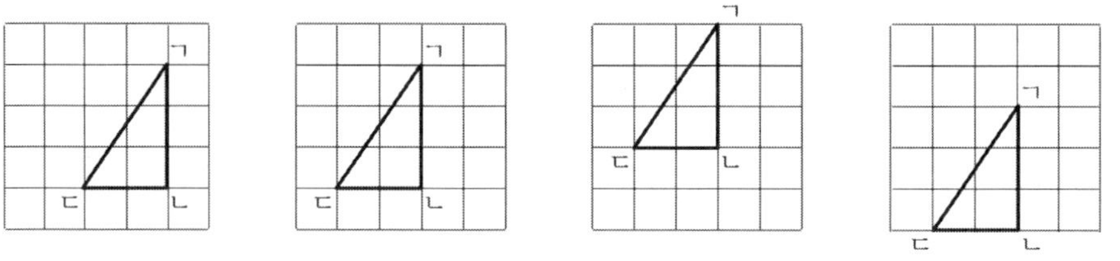

교과서의 지도서에 따르면 위의 네 개의 그림들이 모두 오른쪽으로 뒤집은 그림의 답이 된다. 하지만 학생들에게 이렇게 지도하는 것이 과연 적절한 것일까? 이 문제도 돌리기와 마찬가지로 현장의 초등교사들과 여러 번 토론하였는데, 많은 교사가 위의 네 개의 그림 중에서 앞의 두 개만을 정답으로 처리하고, 나머지는 오답으로 처리하겠다는 의견을 제시하였다. 사실 모눈종이를 통째로 뒤집었다고 생각할 때 삼각형의 위치가 정확한 것은 첫 번째이지만, 모눈종이 안에서 삼각형만 뒤집었다고 생각하면 두 번째도 정답으로 볼 여지가 있다. 하지만 오른쪽 두 개는 위아래 위치가 잘못되었기 때문에, 정답으로 하기 곤란하다는 의견이 많았다.

여기에서도 돌리기와 마찬가지로, 뒤집기는 도형만을 뒤집는 것이 아니라 모눈종이 전체를 뒤집고 있다고 생각할 수 있다. 실제로 대칭이동은 평면 전체를 대칭시키기 때문에, 뒤집기도 모눈종이 전체를 돌리는 것으로 지도하는 것이 적절하며, 이렇게 종이를 뒤집는 활동은 초등학생들이 직접 경험하기에도 적합하다. 이러한 관점을 취한다면, 모눈종이를 뒤집은 후 모눈종이 안에서 삼각형의 위치를 정확하게 그리는 것도 중요한 평가요소가 된다고 할 수 있으며, 이러한 관점을 따르면 **문제 7.4**에서 오른쪽으로 뒤집은 그림은 답으로 제시되었던 네 가지 중에서 첫 번째 것만 가능하다.

참고로 초등학생들은 3~4학년군에서 도형의 이동 단원을 통해 뒤집기를 배운 이후, 5~6학년군에서 선대칭도형, 점대칭도형을 배우게 된다. 선대칭도형, 점대칭도형에서는 대칭축과 대칭점이 명시되어 있으므로, 여기에서는 위치를 정확하게 그리는 것이 대단히 중요하다. 뒤집기에서는 도형의 정확한 위치를 고려하지 않았으나, 선대칭도형에서는 정확한 위치에 그리는 것이 중요하므로, 초등교육과정 전체적으로 대칭을 다루는 일관성이 부족하다고 볼 수도 있다.

문제 7.4의 두 번째 질문을 살펴보자. 여기에서 의도적으로 위치에 대해 묻고 있지 않음에 주의하자. 뒤집기의 경우에 방향(direction)이 변하는데, 삼각형 ㄱㄴㄷ은 ㄴ을 기준으로 하였을 때 ㄷ이 오른쪽에 놓여있었으나, 오른쪽으로 뒤집은 후에는 ㄷ이 왼쪽으로 옮겨졌기 때문이다.

뒤집기는 모양을 변형시키는가? 여기에서 모양이란 무엇인가? 지도서의 내용을 충분히 숙지하지 않고 수업을 한 경우, 뒤집기가 모양을 변형시킨다고 가르친 이들이 많았다. 이들은 뒤집은 도형을 평행이동하여 원래의 도형과 겹칠 수 없으므로, 두 도형은 모양이 같지 않다고 생각하였다. 사실 이는 모양이라는 개념이 모호하여서 발생한 것으로, 학교수학에서 무엇을 모양으로 보는지를 정확하게 이해하기 위해서는 학문 수학에서의 관점을 알 필요가 있다.

두 도형의 모양이 같다는 것은 합동변환에 의해 하나의 도형이 다른 도형으로 옮겨지는 것을 의미하며, 이러할 때 두 도형이 서로 **합동**이라고 한다. 학문 수학에서 합동변환에는 크게 두 종류가 있다.

- 방향을 고려하지 않는 합동변환(isometry without orientation)
- 방향을 고려하는 합동변환(isometry with orientation)[41]

대칭변환은 방향(orientation)을 고려하지 않는 합동변환이다. 그러므로 아래 두 그림은 방향을 고려하지 않을 때 서로 합동이 된다.

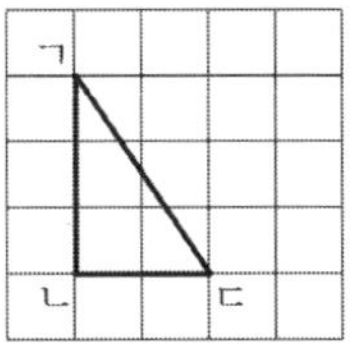

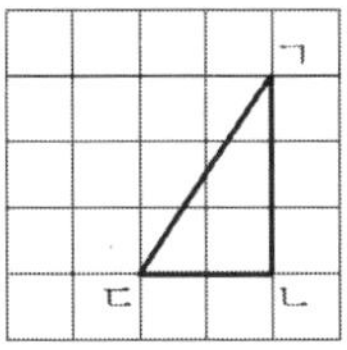

참고로 여기에서 다루고 있는 방향은, 위의 돌리기(회전이동)에서 설명한 방향(direction)이 아니라 이 책의 1장에서 소개했던 방향(orientation)을 의미한다. 위의 두 삼각형은 각각 대응하는 변의 길이가 서로 일치하므로 SSS 합동이 되지만, 왼쪽 삼각

41) 쉬어가기 7.1에서 정의했던 합동변환은 방향을 고려하지 않는 합동변환이다. 방향을 고려하는 합동변환은, 두 점 사이의 거리를 항상 보존하면서 추가로 도형의 방향(orientation)도 항상 보존하는 변환으로 정의한다.

형은 세 꼭짓점 ㄱ, ㄴ, ㄷ이 반시계 방향으로 배열되어 있고 오른쪽 삼각형은 ㄱ, ㄴ, ㄷ이 시계 방향으로 배열되어 있으므로 서로 다른 방향(orientation)을 가지고 있다. 대칭변환은 도형의 방향을 항상 반대로 바꾸는데, 학교수학에서는 도형의 방향을 고려하지 않기 때문에 대칭변환도 합동변환으로 생각하는 것이다.

하지만 학문 수학에서는 방향(orientation)이 보존될 때만 합동이라고 정의하는 관점도 존재한다. 이러한 관점에서는 위에서 정의했던 세 가지 변환 중 평행이동과 회전이동만이 합동변환이며, 대칭이동은 합동변환이 아니다. 학교수학과는 다른 관점이지만 실제로 학문 수학에서 널리 사용되고 있으며, 이러한 관점을 취하면 1장에서 소개한 음수 길이 선분, 음수 넓이 삼각형, 음수 각도 등이 자연스럽게 등장하게 된다.

문제 7.4로 다시 돌아가자. 뒤집기는 모양을 변형시키는가? 학교수학에서는 방향(orientation)을 고려하지 않기 때문에, 이 질문의 답은 "변형시키지 않는다"가 되어야 한다. 하지만 학문 수학에서 이 질문을 "한 번 대칭이동된 도형은 원래의 도형과 합동인가?"로 바꾸어 질문한다면, 이에 대한 대답은 "방향을 고려하는 경우는 합동이 아니고, 방향을 고려하지 않는 경우는 합동이다"가 되어야 한다.

문제 7.5

• 모양 조각을 오른쪽으로 뒤집고 시계 방향으로 90° 만큼 돌려 보세요.

• 모양 조각을 시계 방향으로 90° 만큼 돌리고 오른쪽으로 뒤집어 보세요.

• 모양 조각을 움직인 방법에 따라 어떻게 되는지 비교하여 말해 보세요.

문제 7.5의 앞의 두 질문의 답은 다음과 같다.

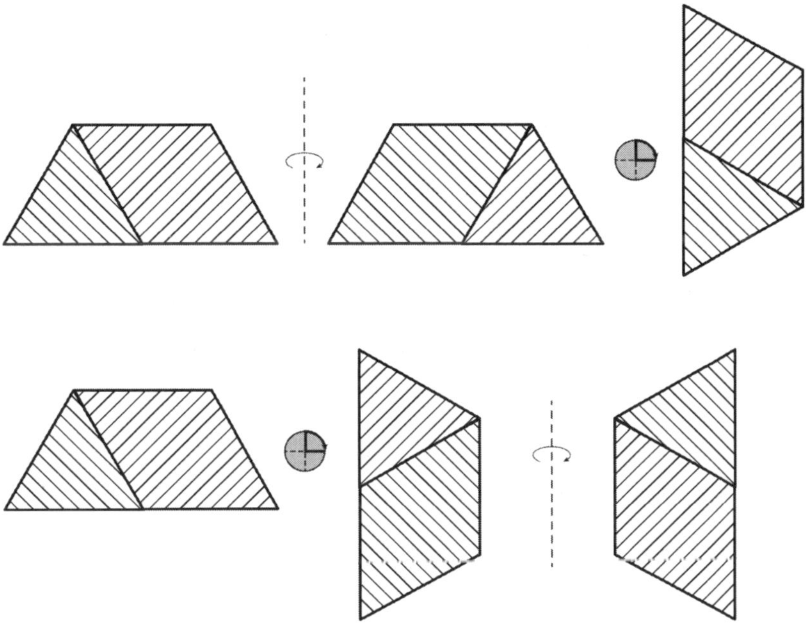

이로부터 마지막 질문의 답은 "모양 조각을 움직인 방법이 같더라도 그 순서가 다르면 모양 조각의 방향(direction)이 다를 수 있다"임을 알 수 있다. 그런데 교과서에 이 문제가 나온 이유가 무엇일까? 순서가 다를 때 방향이 다름을 확인해야 하는 특별한 이유가 있는 것일까?

독자들은 4장에서 함수의 합성은 교환법칙이 성립하지 않는다는 내용을 배운 것을 기억할 것이다. 사실 7장에서 다룬 도형의 이동 방법인 밀기, 돌리기, 뒤집기는 이후에 평행이동, 회전이동, 대칭이동으로 발전되는데, 이러한 변환은 모두 함수이다. 그러므로 사실 **문제 7.5**는 함수의 합성에서 교환법칙이 성립하지 않는다는 것을 초등학생 수준에서 보여주는 내용이라 할 수 있다.

하지만 저자가 만났던 많은 초등학교 교사들은 **문제 7.5**로부터 함수의 합성의 교환법칙을 찾아내지 못하였다. 사실 대학 수학을 제대로 접할 기회가 없었던 대부분의 초등학교 교사에게는 도형의 이동을 함수로 해석하는 것이 대단히 생소할 것이기 때문에, **문제 7.5**에서 함수의 합성을 생각하는 것은 불가능에 가깝다. 그러므로 이러한 내용은 교육대학에서 수업을 통해 따로 가르쳐져야 할 것이다.

그런데 **문제 7.5**에서 함수의 합성을 볼 수 있는 교사는 이를 볼 수 없는 교사보다 이 내용을 더 잘 가르칠까? 사실 교과서로 진행하는 실제 수업에서는 유의미한 차이가 없을 것이다. 하지만 교사가 교과서의 집필 의도를 정확하게 파악하고 있다면, 교과서 내용을 재구성해서 가르쳐야 하는 상황에서 교과서보다 더욱 좋은 교재를 만들 수 있을 것이다.

이 장의 내용을 정리하겠다. 수학자의 관점으로 볼 때, 초등학교 교과서에 나오는 '도형의 이동' 단원은 대단히 허술하고 어색한 부분이 많다. 하지만 초등학생들은 아직 좌표평면을 배우기 전이기 때문에, 이 단원에서 다루는 내용을 정확하고 엄밀하게 이해할 수 없다는 문제가 있다. 그래서 해외에서는 좌표평면을 다소 일찍 가르친 후에 도형의 이동을 정확하고 엄밀하게 가르치도록 교육과정을 구성하기도 한다.

도형의 이동 단원에서는 개념을 엄밀하게 정의하는 것이 불가능하므로 많은 부분을 직관에 의존하여 지도하게 되는데, 사실 초등학교 4학년에서 다루는 도형의 이동은 도형의 움직임을 정확하게 기술하는 데에 목적이 있지 않다. 이후 초등학교에서의 선대칭도형이나 중학교에서의 평행이동, 대칭이동 등을 공부할 때 학생들이 낯설지 않도록, 사전경험을 제공하려는 것이 이 단원의 목적이다. 그러므로 이 단원에서는 문제에 대한 정확한 답을 찾는 훈련보다는 간단한 활동들을 통해 직관적인 심상을 가질 수 있도록 지도하는 것이 중요하다.

학생들에게는 직관적인 심상을 가지게 하는 것이 단원의 목적이지만, 이를 가르치는 교사는 상당히 많은 수학 지식을 가지고 있어야 한다. 교육대학 학생 중에는 "초등교사는 교과서에 있는 수학 내용만 알면 충분할 텐데, 왜 대학 수학을 더 공부해야 합니까" 라고 묻는 이들이 많다. 그러나 이 장에서 다룬 내용만 보더라도, 초등학교 수학 교과서의 내용을 이해하고 적절하게 가르치기 위해서는, 초등학교 수학 내용뿐만 아니라 초등수학이 이후에 어떻게 발전되는지를 알고 있어야 함을 알 수 있다. 이 책을 통해 독자들이 초등수학을 더 잘 이해할 수 있기를 바란다.

8장

정수론

8장 미리 보기

수학자들은 왜 수학을 연구하는 것일까?
사람들은 수학이 실생활에 도움이 될 것을 기대하며 연구하는 것으로 생각하겠지만, 사실 많은 순수수학자들은 수학이 아름답기 때문에 연구한다고 이야기한다.
실제로 수학의 중요한 특징 중 하나가 바로 심미성(審美性)이며, 수학을 연구하는 이들은 종종 수학의 아름다움에 매료될 때가 있다.

8장

정수론

8장에서는 정수론을 다룬다. **정수론**(number theory)이란 수학에서 수를 다루는 분야로, 정수뿐만 아니라 실수, 복소수 등 모든 수를 다 다룬다고 할 수 있다. 하지만 이 책의 주 독자는 초등교사이기 때문에, 이 장에서는 정수와 자연수만을 다룬다. 3장에서 정수 집합은 $\mathbb{Z}$, 자연수 집합은 $\mathbb{N}$으로 나타내기로 한 것을 기억하자.

정의 8.1
$a \in \mathbb{Z} - \{0\}$, $b \in \mathbb{Z}$에 대하여 $b = aq$를 만족하는 $q \in \mathbb{Z}$가 있을 때, a가 b를 **나눈다**고 하고 $a \mid b$라 쓴다. 만일 $b = aq$를 만족하는 정수 q가 존재하지 않는다면, a가 b를 **나누지 않는다**고 하고 $a \nmid b$라 쓴다. 그리고 $a \mid b$일 때, a는 b의 **약수**(divisor), b는 a의 **배수**(multiple)라 정의한다.

정의 8.1에서 a와 b를 정수라 한 것에 주목하자. 학교수학에서 약수와 배수는 자연수에 대해서만 생각하지만, 일반적으로 대학 수학에서는 정수에 대해 약수와 배수를 정의한다. 이 책에서는 학교수학과 대학 수학을 비교하기 위해, 먼저 정수에 대해 약수와 배수를 정의하였다.

예 8.1 $6 \mid 18$이므로 6은 18의 약수이고, 18은 6의 배수이다. 그리고 $-6 \mid 18$, $6 \mid -18$, $-6 \mid -18$이므로 ± 6은 ± 18의 약수이고, ± 18은 ± 6의 배수이다.

예 8.2 학교수학에서 18의 약수는

$$1, 2, 3, 6, 9, 18$$

이지만, 대학 수학에서 18의 약수는

$$\pm 1,\ \pm 2,\ \pm 3,\ \pm 6,\ \pm 9,\ \pm 18$$

이 된다. 기존에 알고 있던 값에 마이너스 부호만 덧붙이면 되기 때문에, 대학 수학에서 약수의 개념이 근본적으로 달라지는 것은 아니다.

18의 약수의 개수는, 학교수학에서는 6개이지만 대학 수학에서는 12개가 된다. 하지만 양의 약수의 개수를 알면 음수 약수는 굳이 셀 필요가 없으므로, 대학 수학에서는 일반적으로 양의 약수의 개수를 생각한다. 그러므로 18의 양의 약수의 개수는 학교수학과 대학 수학에서 동일하게 6개이다.

정의 8.2

2의 배수를 **짝수**(even number)라 하고, 2의 배수가 아닌 정수를 **홀수**(odd number)라 한다. 모든 짝수를 나열하면 다음과 같다.

$$\cdots,\ -6,\ -4,\ -2, 0, 2, 4, 6,\ \cdots$$

예 8.3 $\forall a \in \mathbb{Z} - \{0\}$에 대하여 $0 = a \times 0$이 성립하므로, $a \mid 0$가 항상 성립한다. 그러므로 0은 0이 아닌 임의의 정수의 배수이다. 예를 들어 ± 3의 배수는

$$\cdots,\ -9,\ -6,\ -3, 0, 3, 6, 9,\ \cdots$$

이고, ± 7의 배수는

$$\cdots,\ -21,\ -14,\ -7, 0, 7, 14, 21,\ \cdots$$

이므로, 0은 ± 3과 ± 7의 배수가 된다.

정리 8.1

$a, b, c \in \mathbb{Z} - \{0\}$에 대하여 $a \mid b$이고 $b \mid c$이면, $a \mid c$이다.

증명 $a \mid b$로부터 $b = aq_1$을 만족하는 $q_1 \in \mathbb{Z}$이 존재하고, 마찬가지로 $b \mid c$로부터 $c = bq_2$를 만족하는 $q_2 \in \mathbb{Z}$가 존재한다. 이때 $q_1q_2 \in \mathbb{Z}$는 $c = a(q_1q_2)$를 만족하므로, $a \mid c$이다. □

예 8.4 $7 \mid 21$이고 $21 \mid 84$이므로 $7 \mid 84$가 성립한다.

쉬어가기 8.1

$a < b < c(a, b, c \in \mathbb{N})$에 대하여

(1) $a \nmid b$이고 $b \nmid c$이지만 $a \mid c$인 경우
(2) $a \nmid b$이고 $b \nmid c$이지만 $a \nmid c$인 경우
(3) $a \nmid b$이고 $b \mid c$이지만 $a \mid c$인 경우
(4) $a \nmid b$이고 $b \mid c$이지만 $a \nmid c$인 경우
(5) $a \mid b$이고 $b \nmid c$이지만 $a \mid c$인 경우
(6) $a \mid b$이고 $b \nmid c$이지만 $a \nmid c$인 경우

가 존재할까? 아래와 같이 각각의 경우가 모두 존재하는데, 이를 생각해 보면 **정리 8.1**의 상황이 대단히 특별하다는 것을 알 수 있다.

(1) $4 \nmid 6$, $6 \nmid 8$, $4 \mid 8$ (2) $4 \nmid 5$, $5 \nmid 7$, $4 \nmid 7$ (3) $4 \nmid 6$, $6 \mid 12$, $4 \mid 12$
(4) $4 \nmid 6$, $6 \mid 18$, $4 \nmid 18$ (5) $4 \mid 8$, $8 \nmid 12$, $4 \mid 12$ (6) $4 \mid 8$, $8 \nmid 18$, $4 \nmid 18$

다음 정리는 정수와 관련된 가장 중요한 정리라 할 수 있다.

정리 8.2 (나눗셈 정리)
$a \in \mathbb{Z} - \{0\}$, $b \in \mathbb{Z}$에 대하여

$$b = aq + r, \quad 0 \le r < |a|$$

를 만족하는 정수 q와 r이 유일하게 존재한다. 여기에서 q를 **몫**, r을 **나머지**라 한다.

정리 8.2의 증명을 살펴보기에 앞서, 먼저 이 정리의 의미를 생각해 보자. 이 정리는 b를 a로 나눈 몫과 나머지가 유일하게 존재한다는 것을 의미하는데, 여기에서 a와 b가 정수라는 사실에 주의할 필요가 있다. 먼저 27을 4로 나눈 경우 $b=27$, $a=4$이고, $b = aq + r$를 만족시키는 정수 q와 r은 다음과 같이 무수히 많이 존재한다.

$$\begin{array}{rcc} 27 = 4\times & q + & r \\ & \vdots & \vdots \\ & 4 & 11 \\ & 5 & 7 \\ & 6 & 3 \\ & 7 & -1 \\ & \vdots & \vdots \end{array}$$

여기에서 $0 \le r < |a|$ 조건으로부터 $r=3$만 가능하므로, $q=6$, $r=3$이 된다. 그러므로 27을 4로 나눈 몫은 6이고 나머지는 3이다.

-27을 4로 나눈 몫과 나머지는 얼마일까? 27의 부호만 바뀌었기 때문에, 몫은 -6이고 나머지는 -3일 것이라 예상하기 쉬우나, 실제로 계산하면 다른 결과를 얻는다.

$$\begin{array}{rccc} -27 = 4\times & q & + & r \\ & \vdots & & \vdots \\ & -5 & & -7 \\ & -6 & & -3 \\ & -7 & & 1 \\ & -8 & & 5 \\ & \vdots & & \vdots \end{array}$$

여기에서 $0 \le r < |a|$ 조건으로부터 $r=1$만 가능하므로, $q=-7$, $r=1$이 된다. 그러므로 -27을 4로 나눈 몫은 -7이고 나머지는 1이다. 이 계산으로부터, 나머지가 음이 아닌 정수라는 조건이 나눗셈의 몫과 나머지를 결정할 때 중요한 역할을 한다는 것을 알 수 있다.

예 8.5 27을 -4로 나눈 몫은 -6이고 나머지는 3이다. -27을 -4로 나눈 몫은 7이고 나머지는 1이다.

정의 8.3

실수 x에 대하여 $[x]$를 x 이하의 정수 중 가장 큰 값으로 정의하고, [ ]를 **가우스 기호**(Gauss symbol)라 부른다. 예를 들면

$$[5]=5,\ [6.321]=6,\ [\sqrt{2}\,]=1,\ [\pi]=3,$$
$$[-5]=-5,\ [-6.321]=-7,\ [-\sqrt{2}\,]=-2,\ [-\pi]=-4$$

이다. 실수 x에 대하여 $[x]$를 x의 **정수부분**, $x-[x]$를 x의 **소수부분**이라 한다. 예를 들면, 6.321의 정수부분은 6, 소수부분은 0.321이고, -6.321의 정수부분은 -7, 소수부분은 0.679이다. $-\pi$의 정수부분은 -4이고, 소수부분은 $-\pi+4$이다. 소수부분은 항상 $0 \le x-[x] < 1$을 만족한다.

쉬어가기 8.2

위의 **정의 8.3**에서 실수 x에 대하여 x의 정수부분을 $[x]$, x의 소수부분을 $x-[x]$라 정의하였다. 이 정의는 수학계에서 널리 통용되지만, 수학을 주로 활용하는 과학자들이나 공학자들은 다르게 쓰는 경우가 많다. 양의 실수에 대해서는 혼란이 없지만, 음의 실수의 경우, 예를 들어 -6.321의 정수부분은 -6, 소수부분은 -0.321과 같이 소수부분에 음수를 허용하는 이들이 많다. 이러한 이유로 종종 교육 현장에서 혼란이 생기기도 하는데, 독자들은 수학자들이 사용하는 정의와 과학자나 공학자들이 사용하는 정의가 서로 다를 수 있다는 것을 알아두기 바란다.

증명(정리 8.2) 증명의 아이디어만 소개하고 엄밀한 증명은 생략한다.

b를 a로 나눈 몫 q를 $q=\left[\frac{b}{a}\right]$라 두고, 나머지 r을 $r=b-a\left[\frac{b}{a}\right]$라 두자. 그러면 이 q와 r은

$$b=aq+r,\ 0\le r<|a|$$

을 만족시킨다. 그러므로 몫과 나머지의 존재성이 증명되었다.

몫과 나머지의 유일성은, $b=aq'+r'$과 $0\le r'<|a|$를 모두 만족하는 다른 몫 q'와 다른 나머지 r'가 존재할 수 없음을 보이면 된다. 이는 q'과 r'이 존재하면, $q=q'$, $r=r'$이 성립한다는 사실을 보여서 증명할 수 있다. □

이제부터는 정수가 아닌 자연수로 논의를 한정하자. $a|b$에서 a와 b는 자연수만 생각하고, **정리 8.2**에서도 a와 b는 자연수로 제한한다.

나눗셈 정리와 관련하여 2009개정 교육과정 교과서에서 수학적인 논란이 발생한 적이 있다. 당시 6학년 수학익힘책에 나왔던 두 문제를 살펴보자.

문제 8.1

(1) 나눗셈의 몫을 자연수 부분까지 구하고 나머지를 알아보시오.

$$287.2\div 4=\square\cdots\square$$

(2) 상자 한 개를 묶는 데 노끈 3 m가 필요합니다. 길이가 242.5 m인 노끈 한 묶음으로 상자를 몇 개까지 묶을 수 있습니까? 그리고 남는 끈은 몇 m입니까?

문제 8.1(1)의 수학적 오류를 지적하기 위해, 먼저 학교수학에서 몫이 무엇을 의미하는지를 정확히 밝힐 필요가 있다. b를 $a(a\neq 0)$로 나눈 몫에는 두 가지 정의가 있다.

① a와 b가 실수일 때, $\frac{b}{a}$

② a와 b가 자연수일 때, **정리 8.2**에 나온 $q = \left[\frac{b}{a}\right]$

위의 두 가지 정의 중 무엇을 의미하는지는 문맥에 따라 판단해야 하는데, 만일 a와 b 중에서 자연수가 아닌 것이 있다면 ①의 의미라는 것을 알 수 있다. 그리고 ①의 의미에서의 몫에서는 나머지를 정의하지 않으나, ②의 의미에서의 몫에서는 나머지를 정의한다. 이로부터 **문제 8.1**(1)의 오류가 명백해진다. 287.2는 자연수가 아니므로, 이 문제의 몫은 ①의 의미가 되며, 이 경우 나머지를 정의하지 않는다. 하지만 2009개정 교육과정의 교사용 지도서에서는 이에 대해 다음과 같은, 수학자가 받아들이기 곤란한 해설을 하였다.

해설 몫이 자연수가 아닌 경우에 나머지를 구하는 상황은 매우 작위적(作爲的)이다. 예를 들어 $13.7 \div 2.41 = 5.6846\ldots$인데 이 경우 다음과 같은 몫과 나머지는 현실적으로 아무런 의미를 갖지 못한다.

$$\begin{aligned}
13.7 \div 2.41 &= 5 &&\cdots\ 1.65\\
13.7 \div 2.41 &= 5.6 &&\cdots\ 0.204\\
13.7 \div 2.41 &= 5.68 &&\cdots\ 0.0112\\
13.7 \div 2.41 &= 5.684 &&\cdots\ 0.00156\\
13.7 \div 2.41 &= 5.6846 &&\cdots\ 0.000114
\end{aligned}$$

소수의 나눗셈에서 몫이 자연수로 나누어떨어지지 않을 경우에는 몫을 분수로 나타내거나 적당한 위치에서 반올림하여 근삿값으로 구하는 방법을 사용하는 것이 바람직하다. (중략) 소수의 나눗셈에서 몫과 나머지를 구하는 경우는 **몫이나 나누는 수가 자연수인 경우에 한정**하도록 하고... (후략)

독자들을 위해 지도서 해설에 나오는 $13.7 \div 2.41 = 5.6\ \cdots\ 0.204$의 의미를 설명하겠다. $13.7 \div 2.41 = 5.6846\ldots$에서 몫은 $5.6846\ldots$과 같은 무한소수[42]로 표현된다. 여기에서 편의상 몫의 근삿값으로 $q = 5.6$이라 두자. 그러면 등식 $b = aq + r$에서 나머지를

$$r = b - aq$$

로 구할 수 있으므로, $b = 13.7$, $a = 2.41$, $q = 5.6$을 위의 식에 대입하면 나머지 $r = 0.204$를 얻는다. 이를 줄여서 $13.7 \div 2.41 = 5.6\ \cdots\ 0.204$로 표현한 것이다.

42) 3장에서 살펴본 바와 같이 이 값은 순환소수이다. 하지만 실제 값을 계산해 보면 순환마디가 잘 보이지 않는다.

위의 해설에서는 두 수를 나눈 몫이 소수가 되는 경우, 몫을 적당한 위치에서 반올림하여 근삿값으로 구하도록 하고 있다. 또한 다음 두 가지 상황,

- 몫이 자연수일 때
- 나누는 수가 자연수일 때

에는 나머지를 $r = b - aq$로부터 정의하도록 하고 있다. **문제 8.1**에서는 나누는 수가 자연수이기 때문에, **해설**에서 제시한 두 번째 상황에 해당하여 나머지를 정의한 것이다.

여기에서 **해설**의 가장 큰 문제는, 대부분의 수학자가 이 해설의 내용에 동의하지 못한다는 것이다. 수학자들은 **정리 8.2**의 상황과 같이 자연수를 자연수로 나누거나 정수를 정수로 나눌 때만 나머지를 정의하며, 소수를 자연수로 나누거나 소수를 소수로 나눌 때는 나머지를 정의하지 않는다.[43] 물론 소수 b를 소수 a로 나눌 때, 몫 q를 $\frac{b}{a}$의 근삿값으로 정하고 나면, $r = b - aq$로부터 나머지를 정의하는 것이 가능하다. 하지만 수학자들은 이러한 방식으로 나머지를 정의하지 않고 있으며, 이후에 중고등학교에서도 나머지를 이러한 방식으로 정의하지 않기 때문에, 초등학교에서만 이렇게 정의하는 것은 문제가 있다.

그렇다면 2009개정 교육과정 6학년 수학 교과서에서는 왜 이러한 방식으로 나머지를 다룬 것일까? 이는 **문제 8.1**(2)의 풀이를 다음과 같이 간편하게 제시하기 위해서이다.

부적절한 풀이(문제 8.1(2))

$242.5 \div 3 = 80 \ \cdots \ 2.5$이므로, 상자를 80개까지 묶을 수 있고, 이때 남는 끈은 2.5m이다.

위의 **부적절한 풀이**는 대단히 자연스럽고 설명하기 쉬우나, 수학자들이 정의하는 나머지 개념에 적합하지 않기 때문에 수학적으로는 옳지 못하다. 그러므로 적절한 풀이는 아래와 같다.

---

43) 이는 몫과 나머지의 유일성이 보장되지 않기 때문이며, 소수의 나눗셈에서 굳이 나머지를 정의할 이유가 없어서이기도 하다.

적절한 풀이(문제 8.1(2))

$242.5 \div 3$을 자연수 부분까지 구하면 80이므로, 상자를 80개까지 묶을 수 있다. 이때 사용한 끈의 길이는 $3\text{m} \times 80 = 240\text{m}$이므로, 남는 끈은 $242.5\text{m} - 240\text{m} = 2.5\text{m}$이다.

2015개정 교육과정 6학년 국정교과서에서는 위에서 지적한 내용이 적절하게 수정되었다. 하지만 현장의 교사 중에는 이러한 변화를 이해하지 못하여 여전히 소수의 나눗셈에서 나머지를 정의하여 지도하는 이들이 있다. 이 책의 독자들은 교과서에서 바뀐 부분의 의도를 잘 이해하기를 바란다.

정의 8.4

세 자연수 a, b, e가 $e \mid a$, $e \mid b$를 만족할 때, e를 a와 b의 **공약수**(common divisor)라 정의한다. 공약수 중 최댓값을 **최대공약수**(greatest common divisor)라 정의하고, 자연수 a와 b의 최대공약수를 기호로 (a,b)로 나타낸다. $(a,b)=1$이 성립할 때, a와 b는 **서로 소**(relatively prime)라 한다.

예 8.6 18과 24의 공약수는 $1, 2, 3, 6$이며, 최대공약수는 $(18, 24) = 6$이다.

정의 8.4는 수학의 **계통성**을 잘 보여주고 있다. 수학의 계통성이란 수학 개념들에 위계(位階)가 있다는 의미로, 수학은 하위 개념을 기반으로 새로운 상위 개념을 추가함으로써 발전되고 확장된다. 최대공약수의 개념을 예로 들면, 최대공약수라는 개념을 이해하기 위해서는 먼저 공약수 개념을 이해해야 하고, 공약수를 이해하려면 먼저 약수 개념을 이해해야 하며, 약수 개념을 이해하려면 나눈다는 개념을 이해해야 한다. 그리고 최대공약수라는 개념은 이후 다항식의 최대공약수 개념으로 확장되는데, 이렇게 하나의 개념을 이해하고 발전시키기 위해서는 많은 하위 개념들을 빠짐없이 알고 있어야 하므로, 수학은 계통성이 대단히 강한 학문이다.

쉬어가기 8.3

$(18, 24)$는 무엇을 의미하는가? 위의 **정의 8.4**에서는 최대공약수 $(18, 24) = 6$을 의미하지만, **정의 4.2**에서는 열린구간 $(18, 24) = \{x \in \mathbb{R} \mid 18 < x < 24\}$을 의미하며, 때로는 좌표평면 위의 점 $\mathrm{P}(18, 24)$를 의미하기도 한다. 수학에서 하나의 기호나 용어는 하나의 의미로만 사용해야 한다고 생각하는 이들이 있으나, 사실 수학에서는 하나의 기호나 용어를 다양한 의미로 사용할 때가 많다. 보통은 이렇게 다양한 의미로 사용하더라도 문맥을 통해 의미가 파악되기 때문에 혼란스러운 상황이 발생하지 않지만, 만일 혼란스러운 상황이 발생한다면 기호나 용어 앞에 부연설명을 추가하여 혼란을 피하면 된다. 예를 들면, 최대공약수 $(18, 24)$, 열린구간 $(18, 24)$, 점 $(18, 24)$와 같이 쓰면 된다.

정리 8.3

$a, b \in \mathrm{N}$에 대하여 $d = (a, b)$이면, $\left(\frac{a}{d}, \frac{b}{d}\right) = 1$이 성립한다.

증명 $\left(\frac{a}{d}, \frac{b}{d}\right) = m \quad (m \ge 1)$이라 두자. 그러면 $m \left| \frac{a}{d} \right.$, $m \left| \frac{b}{d} \right.$이므로 $dm \mid a$이고 $dm \mid b$이다. 그러므로 dm은 a와 b의 공약수이며, d는 a와 b의 최대공약수이므로 $dm \le d$가 성립한다. 그러므로 $m = 1$이다. □

문제 8.2

$(1147, 899)$를 구하시오.

최대공약수를 구하기 위해서는 각각의 수의 소인수분해를 구하는 것이 일반적이다. 하지만 사실 큰 수를 소인수분해하여 최대공약수를 구하는 것은 대단히 번거롭고 미련한 일이다. 예를 들어, **문제 8.2**에서 $1147 = 31 \times 37$과 $899 = 29 \times 31$을 손으로 계산하여 찾기는 쉽지 않으며, 계산기를 활용하더라도 약간의 시간이 걸린다. 그리고 만일 50

자리 소수 두 개를 곱한 결과가 주어져 있을 때, 이 결과를 다시 소인수분해하는 것은 슈퍼컴퓨터를 이용하더라도 쉽지 않다. 사실 큰 수의 소인수분해의 어려움은 많은 곳에 활용되고 있는데, 최근 사용되고 있는 다수의 암호 기법들은 큰 수의 소인수분해의 어려움에 의존하고 있다.

결국 소인수분해를 구하여 최대공약수를 구하는 것은, 마치 초가집에 있는 빈대 한 마리를 잡기 위해 집을 통째로 불태우는 것과 같이 비효율적이라고 할 수 있다. 소인수분해를 이용하지 않고도 주어진 두 수의 최대공약수는 대단히 빠르게 구할 수 있는데, 여기에 사용되는 알고리즘이 바로 **유클리드 호제법**(Euclidean Algorithm)이다. 이 알고리즘은 10장에서 소개할 '원론'이라는 책을 통해 널리 알려지게 되었다.

정리 8.4 (유클리드 호제법)

$a, b \in \mathbb{N}$ 에 대하여, b를 a로 나눈 몫과 나머지를 각각 q, r이라 두자. $r \neq 0$이면

$$(b, a) = (a, r)$$

이 성립한다.

증명 $d = (b, a)$, $e = (a, r)$이라 할 때, $d = e$임을 보이기 위해 $d \leq e$와 $e \leq d$임을 증명하겠다.

q와 r의 정의로부터 $b = aq + r$이 성립하므로, $r = b - aq$이다. 이때 d는 a와 b의 약수이므로, $d \mid a$와 $d \mid r$이 성립한다. 그러므로 d는 a와 r의 공약수이며, e는 a와 r의 최대공약수이므로 $d \leq e$가 성립한다.

e는 a와 r의 공약수이므로, $b = aq + r$로부터 $e \mid a$, $e \mid b$가 성립한다. 그러므로 e는 a와 b의 공약수이며, d는 a와 b의 최대공약수이므로 $e \leq d$가 성립한다.

두 부등식 $d \leq e$와 $e \leq d$로부터 $d = e$가 증명되었다. □

예 8.7 유클리드 호제법을 사용하여 **문제 8.2**를 해결하면 다음과 같다.

$$(1147, 899) = (899, 248) = (248, 155) = (155, 93) = (93, 62) = (62, 31) = 31$$

여기에서 처음 나오는 등식의 248은 1147을 899로 나눈 나머지이며, 두 번째 등식의 155는 899를 248로 나눈 나머지이다. 유클리드 호제법을 처음 적용했을 때,

1147이라는 큰 수가 248로 빠르게 감소한 것에 주목하자. 이렇게 유클리드 호제법을 적용하면 큰 수가 대단히 빠르게 감소하기 때문에, 효율적으로 최대공약수를 구할 수 있다.

유클리드 호제법을 처음 접해본 교사 중에는 이 알고리즘의 효율에 반해서, 이를 초등학생들에게 가르치고 싶어 했던 이들이 있었다. 하지만 이 알고리즘은 큰 수의 최대공약수를 구할 때에만 의미가 있으며, 초등학생들은 이 알고리즘의 원리를 이해하지 못한 채 기계적으로 외워서 계산을 수행할 수밖에 없다. 그러므로 적절한 교육적 상황 없이 단순히 효율적이라는 이유만으로 이 알고리즘을 초등학생에게 가르쳐주는 것은 오히려 교육적으로 해로울 수도 있다는 것을 주의해야 한다.

문제 8.3

이 문제는 영화 '다이하드3'에 등장하여 유명해진 문제이다.

(1) 눈금이 표시되어 있지 않은 9L 물통과 4L 물통이 분수대에 놓여있다. 이 물통들을 이용하여 정확히 6L를 만드시오.

(2) 이번에는 분수대에 9L 물통과 6L 물통이 놓여있다. 이 물통들을 이용하여 정확히 4L를 만드시오.

문제 8.3(1)은 초등학생들에게 영화 영상[44]을 보여준 후, 함께 활동하며 해결할 만한 좋은 문제이다. 이 문제의 풀이는 다음과 같다.

풀이(문제 8.3(1)) 9L 물통에 물을 가득 담은 후 4L 물통에 두 번 부어서 총 8L의 물을 버린다. 그러면 9L 물통에는 1L의 물이 남아있게 되는데, 이 1L의 물을 4L 물통으로 옮긴다.

9L 물통에 물을 다시 가득 담은 후, 1L 물이 담긴 4L 물통에 물을 부어서 총 3L의 물을 버린다. 그러면 9L 물통에는 6L의 물이 남게 된다.

44) 영화에 나온 문제는 3갤런과 5갤런 물통을 이용하여 물 4갤런을 정확히 만들라는 것이었다. 만일 물의 양이 정확하지 않다면 폭탄이 터지게 되어 있다.

문제 8.3(2)는 (1)에서 나온 4L와 6L를 서로 뒤바꾼 것뿐이지만, (1)과는 다르게 아무리 시도해 보아도 답을 구할 수가 없다. 이렇게 답을 구할 수 없는 경우는 다음 두 가지 중 하나일 것이다.

- 답이 존재하지만, 기발한 아이디어가 없어서 답을 구하지 못하는 경우
- 답이 없기 때문에 답을 구하지 못하는 경우

수학에서는 답을 찾는 것도 중요하지만, 답이 없는 경우 왜 답이 없는지를 명확하게 밝히는 것도 대단히 중요하다. 저자는 답이 없다는 것을 보이는 증명을 **불가능성의 증명**이라고 부르는데, 위의 **문제 8.3**(2)는 불가능성의 증명을 통해 답이 존재할 수 없음을 보여서 해결해야 한다. 일반적으로 답이 존재하는 경우에는 꾸준히 시도해 보면 답을 찾을 수 있는 경우가 많으나, 불가능성의 증명은 수학 개념이나 이론을 써서 해결해야 하는 경우가 많다.

문제 8.3(2)의 답은 왜 존재하지 않는가? 여기에서 수학 개념인 '최대공약수'가 사용되는데, 9와 6의 최대공약수는 3이므로, 9L와 6L의 물통으로는 3의 배수만 만들 수 있다. 하지만 4L는 3의 배수가 아니므로 4L를 만드는 것은 불가능하다.

정의 8.5

세 자연수 a, b, n이 $a|n$, $b|n$을 만족할 때, n을 a와 b의 **공배수**(common multiple)라 정의한다. 공배수 중 최솟값을 **최소공배수**(least common multiple)라 정의하고, 자연수 a와 b의 최소공배수를 기호로 $[a,b]$로 나타낸다.

이제 두 자연수의 공배수는 최소공배수의 배수(**정리 8.5**)이고, 두 자연수의 공약수는 최대공약수의 약수(**정리 8.6**)임을 증명하겠다.

정리 8.5

세 자연수 a, b, n에 대하여 다음이 성립한다.

$$a|n,\ b|n \Rightarrow [a,b]\,|\,n$$

증명 **정리 8.2**(나눗셈 정리)에 의해 n을 $[a,b]$로 나눈 몫을 q, 나머지를 r이라 두면

$$n = [a,b]q + r,\ \ 0 \le r < [a,b]$$

이 성립한다. 여기에서 $r \neq 0$이라 가정하자. $r = n - [a,b]q$에서 n과 $[a,b]$는 모두 a와 b의 공배수이므로, r도 a와 b의 공배수이다. $[a,b]$는 a와 b의 최소공배수이므로 $[a,b] \le r$이 성립하는데, 이는 나머지에 대한 부등식 $0 \le r < [a,b]$에 모순이다. 그러므로 $r = 0$이고, $[a,b]$는 n을 나눈다. □

정리 8.6

세 자연수 e, a, b에 대하여 다음이 성립한다.

$$e|a,\ e|b \Rightarrow e|(a,b)$$

증명 $d = (a,b)$라 두면 **정리 8.5**에 의해

$$e|a,\ d|a \Rightarrow [e,d]|a$$
$$e|b,\ d|b \Rightarrow [e,d]|b$$

이 성립한다. 그러므로 $[e,d]$는 a와 b의 공약수가 된다. d는 a와 b의 최대공약수이므로 $[e,d] \le d$가 성립하고, d의 배수는 항상 d 이상이므로 $d \le [e,d]$가 성립한다. 그러므로 $d = [e,d]$이고, $e|[e,d] = d$이므로 e는 d의 약수이다. □

주어진 두 수의 최대공약수는 유클리드 호제법을 통해 쉽게 구할 수 있었다. 마찬가지로 주어진 두 수의 최소공배수도 쉽게 구하는 알고리즘이 존재하는데, 이는 다음 정리로부터 유도된다.

정리 8.7

$a, b \in \mathrm{N}$에 대하여 다음 등식이 성립한다.

$$(a, b)[a, b] = ab$$

증명 $d=(a,b)$, $m=[a,b]$라 두고, $\frac{a}{d}=a'$, $\frac{b}{d}=b'$라 두자. 그러면 **정리 8.3**에 의해 $(a',b')=1$이 성립한다. 이때 $m \le da'b'$와 $m \ge da'b'$임을 보여 $m=da'b'$임을 증명하겠다.

먼저 $a|da'b'$와 $b|da'b'$가 성립하므로, $da'b'$는 a와 b의 공배수이다. m은 a와 b의 최소공배수이므로 $m \le da'b'$가 성립한다.

a'과 b'은 서로 소이므로, $[a',b']=a'b'$이 성립[45]한다. 이때 m은 d의 배수이고, $a|m$과 $b|m$이 성립하므로, $a' \left| \frac{m}{d} \right.$과 $b' \left| \frac{m}{d} \right.$이 성립한다. 여기에서 $\frac{m}{d}$은 a'과 b'의 공배수가 되고 $a'b'$은 a'과 b'의 최소공배수이므로, $a'b' \le \frac{m}{d}$로부터 $m \ge da'b'$를 얻는다.

위의 두 부등식 $m \le da'b'$와 $m \ge da'b'$로부터 $m=da'b'$을 얻는다. 그러므로

$$(a,b)[a,b]=dm=d\times da'b'=a'd\times b'd=ab$$

가 성립한다. □

정리 8.7에 의하여 $a,b\in\mathbb{N}$에 대해 $[a,b]=\frac{ab}{(a,b)}$가 성립한다. 여기에서 두 수의 곱 ab는 곱셈 알고리즘에 의해 간단하게 구할 수 있고, (a,b)는 유클리도 호제법에 의해 쉽게 구할 수 있다. 두 자연수 ab와 (a,b)의 나눗셈도 나눗셈 알고리즘에 의해 간단하게 구할 수 있으므로, 결국 두 수의 최소공배수 $[a,b]$도 쉽게 구할 수 있다.

사실 우리는 그동안 **정리 8.7**의 증명에서 보인 $[a,b]=da'b'$를 이미 활용하여 최소공배수를 구하고 있었다. 일반적으로 두 수의 최소공배수는 아래 왼쪽 그림을 이용하여 구하는데, 이 그림은 아래 오른쪽 그림에서 보여주듯이 **정리 8.7**로부터 유도된 것이다.

$$\begin{array}{r|ll} 6 & 12 & 18 \\ \hline & 2 & 3 \end{array} \qquad\qquad \begin{array}{r|ll} d & a & b \\ \hline & a' & b' \end{array}$$

$$[12,18]=6\times2\times3 \qquad\qquad [a,b]=d\times a'\times b'$$

---

45) 사실은 $[a',b']=a'b'$도 증명해야 하는데, 이 증명은 다음과 같다. 먼저 최소공배수는 항상 공배수의 약수이므로 $[a',b']$는 $a'b'$의 약수이다. $[a',b']\ne a'b'$이면 $k[a',b']=a'b'$를 만족하는 자연수 $k>1$가 존재한다. $a'l_1=[a',b']$, $b'l_2=[a',b']$를 만족시키는 두 자연수 l_1,l_2에 대해, $kl_1=b'$, $kl_2=a'$이 성립하므로 k는 a'과 b'의 공약수가 된다. 이는 a'과 b'이 서로 소라는 사실에 모순이다.

정의 8.6
1보다 큰 자연수 n에 대하여, n의 약수가 1과 자신 뿐일 때 n을 **소수**라 한다. n이 소수가 아닐 때 n을 **합성수**라 한다.

쉬어가기 8.4

1은 소수인가? **정의 8.6**에 의하면 2 이상인 자연수에 대해서만 소수와 합성수를 정의하고 있으므로 1은 소수도 합성수도 아니다. 하지만 이전에 학교수학과 학문 수학을 비교하며, 학교수학에서 허용하지 않는 많은 것들이 학문 수학에서는 가능하다는 것을 보았다. 예를 들면, 학문 수학에서는 0을 자연수라 부를 때가 있었으며, 0을 짝수로 정의하기도 하였다. 마찬가지 이유로 학문 수학에서는 1을 소수로 정의해도 괜찮지 않을까?

정확한 이유는 이후에 설명하겠지만, 1은 학문 수학에서도 절대로 소수라 부를 수 없다. 앞의 **문제 8.1**에서 등장했던 나머지를 수학자들이 나머지로 인정하지 않듯이, 1은 모든 수학자가 소수로 정의하지 않는다.

이로부터 생각해 보면, 학문 수학이라고 모든 것을 다 허용하는 것은 아니며, 수학적으로 허용하지 않는 것들에는 나름의 이유가 있는 경우가 대부분이다. 이 책에서는 학교수학에서는 허용되지 않지만 학문 수학에서는 허용되는 것을 많이 소개하고 있는데, 이를 오해하여 학문 수학에서는 모든 것이 다 가능하다고 생각해서는 안 될 것이다.

예 8.8 100 이하의 소수를 모두 나열하면 다음과 같다.

$$2, 3, 5, 7, 11, 13, 17, 19, 23, 29, 31, 37, 41, 43, 47, 53, 59, 61, 67, 71, 73, 79, 83, 89, 97$$

수학자들은 자연수가 가진 모든 성질을 알기를 원하는데, 그중 소수는 자연수를 구성하는 기본 요소이기 때문에 오랫동안 중요한 연구 주제가 되었다. 특별히 수학자들은 소수들의 배열의 규칙을 찾고 싶어 하였는데, 수열[46)]

46) 예를 들면 $a_1 = 2,\ a_2 = 3,\ a_3 = 5,\ a_{25} = 97$이다.

$$a_n = (n\text{번째 크기 소수})$$

의 일반항을 구하려 하였으나 아직 성공하지 못하였다. 하지만 이와 관련한 다양한 결과들이 알려져 있는데, 먼저 주어진 수 이하의 모든 소수를 구하는 방법에 대해 알아보자. 이 방법은 기원전 200년경에 에라토스테네스라는 수학자가 발견한 것으로, 오늘날에는 **에라토스테네스의 체**(net)라 불린다.

먼저 2 이상 100 이하의 모든 수를 나열한다. 그 후 2보다 큰 2의 배수를 모두 지운다. 그 후 3보다 큰 3의 배수를 지우고, 5보다 큰 5의 배수를 지우고, 7보다 큰 7의 배수를 지우면, 남은 수가 100 이하의 모든 소수가 된다.

	2	3	4	5	6	7	8	9	10
11	12	13	14	15	16	17	18	19	20
21	22	23	24	25	26	27	28	29	30
31	32	33	34	35	36	37	38	39	40
41	42	43	44	45	46	47	48	49	50
51	52	53	54	55	56	57	58	59	60
61	62	63	64	65	66	67	68	69	70
71	72	73	74	75	76	77	78	79	80
81	82	83	84	85	86	87	88	89	90
91	92	93	94	95	96	97	98	99	100

⟶ 2의 배수 제거

	2	3	~~4~~	5	~~6~~	7	~~8~~	9	~~10~~
11	~~12~~	13	~~14~~	15	~~16~~	17	~~18~~	19	~~20~~
21	~~22~~	23	~~24~~	25	~~26~~	27	~~28~~	29	~~30~~
31	~~32~~	33	~~34~~	35	~~36~~	37	~~38~~	39	~~40~~
41	~~42~~	43	~~44~~	45	~~46~~	47	~~48~~	49	~~50~~
51	52	53	54	55	56	57	~~58~~	59	~~60~~
61	~~62~~	63	~~64~~	65	~~66~~	67	~~68~~	69	~~70~~
71	~~72~~	73	~~74~~	75	~~76~~	77	~~78~~	79	~~80~~
81	~~82~~	83	~~84~~	85	~~86~~	87	~~88~~	89	~~90~~
91	~~92~~	93	~~94~~	95	~~96~~	97	~~98~~	99	~~100~~

⟶ 3의 배수 제거

	2	3	~~4~~	5	~~6~~	7	~~8~~	~~9~~	~~10~~
11	~~12~~	13	~~14~~	~~15~~	~~16~~	17	~~18~~	19	~~20~~
~~21~~	~~22~~	23	~~24~~	25	~~26~~	~~27~~	~~28~~	29	~~30~~
31	~~32~~	~~33~~	~~34~~	35	~~36~~	37	~~38~~	~~39~~	~~40~~
41	~~42~~	43	~~44~~	~~45~~	~~46~~	47	~~48~~	49	~~50~~
~~51~~	~~52~~	53	~~54~~	55	~~56~~	~~57~~	~~58~~	59	~~60~~
61	~~62~~	~~63~~	~~64~~	65	~~66~~	67	~~68~~	~~69~~	~~70~~
71	~~72~~	73	~~74~~	~~75~~	~~76~~	77	~~78~~	79	~~80~~
~~81~~	~~82~~	83	~~84~~	85	~~86~~	~~87~~	~~88~~	89	~~90~~
91	~~92~~	~~93~~	~~94~~	95	~~96~~	97	~~98~~	~~99~~	~~100~~

⟶ 5의 배수 제거

	2	3	~~4~~	5	~~6~~	7	~~8~~	~~9~~	~~10~~
11	~~12~~	13	~~14~~	~~15~~	~~16~~	17	~~18~~	19	~~20~~
~~21~~	~~22~~	23	~~24~~	~~25~~	~~26~~	~~27~~	~~28~~	29	~~30~~
31	~~32~~	~~33~~	~~34~~	~~35~~	~~36~~	37	~~38~~	~~39~~	~~40~~
41	~~42~~	43	~~44~~	~~45~~	~~46~~	47	~~48~~	49	~~50~~
~~51~~	~~52~~	53	~~54~~	~~55~~	~~56~~	~~57~~	~~58~~	59	~~60~~
61	~~62~~	~~63~~	~~64~~	~~65~~	~~66~~	67	~~68~~	~~69~~	~~70~~
71	~~72~~	73	~~74~~	~~75~~	~~76~~	77	~~78~~	79	~~80~~
~~81~~	~~82~~	83	~~84~~	~~85~~	~~86~~	~~87~~	~~88~~	89	~~90~~
91	~~92~~	~~93~~	~~94~~	~~95~~	~~96~~	97	~~98~~	~~99~~	~~100~~

⟶ 7의 배수 제거

	2	**3**	~~4~~	**5**	~~6~~	**7**	~~8~~	~~9~~	~~10~~
11	~~12~~	**13**	~~14~~	~~15~~	~~16~~	**17**	~~18~~	**19**	~~20~~
~~21~~	~~22~~	**23**	~~24~~	~~25~~	~~26~~	~~27~~	~~28~~	**29**	~~30~~
31	~~32~~	~~33~~	~~34~~	~~35~~	~~36~~	**37**	~~38~~	~~39~~	~~40~~
41	~~42~~	**43**	~~44~~	~~45~~	~~46~~	**47**	~~48~~	~~49~~	~~50~~
~~51~~	~~52~~	**53**	~~54~~	~~55~~	~~56~~	~~57~~	~~58~~	**59**	~~60~~
61	~~62~~	~~63~~	~~64~~	~~65~~	~~66~~	**67**	~~68~~	~~69~~	~~70~~
71	~~72~~	**73**	~~74~~	~~75~~	~~76~~	~~77~~	~~78~~	**79**	~~80~~
~~81~~	~~82~~	**83**	~~84~~	~~85~~	~~86~~	~~87~~	~~88~~	**89**	~~90~~
~~91~~	~~92~~	~~93~~	~~94~~	~~95~~	~~96~~	**97**	~~98~~	~~99~~	~~100~~

일반적으로 n 이하의 모든 소수를 구하려면, $\sqrt{n}$ 이하의 모든 소수 p에 대해, p 보다 큰 p의 배수를 모두 제거하면 된다. 여기에서 $\sqrt{n}$ 이하의 소수만 생각해도 충분한 이유는 다음과 같다.

정리 8.8
자연수 n이 합성수이면, $p \leq \sqrt{n}$을 만족하는 n의 약수인 소수 p가 존재한다.

증명 n이 합성수이므로 $n = ab$, $a \leq b$라 두자. $a^2 \leq ab = n$이므로 $a \leq \sqrt{n}$이 성립한다. 여기에서 a의 약수인 소수 p를 하나 택하면, p는 n의 약수이고 $p \leq a \leq \sqrt{n}$을 만족한다. □

예 8.9 2017이 소수인지 여부를 판정해 보자. **정리 8.8**의 대우명제[47]는 다음과 같다.

「2 이상인 자연수 n에 대하여, $p \leq \sqrt{n}$을 만족하며 n의 약수인 소수 p가 존재하지 않으면, n은 소수이다.」

$\sqrt{2017} = 44.91\ldots$이므로, 44 이하인 모든 소수를 나열하면

$$2, 3, 5, 7, 11, 13, 17, 19, 23, 29, 31, 37, 41, 43$$

이다. 위의 14개의 소수들로 2017을 나누어보면 어느 것으로도 나누어떨어지지 않으므로, 위의 대우명제에 의해 2017은 소수이다.

소수는 얼마나 많을까? 아래 표는 소수의 발생빈도가 점점 낮아지는 현상을 보여준다.

수의 범위	1 ~ 10	1 ~ 100	1 ~ 1000	1 ~ 10000	1 ~ 100000	1 ~ 1000000
소수의 개수	4	25	168	1229	9552	78498
발생빈도(%)	40%	25%	16.8%	12.3%	9.6%	7.8%

47) 대우명제를 취할 때 전제는 그대로 두어야 한다. 혼란스러운 독자를 위해 명제를 도식화하면 다음과 같다.
전제 : n은 2 이상인 자연수
명제 : n이 합성수 → 조건을 만족하는 p가 존재
대우명제 : 조건을 만족하는 p가 존재하지 않음 → n이 합성수가 아님

쉬어가기 8.5

소수가 자연수 중에서 얼마나 많은지에 대해 알려주는 정리로 **소수 정리**가 있다. 함수 $\pi(x)$를 x 이하의 소수의 개수라 정의할 때,

$$\lim_{x\to\infty}\frac{\pi(x)\log_e x}{x}=1$$

이 성립하는 것이 소수 정리인데, 이는 1800년대 후반에 증명되었다. (여기에서 $e=2.732\ldots$는 자연상수이다) 이에 의하면, x 이하의 소수는 대략 $\frac{x}{\log_e x}$개가 있으며, $1\sim x$에서 소수의 발생빈도 $\frac{\pi(x)}{x}$는 대략 $\frac{1}{\log_e x}$이 된다. 그러므로 $x\to\infty$일 때 소수의 발생빈도는 0으로 수렴함을 알 수 있다.

소수의 발생빈도가 점점 줄어들기 때문에, 어떤 수보다 큰 소수는 하나도 없는 상황이 벌어지지는 않을까? 이에 대한 답은 이미 기원전부터 알려져 있는데, 유클리드의 '원론'에는 다음과 같은 정리가 있다.

정리 8.9 (유클리드)
소수는 무한히 많이 존재한다.

증명 소수가 유한개라 가정하고 모순을 유도하는 귀류법으로 증명하겠다.
소수가 유한개라면, 모든 소수를 $p_1, p_2, \cdots, p_n$라 둘 수 있다. 여기에서

$$P := p_1p_2\cdots p_n+1$$

이라 정의[48]하자. 그러면 $p_1\nmid P$, $p_2\nmid P$, $\cdots$, $p_n\nmid P$이므로, P는 임의의 소수 $p_1, p_2, \cdots, p_n$ 중 어느 것도 약수로 갖지 않는다. 그러므로 P는 1과 자신 이외에는 약수가 없으므로 P도 소수여야 한다. 여기에서 $p_1, p_2, \cdots, p_n$가 모든 소수라 하였는데, 이에 속하지 않은 소수 P가 존재하므로 모순이다. 그러므로 소수는 무한히 많이 존재한다. □

쉬어가기 8.6

수학자들은 왜 수학을 연구하는 것일까? 사람들은 수학이 실생활에 도움이 될 것을 기대하며 연구하는 것으로 생각하겠지만, 사실 많은 순수수학자는 수학이 아름답기 때문에 연구한다고 이야기한다. 실제로 수학의 중요한 특징 중 하나가 바로 심미성(審美性)이며, 수학을 연구하는 이들은 종종 수학의 아름다움에 매료될 때가 있다.

수학이 아름답다는 표현보다는 수학에 놀라운 아이디어, 기발한 생각 등이 많다는 표현이 독자들에게 더욱 이해하기 쉬울 것이다. 하지만 이러한 멋진 아이디어들을 보면서 탐구하다 보면 수학자들 마음에는 실제로 아름다운 것을 만났을 때의 감동이 느껴질 때가 있는데, 그 마음의 감동을 가장 정확하고 솔직하게 표현한 것이 바로 수학이 아름답다는 것이다.

수학을 충분히 탐구해 보지 못한 이들이 수학의 아름다움을 느끼는 것은 쉽지 않다. 하지만 독자들이 아름다움을 조금은 느낄 수 있도록 수학자의 기준에서 대단히 아름다운 정리를 하나 소개하면, 바로 **정리 8.9**이다. 여기에서 P라는 수를 정의하여 모순을 이끌어내는 아이디어는 정말로 아름답다!

수업 시간에 **정리 8.9**를 증명하며 수학의 심미성을 설명했을 때 학생 대부분은 이에 공감하지 못하였지만, 진심으로 수학의 아름다움을 느끼는 학생들도 소수 있었다. 독자들이 수학의 심미성에 공감하지 못할 수도 있으나, 그렇다고 수학의 심미성 자체를 부정하지는 않았으면 좋겠다.

항상 소수를 만들어내는 규칙은 없을까? 현대 암호이론에서는 큰 소수가 대단히 중요한 역할을 하므로, 큰 소수를 만드는 규칙이 있다면 암호의 보안을 높이는 데에 큰 도움이 된다. 소수를 항상 만들어내는 규칙에 대해 다음과 같이 다양한 추측들이 제안되었으나, 모두 반례가 발견되었다. 이러한 반례들은 컴퓨터의 발전으로 계산 능력이 비약적으로 향상되었기 때문에 찾을 수 있었다. (참고문헌 [7])

---

48) 소수가 유한개일 때에만 P를 정의할 수 있으며, 만일 소수가 무한개라면 P는 존재하지 않는다.

추측1 7, 37, 337, 3337, 33337, 333337은 모두 소수이므로, $33\cdots37$꼴의 수는 항상 소수이다.

⇨ 반례 : $3333337 = 7 \times 31 \times 15361$은 소수가 아니다.

추측2 n^2+n+17에 $n=0,1,2,\cdots,10$을 대입한 결과가 모두 소수이므로, 임의의 자연수 n에 대해 n^2+n+17은 항상 소수이다.

⇨ 반례 : $n=16$일 때 $16^2+16+17=273=7\times39$는 소수가 아니다.

추측3 **정리 8.9**의 증명에 착안하여, 소수들을 크기 순서대로 곱한 후 1을 더하면 항상 소수이다. 예를 들면,

$$\begin{aligned} 2+1&=3\\ 2\times3+1&=7\\ 2\times3\times5+1&=31\\ 2\times3\times5\times7+1&=211\\ 2\times3\times5\times7\times11+1&=2311 \end{aligned}$$

은 모두 소수이다.

⇨ 반례 : $2\times3\times5\times7\times11\times13+1=30031=59\times509$는 소수가 아니다.

추측4(페르마[49] 소수) $F_n := 2^{2^n}+1$에 대하여,

$$F_0=3,\ F_1=5,\ F_2=17,\ F_3=257,\ F_4=65537$$

은 모두 소수이므로, 임의의 자연수 n에 대해 F_n은 항상 소수이다.

⇨ 반례 : $F_5 = 4294967297 = 641\times6700417$,

$$F_6 = 18446744073709551617 = 274177\times67280421310721$$

은 소수가 아니다. 이후 슈퍼컴퓨터의 도움으로, $5\le n\le 32$일 때 F_n이 항상 합성수임이 확인되었다. F_n이 소수가 될 때 이 수를 **페르마 소수**라 부르는데, 많은 수학자들이 $n=0,1,\cdots,4$일 때에만 F_n이 페르마 소수가 될 것이라 예상하고 있다.

추측5(메르센[50] 소수) $M_n := 2^n-1$에 대하여, $n=2,3,5,7$일 때 $M_2=3$, $M_3=7$, $M_5=31$, $M_7=127$은 소수이다. 그러므로 소수 n에 대해 M_n은 항상 소수이다.

⇨ 반례 : $M_{11} = 2047 = 23 \times 89$, $M_{23} = 8388607 = 47 \times 178481$은 소수가 아니다. M_n이 소수가 될 때 이 수를 **메르센 소수**라 부르는데, 이미 알려지지 않은 메르센 소수 발견자[51]에게는 메르센 재단에서 포상금을 준다. 2021년까지 알려진 가장 큰 메르센 소수는 2018년 12월에 발견된 $M_{82589933}$으로, 자리수가 24,862,048자리인 엄청난 크기의 소수이다.

소인수분해란 자연수를 소수들의 곱으로 표현하는 방법으로, 이로부터 자연수의 다양한 특성을 찾아낼 수 있다. 예를 들면 120의 소인수분해는 $120 = 2^3 \times 3 \times 5$이며, 이로부터 120의 약수의 개수는 $4 \times 2 \times 2 = 16$개임을 알 수 있다.

정리 8.10 (소인수분해 정리)
자연수의 소인수분해는 유일하게 존재한다.

1은 왜 소수로 정의하지 않을까? 1을 소수라 두면 **정리 8.10**이 더 이상 성립하지 않기 때문이다. 예를 들어 120을 소인수분해할 때, 만일 1이 소수였다면

$$120 = 2^3 \times 3 \times 5 = 1 \times 2^3 \times 3 \times 5 = 1^7 \times 2^3 \times 3 \times 5 = 1^{2022} \times 2^3 \times 3 \times 5 = \cdots$$

와 같이 120의 소인수분해가 무수히 많아지게 된다. 정수론의 많은 정리가 소인수분해의 유일성에 의존하고 있으므로, 소인수분해의 유일성을 부정하면 정수론의 수많은 정리들을 다시 증명해야 하는 번거로움이 생긴다. 이러한 이유로 수학자라면 누구도 1을 소수라 정의하지 않는 것이다.

---

49) 페르마(Fermat, 1607~1665)는 프랑스의 수학자이자 변호사이다.
50) 메르센(Mersenne, 1588~1648)은 프랑스의 수학자이자 철학자이며, 파스칼(Pascal, 1623~1662)의 스승이다.
51) 소수가 된다는 사실을 확인해야 한다. 슈퍼컴퓨터를 활용해서 엄청난 양의 계산을 수행해야 하므로, 보통 개인이 아닌 연구팀이 발견한다.

9장

원, 도형과 넓이

9장 미리 보기

지구의 모양이 완전한 구라고 가정하자.
지구 둘레를 한 바퀴 감은 긴 줄을 가져와서
1m를 늘인 후, 지구로부터 일정한 간격만큼
떨어지도록 하여 다시 지구 주위를
한 바퀴 감았다.
이때 지구와 줄 사이에 벌어진 간격으로
고양이가 지나갈 수 있는가?

9장

원, 도형과 넓이

9장에서는 다양한 평면도형과 입체도형, 그리고 도형의 넓이와 부피를 다룬다. 내용을 체계적으로 엄밀하게 다루기보다는, 도형과 관련된 다양한 주제들을 직관적으로 다루고 이로부터 수학적 연결성 개념을 설명하겠다. 먼저 원의 정의와 성질부터 살펴보자.

정의 9.1
한 점(**중심**)으로부터 일정한 거리(**반지름**)에 있는 점들의 모임을 **원**(circle)이라 정의한다. 원의 둘레, 또는 원의 둘레의 길이를 **원주**라 하며, 원주를 지름으로 나눈 값을 **원주율**이라 정의한다. 원주율은 원의 크기와 관계없이 항상 일정한데, 그 일정한 값을 π로 나타내기로 한다. π의 근삿값은 3.141592이다.

여기에서 원의 둘레와 원의 둘레의 길이를 모두 원주라 부르고 있다는 것에 주의하자. 우리가 삼각형의 높이라고 하면, 선분을 의미하기도 하지만 그 선분의 길이를 의미하기도 한다. 원주의 일차적인 의미는 원의 둘레이지만, 원의 둘레의 길이도 원주라 부른다.

원주율은 원의 크기와 관계없이 항상 일정하다. 다시 말하면, 원주가 2배가 되면 지름도 2배가 되고, 원주가 $\frac{1}{10}$배가 되면 지름도 $\frac{1}{10}$배가 된다. 이러한 성질이 성립하는 이유는 무엇일까? 초등학교 교과서에서는 원주율이 일정하다는 사실이 제시되는데, 이후 중고등학교 교과서에서 이에 대해 증명을 제시하지 않아서 왜 원주율이 일정한지를 모르는 이들이 많다.

정리 9.1
모든 원은 닮음이다.

증명 원은 한 점으로부터 일정한 거리에 있는 점들을 모은 것이다. 중심이 원점이고 반지름이 1인 원 $x^2+y^2=1$을, 원점을 중심으로 하는 r배 확대변환[52]으로 옮기자. 옮겨진 도형은 원점으로부터 거리가 r만큼 떨어진 점들로 이루어져 있으므로, 원 $x^2+y^2=r^2$이 된다. 그러므로 모든 원은 반지름이 1인 원과 닮음이다. □

정리 9.1에 의해 모든 원은 닮음이므로, 원의 지름이 r배가 되면 원주도 함께 r배가 되어 원주율이 일정하게 보존되는 것이다.

원주율 π는 무리수임이 알려져 있으며, 초등학교 교과서에서는 근삿값으로 3이나 3.1, 3.14, $\frac{22}{7}$ 등을 다양하게 사용하고 있다. 여기에서 다양한 근삿값을 사용하는 것은, 근삿값으로 3.14만을 사용하면 학생들이 π의 값을 정확히 3.14로 인식할 가능성이 있기 때문이다. 그래서 초등학교 교과서에는 3.14가 π의 근삿값이며, 정확한 값은 아니라는 것을 강조해서 소개하고 있다.

쉬어가기 9.1

비례식 $a:b=c:d$의 정의는 무엇인가? $\frac{a}{b}=\frac{c}{d}$로 정의하거나, 외항인 ad와 내항인 bc가 일치해야 한다는 사실로부터 $ad=bc$로 알고 있는 이들이 많을 것이다. 이 정의들은 모두 동치이지만, 저자가 생각하는 가장 좋은 정의는 다음과 같다.

$$a:b=c:d \Leftrightarrow \frac{c}{a}=\frac{d}{b}$$

왜냐하면 다른 정의들은 세 항의 비례식 $a:b:c=d:e:f$로 일반화가 불가능하지만, 위의 정의는

52) 원점을 중심으로 하는 r배 확대변환은 $f: \begin{array}{ccc}\mathbb{R}^2 & \rightarrow & \mathbb{R}^2 \\ (x,y) & \mapsto & (rx,ry)\end{array}$ 이다.

$$a:b:c=d:e:f \Leftrightarrow \frac{d}{a}=\frac{e}{b}=\frac{f}{c}$$

로 자연스럽게 일반화되기 때문이다. 참고로 세 항의 비례식을, 외항 af, 중항 be, 내항 cd를 정의하여 $af=be=cd$라 생각하지 않도록 주의해야 한다. 왜냐하면 $1:2:3=2:4:6$에서 $1\times6\neq2\times4\neq3\times2$가 성립하기 때문이다. 내항과 외항을 활용하려면,

$$a:b:c=d:e:f \Leftrightarrow (a:b=d:e \ \wedge \ b:c=e:f) \Leftrightarrow (ae=bd \ \wedge \ bf=ce)$$

와 같이 계산해야 한다.

문제 9.1

지구의 모양이 완전한 구라고 가정하자. 지구 둘레를 한 바퀴 감은 긴 줄을 가져와서 1m를 늘인 후, 지구로부터 일정한 간격만큼 떨어지도록 하여 다시 지구 주위를 한 바퀴 감았다. 이때 지구와 줄 사이에 벌어진 간격으로 고양이가 지나갈 수 있는가? (참고문헌 [5])

문제 9.1을 학생들에게 질문하면, 대부분의 학생들이 당연히 고양이가 지나갈 수 없다고 대답한다. 그 간격이 어느 정도일지 예상을 해보면, 대부분 너무 작아서 고양이는 커녕 개미도 지나갈 수 없을 정도이고, 먼지 한 톨 정도 지나갈 수 있을 정도라 예상한다. 그런데 실제로 그러할까?

지구의 반지름을 Rm라 두면 처음 지구를 한 바퀴 감은 줄의 길이는 $2\pi R$m이다. 줄을 1m 늘인 후 다시 감았을 때 지구와 줄 사이에 벌어진 간격을 hm라 두면,

$$2\pi R+1=2\pi(R+h)$$

로부터 $h=\frac{1}{2\pi}$을 얻는다. 여기서 단위는 미터이므로, 센티미터로 바꾸어 계산하면 근삿값으로

$$h = \frac{100}{2\pi}\,\text{cm} \fallingdotseq \frac{100}{6.28}\,\text{cm} \fallingdotseq 16\,\text{cm}$$

를 얻는다. 16 cm 정도의 간격이면 일반적인 고양이는 충분히 지나갈 수 있는 간격이다.

독자들은 무언가 속은 듯한 기분이 드는가? 실제로 저자의 수업을 들었던 많은 이들이 이 문제의 답에 충격을 받았는데, 한 선생님께서는 이 이야기를 학교에서 선배 교사에게 말씀드린 후, 거짓말로 당신을 속이려 했다는 이유로 혼이 났다고 하셨다. 위의 16 cm는 엄밀한 수학 계산으로 얻은 것으로, 우리의 직관에 잘 부합하지 않더라도 틀림없는 진실이다. 그런데 많은 이들이 이 문제의 답을 보고도 여전히 찜찜한 마음을 떨쳐버리지 못한다. 그래서 다른 설명을 추가하여 독자들을 이해시키려 한다.

만일 탁구공을 한 바퀴 감은 실을 가져온 후, 위와 마찬가지로 실을 1m 늘이고 다시 탁구공 주위를 감았다. 이때 벌어진 간격은 얼마인가? 위의 $h = \frac{100}{2\pi}$cm 공식에는 R이 들어있지 않기 때문에, 이 경우에도 간격은 여전히 16 cm이다. 그러므로 구의 반지름에 상관없이, 줄을 1m 늘이면 항상 16 cm 정도의 간격이 벌어지게 되는 것이다.

하지만 우리의 직관은 탁구공의 경우 간격이 대단히 커야 하고, 지구의 경우 간격이 대단히 작아야 한다고 알려준다. 그러므로 직관적으로는 이 값이 16 cm로 일정하다는 사실을 파악할 수 없으며, 수학의 도움을 받아야 이러한 현상을 발견할 수 있다.

그러면 우리의 직관은 완전히 틀린 것일까? 사실 우리의 직관은 잘못되지 않았다. 지구의 경우에는 지구의 반지름 6370 km에 비해 16 cm는 대단히 작은 값이기 때문에, 간격이 대단히 작다고 느껴지는 우리의 직관은 옳다. 마찬가지로 탁구공의 경우 탁구공의 반지름 2 cm에 비해 16 cm는 대단히 큰 값이기 때문에, 간격이 대단히 크다고 느껴지는 우리의 직관은 옳다. 우리의 직관은 구의 반지름에 비해서 간격이 얼마나 되는지를 알려주고 있지만, 그 값이 항상 일정한 값인 16 cm라는 것까지는 알려주지 않는다. 이러한 이유로 합리적인 판단을 하기 위해서는 항상 수학의 도움이 필요하다고 할 수 있다.

?! 문제 9.2

원은 속이 비어 있는가, 속이 가득 차 있는가? 다음 두 집합 중 어느 쪽이 원인가? 둘 다 원이라 할 수 있는가?

$S^1 := \{(x,y) \in \mathbb{R}^2 \mid x^2 + y^2 = 1\}$, $D^2 := \{(x,y) \in \mathbb{R}^2 \mid x^2 + y^2 \le 1\}$

정의 9.1에 의하면 원은 속이 빈 S^1이 된다. 그런데 D^2는 원인가? 그리고 S^1은 곡선이기 때문에 넓이를 가지지 않는데, 어떻게 원의 넓이가 존재할까?

사실 학문 수학에서는 S^1과 D^2를 엄격하게 구분하는데, S^1은 원(circle)이라 부르고, D^2는 원판(disk)라 부른다. 원은 곡선이므로 넓이를 가지지 않으나, 원판은 속이 가득 차 있으므로 넓이를 가진다.[53)]

하지만 학교수학에서는 속이 빈 도형과 속이 찬 도형을 서로 구분하지 않는다. 그러므로 S^1도 원이고, D^2도 원이라 부른다. 그리고 삼각형의 경우도 변이 3개인 도형은 속이 빈 것과 속이 찬 것을 모두 삼각형이라 부른다. 여기에서 속이 빈 도형의 넓이를 계산할 때는 도형의 속을 채우고 계산[54)]한다고 가정한다.

왜 학교수학에서는 속이 빈 도형과 속이 찬 도형을 구분하지 않는 것일까? 평면도형의 경우는 도형의 속이 가득 차 있어야 종이 모형을 통해 도형의 성질을 탐구할 수 있다. 만일 속이 빈 삼각형만을 생각한다면, 이러한 도형은 철사나 실로 모형을 만들어야 하는데 이렇게 만든 모형은 모양이 쉽게 변형되기 때문에 탐구에 적절하지 못하고 직관적이지도 않다.

하지만 입체도형의 경우는 속이 비어 있어야 할 때가 많다. 예를 들어 속이 가득 찬 정육면체는 겉을 잘라서 전개도를 만들 수 없으며, 그 안에 물이나 물건을 채워서 부피를 비교하는 활동을 할 수 없다.

결국 평면도형은 속이 가득 찬 모형이 더 편리하지만, 입체도형은 속이 빈 모형이 더 편리하므로, 두 가지 경우를 모두 포괄하는 일관된 모형이 존재하지 않는다. 이러한 이유로 학교수학[55)]에서는 속이 빈 도형과 속이 찬 도형을 서로 구분하지 않으며, 필요에 따라 도형의 속을 채우기도 하고 속을 비우기도 한다.

반지름이 r인 원의 원주는 어떻게 구하는가? 원주율 π의 정의에 의하면 $\pi = \dfrac{(\text{원주})}{2r}$ 이므로, 원주는 $2\pi r$이 된다. 그러므로 원주 공식은 원주율의 정의로부터 자명하게 얻어지며 증명이 필요하지 않다. 그렇다면 반지름의 길이가 r인 원의 넓이가 πr^2임은 어떻게 구하는가? 이 사실은 전혀 자명하지 않으며 증명이 필요하다.

---

53) 차원 개념으로 설명하면, S^1은 1차원 도형이고, D^2는 2차원 도형이다.

54) 초등학교 교과서에는 넓이나 부피를, 경계가 둘러싸고 있는 영역이나 공간의 크기로 정의한다.

55) 학교수학에서는 속이 빈 것과 찬 것을 구분하지 않지만, 대학에서 수학을 전공하는 학생들은 이 둘을 엄밀하게 구분해야 한다. 실제로 저자는 대학생 시절 속이 빈 도형과 찬 도형을 잘 구분하지 못해서 오랜 기간 혼란스러웠던 기억이 있다. 결국 이후 대학원에서 다양체 이론을 배운 후에야 비로소 모든 혼란이 정리되었다.

정리 9.2

반지름이 r인 원의 넓이는 πr^2이다.

정리 9.2는 고대 그리스 수학자인 아르키메데스(Archimedes, 기원전 287?~212?)가 증명한 것으로 알려져 있다. 이 증명은 초등학교 교과서에도 나오는데, 학교수학에 나오지 않는 형태의 극한 개념을 암묵적으로 사용하고 있어 독자들이 이를 정확히 이해하기가 쉽지 않다.

2015개정 교육과정 6학년 국정교과서에 있는 **정리 9.2**의 증명을 살펴보자.

•원을 다음과 같이 잘라서 이어 붙여 보세요.

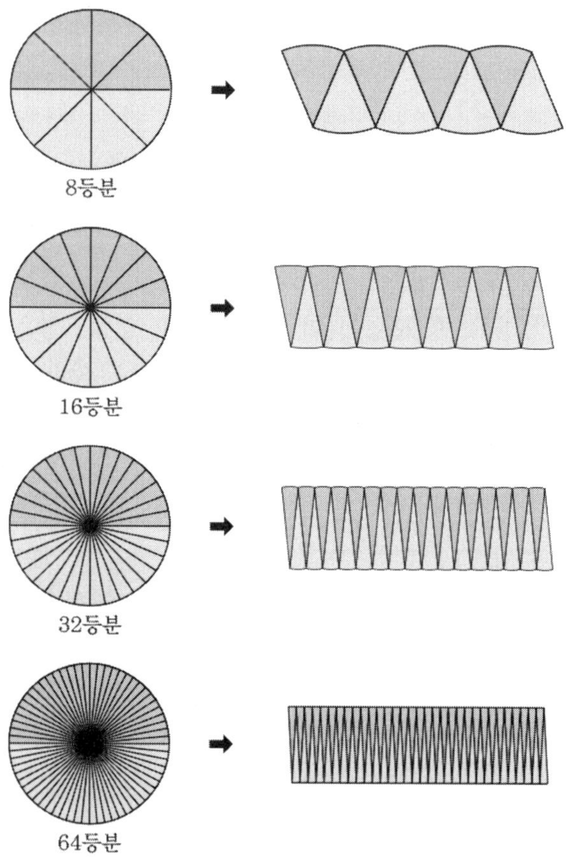

•원을 한없이 잘라서 이어 붙이면 어떤 도형에 가까워지나요?

위에서 원을 한없이 잘라서 이어 붙이면 어떤 도형에 가까워지는가? 정답은 직사각형이지만, 이에 대해 평행사변형이라 답을 하는 이들도 있다. 직사각형은 평행사변형의 일종이며, 자르는 조각의 수가 작을 때에는 직사각형보다는 평행사변형 모양에 더 가까우므로, 평행사변형이라 해도 틀린 답이 아니다. 다만 평행사변형의 경우에는 높이가 반지름이 된다는 것이 명확하게 보이지 않을 수 있으므로, 직사각형이라 답하는 것이 더 적절할 것이다.

여기에서 원을 잘라서 이어 붙이면 직사각형이 되는가? 얼마나 많이 자르면 직사각형이 되는가? 독자들은 원을 아무리 많이 자르더라도 이를 이어 붙인 결과가 직사각형이 될 수 없다는 사실에 주의해야 한다. 그래서 교과서에는 '한없이 자르다'와 '도형에 가까워진다'라는 표현이 등장하고 있는데, 이 두 표현은 모두 극한을 의미한다. 이미 6장에서 살펴본 바와 같이, 극한은 어느 순간 도달한 결과가 아니라 점점 더 가까이 다가가는 대상이다. 그러므로 원은 아무리 많이 잘라서 이어 붙이더라도 직사각형이 될 수 없지만, 많이 자르면 자를수록 직사각형에 더욱 가까운 모양이 된다.

쉬어가기 9.2

여기에서 모양이 가까워진다는 것은, 잘라 붙인 모양이 직사각형 모양으로 수렴한다는 의미이다. 하나의 모양이 다른 모양으로 수렴한다는 개념은 학교수학에서 다루지 않았는데, 이를 정의하면 다음과 같다.

원을 n조각으로 잘라 이어 붙여 만든 모양을 집합 A_n, 직사각형 모양을 집합 B라 두었을 때 집합 $(A_n - B) \cup (B - A_n)$의 넓이를 a_n이라 두자. 이때 $\lim_{n \to \infty} a_n = 0$이면 모양 A_n이 모양 B로 수렴한다고 정의한다. 물론 상황에 따라서는 다른 방식으로 모양의 수렴을 정의하기 때문에, 이 정의가 절대적이라 생각하지 않도록 주의하기 바란다.

쉬어가기 9.3

여기에서는 **쉬어가기 9.2**와는 다른 방식으로 모양의 수렴을 정의한 예를 하나 살펴보겠다. 다음 그림과 같은 한 변의 길이가 1인 정삼각형 $\triangle ABC$에 대하여, 집합 $X_1 = \overline{AB} \cup \overline{BC}$라 두자.

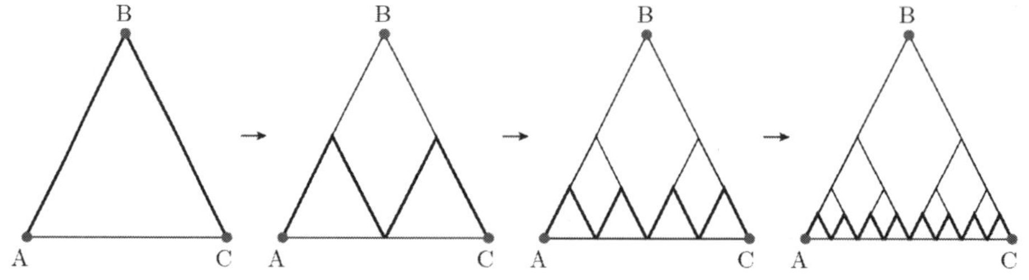

위의 두 번째 그림에서 점 A와 선분 $\overline{AB}$의 중점, $\overline{BC}$의 중점, $\overline{AC}$의 중점과 점 C를 이어서 만든 굵은 선분들의 합집합을 X_2라 정의한다. 마찬가지로 세 번째 그림의 작은 삼각형들의 중점들과 점 A, C를 각각 연결하여 만든 굵은 선분들의 합집합을 X_3라 하고, 네 번째 그림의 굵은 선분들의 합집합을 X_4라 정의한다. 이러한 방식으로 집합 X_n을 정의하면, $n \to \infty$일 때 X_n은 선분 $\overline{AC}$로 수렴한다. 여기에서 수렴한다는 것은, X_n 위의 임의의 점에서 선분 $\overline{AC}$까지의 거리가 모두 0으로 수렴한다는 의미이다.

여기에서 X_n의 길이는 항상 2가 되지만, X_n이 수렴한 결과인 $\overline{AC}$의 길이는 1이다. 그러므로 위의 상황은 흔히 $2=1$을 증명하는 역설로 소개되고 있다.

곡선 Y에 대하여 Y의 길이를 $l(Y)$라 정의하면, 임의의 n에 대하여 $l(X_n)=2$가 성립한다. 여기에서 위의 역설은 다음과 같이 정리할 수 있다.

$$\lim_{n\to\infty} l(X_n) = 2 \neq l(\lim_{n\to\infty} X_n) = l(\overline{AC}) = 1$$

어떤 함수 $f: \mathbb{R} \to \mathbb{R}$가 연속함수이고 무한수열 x_n이 $\lim_{n\to\infty} x_n = a$이면,

$$\lim_{n\to\infty} f(x_n) = f(\lim_{n\to\infty} x_n) = f(a)$$

가 성립한다. 즉, 이 경우에는 f 밖에 있는 $\lim_{n\to\infty}$가 f 안으로 들어올 수 있다는 뜻이다. 하지만 이러한 성질이 항상 성립하는 것은 아닌데, 예를 들어 위의 역설의 X_n에서는 l 밖에 있는 $\lim_{n\to\infty}$가 l 안으로 들어올 수 없다. 그러므로 수학자들은 언제 $\lim_{n\to\infty}$가 함수 안으로 들어올 수 있는지를 연구하여 다양한 조건들을 찾아내었는데, 구체적인 내용들은 대학 전공수학(해석학) 교재를 참고하기를 바란다.

정리 9.2를 증명한 교과서의 설명을 계속 따라가 보자.

> 원을 한없이 잘라서 이어 붙이면 직사각형이 됩니다. 이 직사각형을 이용하여 원의 넓이를 구하는 방법을 알아봅시다.
>
> - 직사각형의 가로는 원의 무엇과 같을까요?
> - 직사각형의 세로는 원의 무엇과 같을까요?
>
> 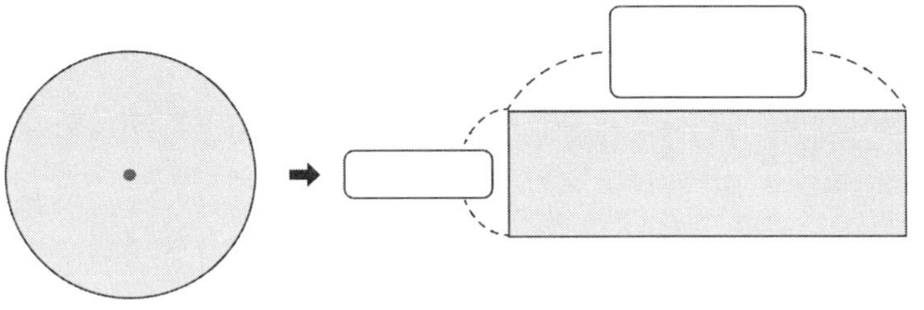

앞에서는 '도형에 가까워진다'라고 하였으나, 이번에는 '직사각형이 됩니다'라고 표현한 것에 주의하자. 여기에서는 직사각형의 넓이로부터 원의 넓이를 정확히 구해야 하므로, 가까이 다가가는 심상 대신 도착하여 완성된 심상을 표현하고 있다. 이렇게 교과서에서는 어려운 개념을 직관적으로 이해시키기 위해 용어들을 세심하게 사용하고 있음을 볼 수 있다.

왜 직사각형의 넓이가 원의 넓이가 되는가? 이전에 원을 잘라서 이어 붙인 도형은 원을 잘라서 재배열한 것이므로, 자르는 조각의 수와 관계없이 당연히 원과 같은 넓이를 가진다. 이때 이 도형의 모양은 자르는 조각의 수가 한없이 많아지면 직사각형으로 수렴[56]하므로, 원의 넓이는 직사각형의 넓이와 같아야 한다.

직사각형은 밑변이 원주의 반인 πr이고 높이는 원의 반지름 r이므로, 원의 넓이는 $\pi r \times r = \pi r^2$이 된다. 이로부터 **정리 9.2**의 증명이 완결된다.

이제 **정의 9.1**로 돌아가 보자. 구의 정의는 무엇인가? 생각해 보면 구의 정의도 원과 동일하게, 한 점에서 이르는 거리가 같은 점들의 모임임을 알 수 있다. 단지 원은 평면에서의 점들의 모임이고, 구는 공간에서의 점들의 모임이라는 차이만 있을 뿐이다. 이렇게 원과 구는 정의가 같으므로 본질적으로 같은 대상이며, 그러므로 같은 성질을 공유한다. 예를 들면 다음과 같다.

---

56) 쉬어가기 9.2의 용어로 이 상황을 표현하면 다음과 같다. A_n의 넓이는 n의 값과 관계없이 항상 일정한 값이며, $n \to \infty$일 때 $(A_n - B) \cup (B - A_n)$의 넓이가 0으로 수렴하므로, A_n의 넓이는 B와 같아야 한다.

정리 9.3

반지름이 r인 원의 넓이를 r로 미분하면 원주가 된다. 반지름이 r인 구의 부피를 r로 미분하면 구의 겉넓이가 된다.

증명 반지름이 r인 원의 넓이를 $s(r)$, 원주를 $l(r)$이라 두면

$$s(r)=\pi r^2,\ \ \frac{ds}{dr}=2\pi r=l(r)$$

이 성립하고, 반지름이 r인 구의 부피를 $V(r)$, 겉넓이를 $S(r)$이라 두면

$$V(r)=\frac{4}{3}\pi r^3,\ \ \frac{dV}{dr}=4\pi r^2=S(r)$$

이 성립한다. □

정리 9.3의 증명은 공식으로부터 자명하다. 하지만 이러한 공식만으로는 왜 이러한 관계가 필연적으로 성립해야 하는지를 알 수 없으므로, 기하학적인 증명을 하나 더 소개하겠다. 반지름이 r인 원의 넓이를 $s(r)$이라 두면, 미분의 정의로부터

$$\frac{ds}{dr}=\lim_{h\to 0}\frac{s(r+h)-s(r)}{h}$$

가 성립한다. $s(r+h)-s(r)$은 아래 첫 번째 그림의 색칠된 부분이다.

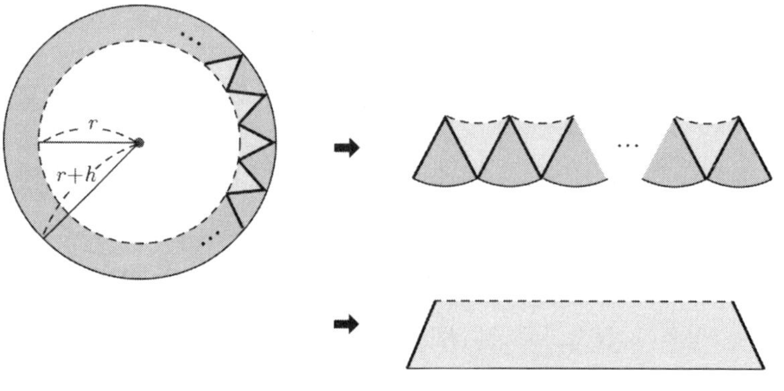

원을 지그재그로 잘라서 이어 붙였듯이, 처음 그림에서 색칠된 부분을 지그재그로 잘라서 이어 붙이면 두 번째 그림이 된다. 여기에서 점선은 안쪽 원의 원주이고, 실선은 바깥 원의 원주이다. 색칠된 부분을 자르는 조각의 수를 무한히 많게 하면, 지그재그로 자른 부분은 아랫변이 바깥 원의 원주, 윗변이 안쪽 원의 원주, 높이는 h인 사다리꼴이 된다. 이를 정리하면 다음과 같다.

정리 9.4
반지름이 r인 원의 넓이를 $s(r)$이라 두면, $s(r+h)-s(r)$은 아랫변이 $2\pi(r+h)$, 윗변이 $2\pi r$, 높이가 h인 사다리꼴의 넓이와 같다.

증명 다음 등식으로부터 증명이 된다.

$$s(r+h)-s(r)=\pi(r+h)^2-\pi r^2=(2\pi r+\pi h)h=\frac{1}{2}\{2\pi(r+h)+2\pi r\}h \quad \square$$

반지름의 길이가 r인 원의 원주를 $l(r)$이라 두면, 반지름의 길이가 $r+h$인 원의 원주는

$$r:(r+h)=l(r):l(r+h)$$

로부터 $l(r+h)=\frac{r+h}{r}l(r)$이 성립한다. 그러므로 **정리 9.4**에 의해 $s(r+h)-s(r)$의 값을 아랫변이 $\frac{r+h}{r}l(r)$, 윗변이 $l(r)$, 높이가 h인 사다리꼴의 넓이로 표현하면

$$s(r+h)-s(r)=\frac{1}{2}\left\{\frac{r+h}{r}l(r)+l(r)\right\}h=\left\{l(r)+\frac{h}{2r}l(r)\right\}h$$

를 얻고,

$$\frac{s(r+h)-s(r)}{h}=l(r)+\frac{h}{2r}l(r)$$

을 얻는다. 여기에서 양변에 $h\to 0$를 취하면 $\frac{ds}{dr}=l(r)$을 얻으므로 **정리 9.3**의 원에 대한 성질이 증명된다. 구에 대한 증명도 비슷한 방법으로 할 수 있다.

카발리에리(Cavalieri, 1598~1647)는 이탈리아의 수학자로, 지동설 재판을 받은 것으로 유명한 갈릴레이(Galilei, 1564~1642)의 제자이다. 다음은 카발리에리가 발견한 성질로, 이후 적분 이론에 큰 영향을 끼쳤다.

정리 9.5 (카발리에리의 원리)

(1) 두 평행선 사이에 평면도형 A와 B가 놓여있을 때, 두 평행선과 평행한 직선이 도형 A, B와 만나는 선분의 길이 비가 항상 $a:b$이면, A와 B의 넓이 비는 $a:b$이다.

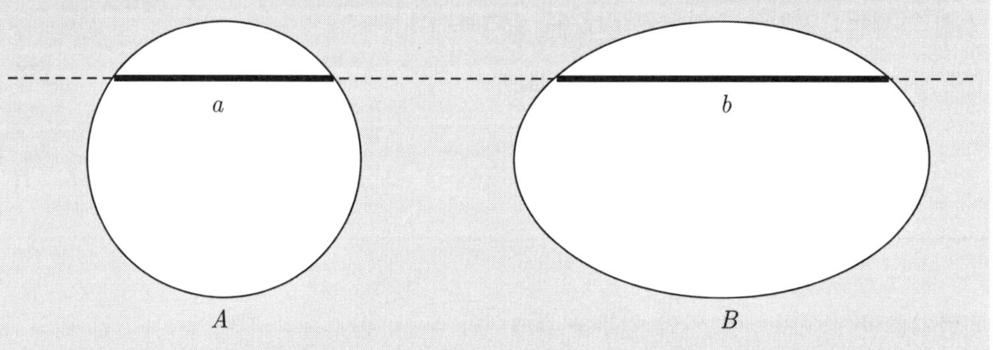

(2) 평행한 두 평면 사이에 입체도형 A와 B가 놓여있을 때, 두 평면과 평행한 평면이 도형 A, B와 만나는 단면의 넓이 비가 항상 $a:b$이면, A와 B의 부피 비는 $a:b$이다.

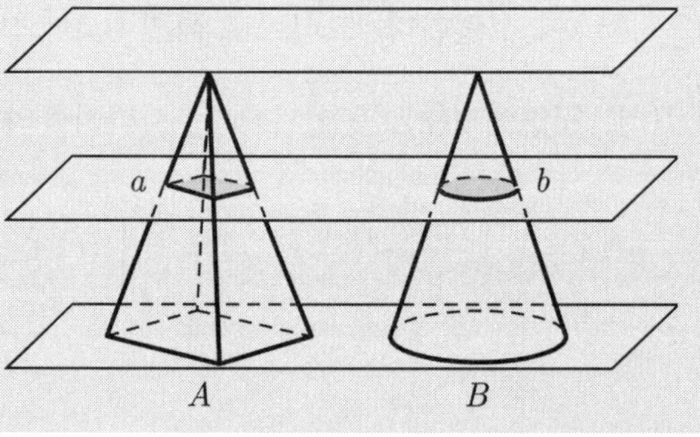

예 9.1 $a, b > 0$일 때, 타원 $\frac{x^2}{a^2}+\frac{y^2}{b^2}=1$의 넓이를 구해보자. 원 $\frac{x^2}{b^2}+\frac{y^2}{b^2}=1$의 넓이는 $b^2\pi$이고, 타원 $\frac{x^2}{a^2}+\frac{y^2}{b^2}=1$은 이 원을 x축 방향으로 $\frac{a}{b}$배만큼 늘려서[57] 얻을 수 있다.

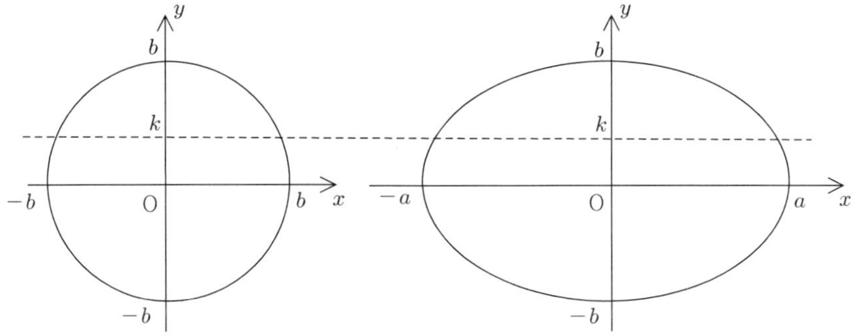

그러므로 원과 타원이 x축과 평행한 직선 $y=k(-b \leq k \leq b)$과 만나는 선분의 길이 비는 항상 $1:\dfrac{a}{b}=b:a$가 된다. 선분의 길이를 실제로 계산해서 이를 확인해 보면,

$$2b\sqrt{1-\frac{k^2}{b^2}} \ : \ 2a\sqrt{1-\frac{k^2}{b^2}}=b:a$$

이다. 그러므로 타원의 넓이를 S라 두면, 카발리에리의 원리로부터

$$b:a=b^2\pi:S$$

이고, 이로부터 $S=ab\pi$를 얻는다.

카발리에리의 원리는 오늘날 적분 이론에 반영되어 있다. 예를 들어 아래 그림에서 곡선 $y=f(x)$과 x축으로 둘러싸인 넓이는 $\int_a^b f(x)dx$가 되는데, 이 기호는 사실 $x\in[a,b]$에 대하여 $f(x)$라는 선분의 길이에 무한소[58]인 dx를 곱한 후 무한히 많이 더하는 것에서 유래하였다.

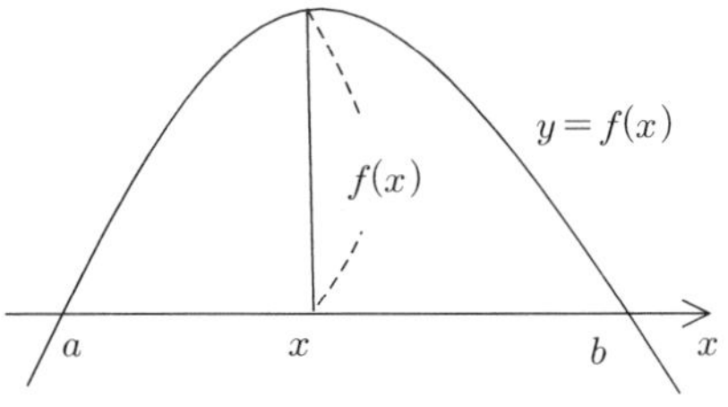

57) 이 변환을 정확한 공식으로 표현하면, $f: \ \mathbb{R}^2 \to \mathbb{R}^2, \ (x,y) \mapsto \left(\frac{a}{b}x, y\right)$ 이다.

58) 무한소란 무한히 작은 값을 의미하는데, 세로 선분을 직사각형으로 생각할 때 이 선분의 폭은 무한소이다.

실제로 학교수학에서 연속함수의 정적분은 구분구적법

$$\int_a^b f(x)dx = \lim_{n\to\infty}\sum_{k=1}^{n} f\left(a+\frac{b-a}{n}k\right)\times\frac{b-a}{n}$$

으로 정의[59]하는데, 여기에서 $n\to\infty$일 때 유한합 $\sum$는 무한합 $\int$으로 바뀌고, 직사각형의 넓이 $f\left(a+\frac{b-a}{n}k\right)\times\frac{b-a}{n}$에서 밑변에 해당하는 $\frac{b-a}{n}$의 길이는 x의 무한히 작은 변화인 dx가 되며, 높이에 해당하는 $f\left(a+\frac{b-a}{n}k\right)$는 $x\in[a,b]$에 대해 $f(x)$가 된다.

결국 정적분은 길이가 $f(x)$인 선분들을 무한히 합해서 넓이를 얻는 방법이라 정리할 수 있다. 이를 활용하여 몇 가지 도형의 넓이를 구해보자.

예 9.2 카발리에리의 원리에 의하면 아래 두 사각형의 넓이는 같으며, 그 값은 $\int_0^h a\,dx = ah$이다.

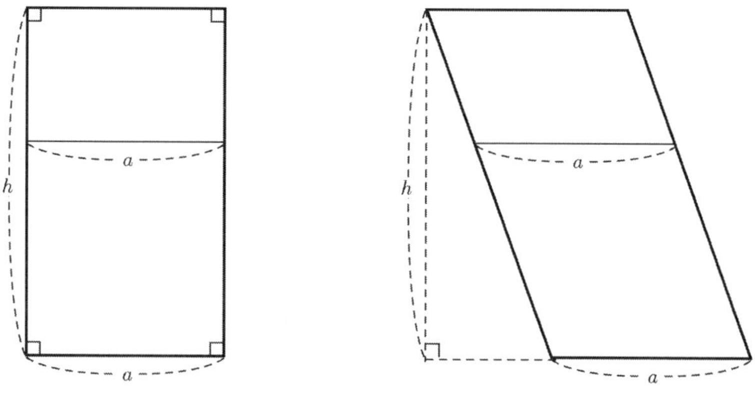

예 9.3 카발리에리의 원리에 의해 아래 두 삼각형의 넓이는 같다.

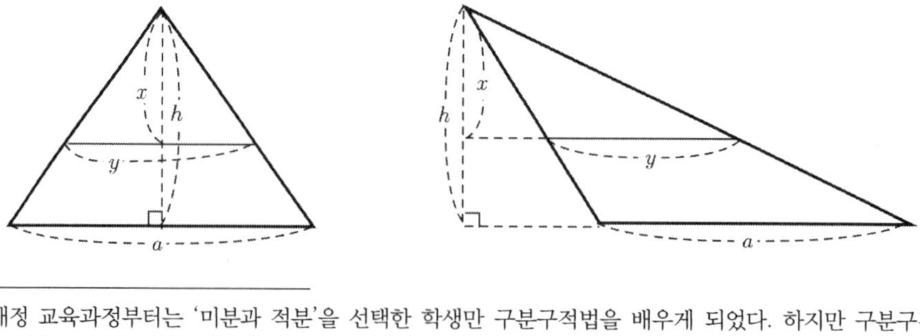

59) 2015개정 교육과정부터는 '미분과 적분'을 선택한 학생만 구분구적법을 배우게 되었다. 하지만 구분구적법은 넓이를 극한으로 정의하는 대단히 중요한 아이디어를 보여주기 때문에, 저자는 모든 고등학생이 수학 수업에서 이 아름다운 아이디어를 접하게 되기를 희망한다.

$x:h=y:a$로부터 $y=\dfrac{a}{h}x$이므로, 삼각형의 넓이는

$$\int_0^h y\,dx=\int_0^h\left(\frac{a}{h}x\right)dx=\frac{a}{h}\times\int_0^h x\,dx=\frac{a}{h}\times\frac{1}{2}h^2=\frac{1}{2}ah$$

이다.

이제 입체도형 중 기둥과 뿔의 정의를 살펴보고, 이들의 부피를 구해보자. 부피도 넓이와 마찬가지로, 평행한 평면으로 자른 단면의 넓이를 적분하여 구할 수 있다.

정의 9.2

주어진 밑면에 대하여, 밑면과 합동인 도형을 밑면과 수직인 방향으로 쌓아서 만든 입체를 **기둥**이라 정의한다. 이를 수학적으로 엄밀하게 표현하면 다음과 같다. 평면도형 A가 공간의 xy평면에 놓여있을 때, 높이가 h인 기둥이란 곱집합 $A\times[0,h]\subset\mathbb{R}^3$로 표현되는 입체도형이다. 밑면이 삼각형인 기둥을 **삼각기둥**, n각형인 기둥을 n**각기둥**, 원인 기둥을 **원기둥**이라 한다.

기둥이 가진 가장 본질적인 성질은, 밑면과 평행한 평면으로 기둥을 잘라서 얻는 단면이 항상 밑면과 합동이라는 것이다.

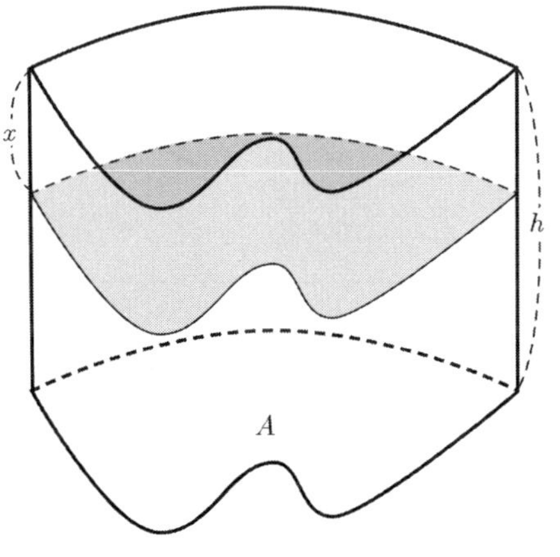

정리 9.6
밑면의 넓이가 A이고 높이가 h인 기둥의 부피는 Ah이다.

증명 밑면과 평행한 평면으로 자른 단면의 넓이는 항상 A이므로, 부피는 $\int_0^h A\,dx = Ah$이다. □

정의 9.3
주어진 밑면과 한 꼭짓점에 대하여, 밑면 위의 한 점과 꼭짓점을 이은 선분을 모두 모아서 만들어지는 도형을 **뿔**이라 정의한다. 밑면이 삼각형인 뿔을 **삼각뿔**, n각형인 뿔을 n**각뿔**, 원인 뿔을 **원뿔**이라 한다.

뿔이 가진 가장 본질적인 성질은, 밑면과 평행한 평면으로 뿔을 잘라서 얻는 단면이 항상 밑면과 닮음이라는 것이다.

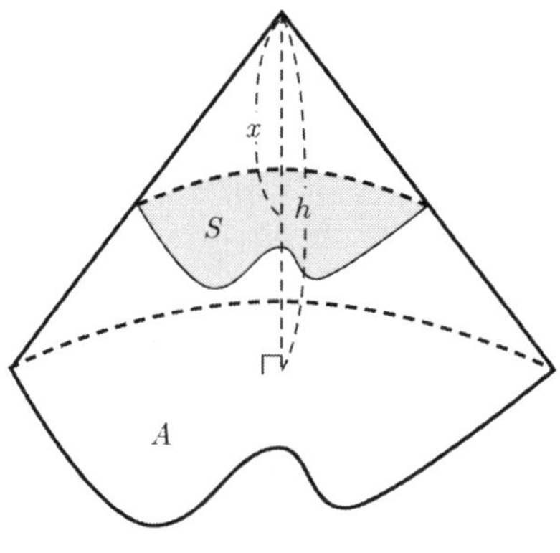

정리 9.7
밑면의 넓이가 A이고 높이가 h인 뿔의 부피는 $\frac{1}{3}Ah$이다.

증명 밑면과 평행하고 꼭짓점으로부터의 거리가 x인 평면으로 뿔을 자른 단면의 넓이를 S라 두면, 단면과 밑면의 닮음비에 의해

$$x^2 : h^2 = S : A$$

가 성립한다. 그러므로 $S = \frac{A}{h^2}x^2$이고, 뿔의 부피는

$$\int_0^h S\,dx = \int_0^h \left(\frac{A}{h^2}x^2\right)dx = \frac{A}{h^2}\int_0^h x^2\,dx = \frac{A}{h^2}\times\frac{1}{3}h^3 = \frac{1}{3}Ah$$

이다. □

위에서 기둥과 뿔의 정의를 살펴보았다. 그런데 기둥과 뿔을 평면에 그릴 수 있을까? 밑면을 밑변으로 바꾼다면 기둥과 뿔을 평면에 그리는 것이 가능하며, 이때 기둥은 직사각형, 뿔은 삼각형이 된다. 이전에 원과 구의 정의가 같으므로 같은 성질을 공유했듯이, 여기에서도 직사각형과 기둥은 같은 성질을 공유하고, 삼각형과 뿔도 같은 성질을 공유한다.

예 9.2와 **정리 9.6**의 공통 성질은 다음과 같다.

- 직사각형(기둥)의 넓이(부피)는 밑변의 길이(밑면의 넓이)와 높이의 곱이다.

예 9.3과 **정리 9.7**의 공통 성질은 다음과 같다.

- 삼각형의 넓이는 직사각형의 넓이의 $\frac{1}{2}$이고, 뿔의 부피는 기둥의 부피의 $\frac{1}{3}$이다.

여기에서 왜 삼각형은 $\frac{1}{2}$이고 기둥은 $\frac{1}{3}$인가? **예9.3**에 의하면 $\int_0^h x\,dx$의 계수로부터 $\frac{1}{2}$이 나왔고, **정리 9.7**에 의하면 $\int_0^h x^2\,dx$의 계수로부터 $\frac{1}{3}$이 나왔다. 여기에서 삼각형은 2차원 도형이기 때문에 계수가 $\frac{1}{2}$이 되었고, 기둥은 3차원 도형이기 때문에 계수가 $\frac{1}{3}$이 되었다는 사실을 알 수 있다.

일반적으로 n차원 기둥과 n차원 뿔을 정의하는 것도 가능하며, 여기에서 n차원 뿔의 부피는 n차원 기둥의 부피의 $\frac{1}{n}$이 된다는 것도 증명할 수 있다. 이렇게 수학의 서로 다른 분야에서 다루어졌던 내용들이 통합되어 연결되는 성질을 **수학적 연결성**이라 부르는데, 이번 장에서 다루었던 원과 구, 직사각형과 기둥, 삼각형과 뿔은 본질적으로 같은 대상이기 때문에 서로 연결하여 살펴볼 필요가 있다.

10장

원론

10장 미리 보기

미국에서 가장 존경받는 대통령인 에이브러햄 링컨은 젊은 시절 자신의 논리적 사고력을 높이기 위해 『원론』을 즐겨 읽었다고 전해진다. 그가 정치인이 된 이후 쓴 많은 정치적 주장들에는 원론의 논리적 전개를 반영한 것이 많은데, 그는 원론을 활용해 자신의 생각의 정당성을 주장하였다.

10장

원론

이번 장에서는 인류 역사상 가장 중요한 수학책인 『원론(The Elements)』을 살펴본다. (참고문헌 [8]) 이 책은 서양의 논리적인 사고 교육에 가장 큰 영향을 끼친 책으로 인정받고 있으며, 성경 다음으로 많이 유포되고 연구된 책이다. 이 책은 기원전 300년 즈음에 그리스에서 활동한 유클리드(Euclid)가 쓴 책인데, 그 이후 2000년 이상 사용된 기하학 교재였으며, 불과 100년 전까지도 사용되었다. 오늘날 수학교육 현장에서는 유클리드의 원론을 그대로 가르치지는 않지만, 원론은 오늘날의 수학 교재에 큰 영향을 끼쳤기 때문에, 수학교육과 관련된 사람은 누구나 이 책을 알고 있어야 한다.

원론은 유클리드가 당대에 알려진 중요하고 기본적인 수학 정리들을 모아서 정리한 것으로, 그 속에 유클리드가 만든 독창적인 연구 결과는 많지 않으리라 예상된다. 하지만 유클리드의 위대한 점은, 이러한 수학 정리들을 최소한의 가정만을 이용하여 논리적인 순서로 배열하였다는 것이다. 각각의 정리들에 대하여 (당대의 기준으로는) 완벽하게 논리적이고 엄밀한 증명[60]이 제시되었으며, 뒤에 나온 정리들은 앞에 나온 정리에 의존하지만, 앞의 정리를 증명하기 위해 뒤의 정리를 사용하는 논리적인 오류가 전혀 없었다.

원론은 총 13권의 책으로 이루어져 있으며, 1권부터 4권까지는 평면기하학, 5권과 6권은 비율이론과 도형의 닮음, 7권부터 9권까지는 정수론[61], 10권은 무리수, 11권부터 13

60) 당대의 기준으로 완벽한 것이지, 오늘날 기준에는 부족한 부분이 많다. 원론은 유클리드가 직접 쓴 원본이 보존되어 있지 않고 후대 사람들이 남긴 사본이 오늘날까지 전해지는데 가장 오래된 사본들은 주로 7~9세기에 만들어진 것이다. (참고문헌 [9])

61) 이 책의 8장에서 다룬 내용이 일부 담겨 있다.

권까지는 공간기하학을 주로 다루고 있다. 이 장에서는 1권 내용의 중요한 일부분만 소개한다. 원론에서 다루는 평면기하학을 **유클리드 기하학**이라 부르는데, 현대에는 n차원 좌표공간 $\mathbb{R}^n$에서의 기하학을 모두 유클리드 기하학이라 한다. 그리고 $\mathbb{R}^n$이 아닌 곳(예를 들면 곡면 위)에서의 기하학을 **비유클리드 기하학**이라 부른다.

원론 1권은 아무런 설명 없이 23개의 정의로부터 시작한다. 이후 정리들이 상당히 체계적으로 정리된 것에 비해, 초반부의 정의들은 다소 엉성하게 설정되어 있다.

원론의 정의

1. **점**은 쪼갤 수 없는 것이다.
2. **선**은 폭이 없이 길이만 있는 것이다.

위에서 점과 선을 정의하고 있으나, 과연 이것을 정의라 할 수 있을까? 쪼갠다는 것은 무엇이며, 쪼갤 수 없는 것은 모두 점이라 할 수 있는가? 폭이란 무엇이고 길이란 무엇인가? 사실 여기에서 제시한 정의는 정의라기보다는, 점과 선이 가진 성질이라고 보아야 할 것이다. 유클리드는 위의 정의를 통해 우리가 다루려는 대상의 심상을 보여주고 있는데, 이러한 심상은 현재의 학교수학 교과서에서도 그대로 사용하는 경우가 많다.

원론의 정의

3. **선의 양 끝**은 점이다.
4. **직선**은 점들이 쭉 곧게 있는 것이다.
5. **면**은 길이와 폭만 있는 것이다.
6. **면의 끝**은 선이다.
7. **평면**은 직선들이 쭉 곧게 있는 것이다.

점, 선, 면의 정의는 무엇인가? 이를 정의하기 위해서는 선행 개념을 이용해야 하는데, 그 개념을 정의하기 위해서는 또 다른 선행 개념이 필요하다. 이렇게 하나의 개념에 대해 완벽한 정의를 내리기 위해서는 사전에 다른 개념들이 정의되어 있어야 하므로, 가장 근본이 되는 개념은 정의할 수 없다. 이렇게 수학에서는 가장 근본이 되는 개념들은 따로 정의하지 않는데, 이렇게 정의하지 않는 개념을 **무정의용어**라 부른다. 무정의용어는 따로 정의를 제시하지 않지만, 이후 소개할 공리나 공준을 통해 무정의용어가 가져야 하는 성질들을 제시하여 원하는 의미를 가질 수 있도록 한다. 오늘날은 원론과 다르게 '점', '선', '면'을 무정의용어로 정하고 있다.

원론의 정의

8. 평면에 있는 두 선이 서로 만나고, 그들이 한 직선에 놓여있지 않을 때, 그들이 서로 기운 정도를 각이라 부른다.
9. 각을 만드는 선이 둘 다 직선일 때, 그 각을 **직선각**이라 부른다.
10. 직선에다 다른 한 직선을 세웠을 때, 이웃한 각들이 크기가 서로 같으면 그 각을 **직각**이라 부른다. 이때 세운 직선은 원래 직선과 수직이다.

초등학교 교과서에서는 각을 '두 반직선이 이루는 도형'으로 정의하고, 각의 크기를 '각도'로 정의한다. 하지만 이후 각과 각도를 혼용하여 사용하는데, 중고등학교에서는 각도라는 표현 대신 '각의 크기'라는 표현을 쓴다. 저자가 보기에 현재 학교수학, 특히 중고등학교에서는 각을 도형의 관점에서 해석하고 활용하는 내용이 전혀 없으며, 도형으로서의 관점보다는 회전한 정도를 나타내는 관점이 오늘날 널리 사용되는 각의 관점에 더 적합하다고 생각한다.

직각을 어떻게 정의할 수 있을까? 각(angle)마다 이에 대응하는 **보각**[62](補角, supplementary angle)을 생각할 수 있다. 보각이란 원래 각과 더해서 180°가 되는 각으로, 아래 그림과 같이 얻을 수 있다.

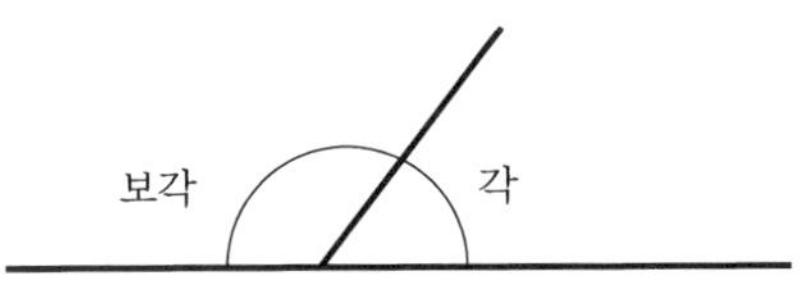

초등학교 교과서에서는 직각을, 종이를 두 번 접어서 얻을 수 있는 각으로 정의한다. 종이를 두 번 접으면 각과 보각이 일치하게 되는데, 이러한 성질을 만족하는 각은 직각뿐이기 때문에 직각을 이러한 방식으로 정의할 수 있는 것이다.

---

62) 잘 사용하지 않는 표현이지만, **여각**(餘角, complementary angle)과 혼동하지 않아야 한다. 여각은 주어진 각과 더해서 90°가 되는 각이다.

유클리드가 살던 고대 그리스 시대에는 수란 유리수만을 의미하였고, 이러한 이유로 수는 도형의 크기를 표현하는 데에 불완전하다고 생각[63]되었다. 오늘날에는 직각을 90°로 나타내지만, 고대 그리스 시대에는 도형의 크기를 수로 나타내지 않았다. 이러한 이유로 원론의 **정의 10**에서는 직각을 각과 보각이 일치하는 각으로 정의한 것이다.

쉬어가기 10.1

대학 수학에서는 두 곡선이 이루는 각을 다음과 같이 정의한다. 두 곡선이 점 P에서 만날 때, P에서 그린 각 곡선의 접선들이 이루는 각을 두 곡선의 각이라 정의한다.

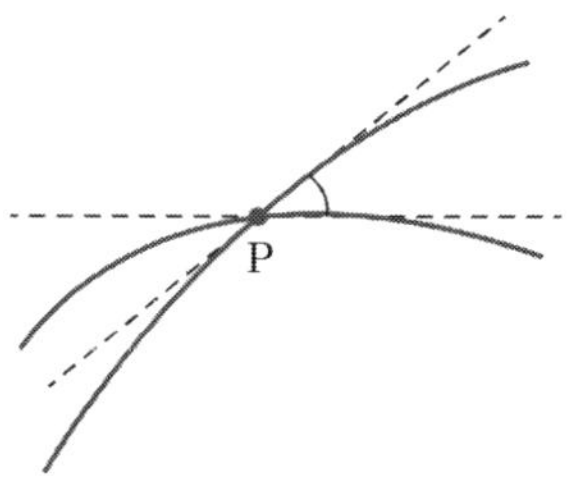

이에 따르면, 현재 초등학교에서 각을 두 반직선이 이루는 도형으로만 정의하는 것은 대학 수학의 관점과 충돌한다는 것을 알 수 있다. 그리고 이미 원론에서도 각을 두 선(곡선을 포함)이 기운 정도로 정의하여 곡선각을 고려하고 있다는 점은 대단히 흥미롭다. 이러한 곡선각의 정의에 의하면, 곡선과 곡선의 접선이 접점에서 이루는 각은 항상 0°가 되며, 아래 그림의 두 곡선이 점 Q에서 이루는 각은 0°가 된다.

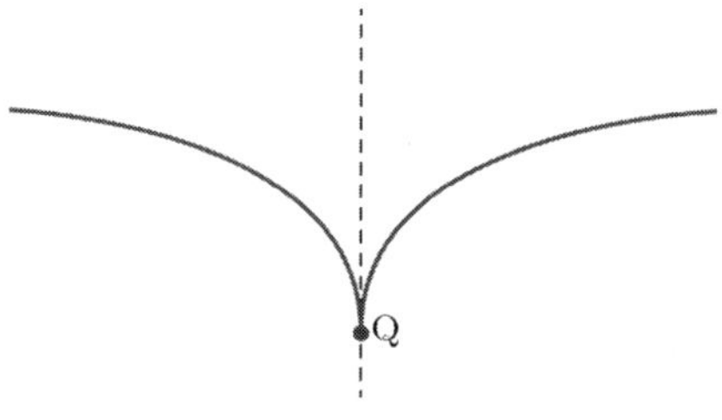

63) 예를 들면 한 변의 길이가 1인 정사각형의 대각선의 길이는 (유리)수로 표현할 수 없었다. **정리 3.1** 참조.

원론의 정의

15. 어떤 선으로 둘러싸인 도형이 있어서, 한 점에서 직선들을 그었을 때 그 도형에 놓이는 부분이 모두 서로 같으면[64] 그 도형을 **원**이라 부른다.
16. 이때 그 한 점을 원의 **중심**이라 부른다.

원의 정의는 오늘날 우리가 사용하는 정의와 일치한다. 이후 제시된 삼각형, 사각형 등의 정의도 현대적인 정의와 일치하였다.

원론의 정의

23. **평행선**이란 같은 평면에 있는 직선들로서 양쪽으로 아무리 길게 늘여도 양쪽 어디에서도 만나지 않는 직선들을 말한다.

평행선을 정의할 때, 거리가 일정한 두 직선이라거나 동위각의 크기가 같은 두 직선으로 정의하지 않고, 서로 만나지 않는 두 직선으로 정의한 것에 주목하자. 서로 만나지 않는 두 직선으로 평행선을 정의하는 것은 오늘날까지도 유지되고 있는 수학계의 오랜 전통인데, 비유클리드 기하학에서는 평행선 사이의 거리가 일정하지 않고 동위각의 크기도 서로 같지 않기 때문에, **정의 23**의 평행선의 정의는 비유클리드 기하학에서도 사용된다.

원론에서는 정리를 증명하기 위해 가정하는 자명한 사실들이 있다. 앞에서 새로운 개념을 정의하기 위해 무정의용어를 가정해야 하듯이, 정리를 증명하기 위해서는 증명 없이 받아들여야 하는 몇 가지 자명한 사실들이 필요하다. 유클리드는 이러한 자명한 사실들로, 공준(postulate) 5개와 공리(axiom) 5개를 제시하였다. 원론에는 공준이 먼저 제시되고 공리가 나중에 나오지만, 여기에서는 공리 먼저 살펴본다.

64) 여기에서 같다는 것은 서로 합동이라는 뜻이다.

원론의 공리

1. 같은 것에 같은 둘은 서로 같다.
2. 서로 같은 것에 같은 것을 더하면, 그 결과도 서로 같다.
3. 서로 같은 것에 같은 것을 빼면, 그 결과도 서로 같다.
4. 서로 겹치는 것은 서로 같다.
5. 전체는 부분보다 크다.

여기에서 **공리**란 상식, 혹은 자명한 이치를 뜻한다. 원론에는 다섯 개의 공리를 제시하였는데, 이 중 첫 번째 것은

$$A=C, B=C \Rightarrow A=B$$

를 의미하고, 두 번째와 세 번째 것은

$$A=B \Rightarrow A \pm C = B \pm C$$

를 의미[65]한다. 네 번째 공리는 두 도형이 서로 겹쳐질 수 있을 때 두 도형을 합동이라 정의한다는 의미이다. 마지막 공리는 원론에서 크기를 비교하기 위해 꼭 필요한데, 수를 이용하지 않고 선분의 길이나 도형의 넓이를 비교하려면 한 도형을 다른 도형에 겹쳐놓고 하나가 다른 것의 부분이 되는지를 살펴보면 된다. 하지만 이미 5장에서 다룬 바와 같이, 최근 발전한 무한집합 이론에서는 이 마지막 공리가 성립하지 않기 때문에 큰 논란이 되었다.

원론에는 5개의 공준이 나온다. **공준**이란 이후 정리들을 증명하기 위해 가정하는 수학적인 명제들이다. 이전에 제시한 공리와는 조금 차이가 나는데, 공리는 너무나 당연한 이치이며, 공준은 공리만큼 당연하지는 않지만 증명이 불가능하므로 참인 것으로 약속하는 수학 명제들이다.

65) 독자들의 이해를 돕기 위해 공리들을 수와 관련된 식으로 표현하였으나, 본래 이 공리가 의미하는 것은 도형의 크기이다. 두 번째 공리의 경우, 같은 길이의 두 선분에서 같은 길이를 늘이면 여전히 길이가 같으며, 각도나 넓이, 부피 등에 대해서도 같은 종류의 성질이 성립한다는 뜻이다.

원론의 공준

1. 임의의 점에서 임의의 점으로 직선을 하나만[66] 그을 수 있다.
2. 유한한 직선은 얼마든지 길게 연장할 수 있다.
3. 임의의 점을 중심으로 하고 임의의 거리를 반지름으로 하는 원을 그릴 수 있다.
4. 모든 직각은 서로 같다.
5. 하나의 직선(l)이 두 직선(m,n)과 만나서 같은 쪽에 두 직각[67]보다 작은 내각 ($\alpha+\beta<90^\circ\times 2$)을 만들 때, 이 두 직선($m,n$)을 한없이 연장하면, 두 직각보다 작은 각이 만들어지는 쪽에서 만난다.

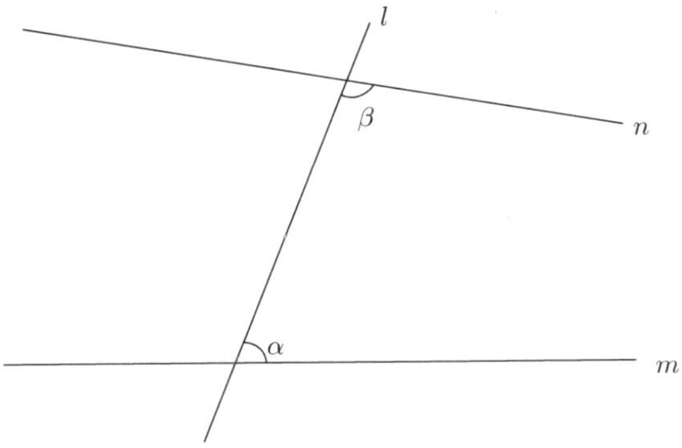

다섯 번째 공준의 문장이 길고 복잡해서, 독자들의 이해를 돕기 위해 약간의 기호와 그림을 추가하였다. 이 공준은 '평행선 공준'이라고 불리는데, 이는 수학사에서 가장 유명하면서 논란이 많았던 명제였다. 이 공준은 앞의 네 개의 공준들보다는 덜 당연하게 보인다. 특별히 $\alpha+\beta$가 180°보다 아주 조금 작을 때에는 m과 n이 대단히 멀리서 만날 것으로 기대되는데, 이 경우 우리가 경험할 수 없고 관찰 가능한 범위를 벗어난 영역에서 벌어지는 일을 당연하다고 가정할 수 있는가가 논란이 되었다. 이러한 이유로 수학자들은 앞의 네 개의 공준들만 가정하고 이로부터 평행선 공준을 증명하려고 2000년 가까이 시도하였으나 모두 실패하였다. 이 문제는 결국 러시아 수학자 로바체프스키(Lobachevsky, 1792~1856)에 의해 해결[68]되었는데, 그는 앞의 네 개의 공준으로부터 평행선 공준을 증명하는 것이 불가능하다는 것을 증명하였고, 평행선 공준을 부정하여

66) 원론에는 '하나만'이라는 표현이 빠져 있지만, 유클리드는 이 사실을 암묵적으로 가정하여 사용하였다
67) 각의 크기를 수로 나타낼 수 없었기 때문에, 180°라는 표현 대신 직각의 두 배라는 표현을 쓰고 있다.
68) 비슷한 시기에 헝가리 수학자 보여이(Bolyai, 1802~1860)도 거의 동일한 발견을 하였다.

도 논리적 체계에 모순이 없는 새로운 기하학을 구성할 수 있다는 것을 보였다. 이 새로운 기하학을 오늘날은 쌍곡기하학이라고 부르는데, 쌍곡기하학에서는 **공준5**의 그림에서 $\alpha+\beta<180^\circ$ 이지만 m과 n이 평행한 상황이 가능해진다.

평행선 공준은 다음 **명제**와 동치임이 알려져 있다. 여기에서 동치란, 원론의 **공준1**~**공준5**를 가정하면 **명제**를 증명할 수 있고, 역으로 **공준1**~**공준4**와 **명제**를 가정하면 이로부터 **공준5**를 증명할 수 있다는 뜻이다. 이러한 이유로 **명제**를 **공준5** 대신 가정하는 책도 많다.

명제(평행선 공준과 동치)

직선 l과 직선 밖의 한 점 P에 대하여, P를 지나는 l의 평행선이 유일하게 존재한다.

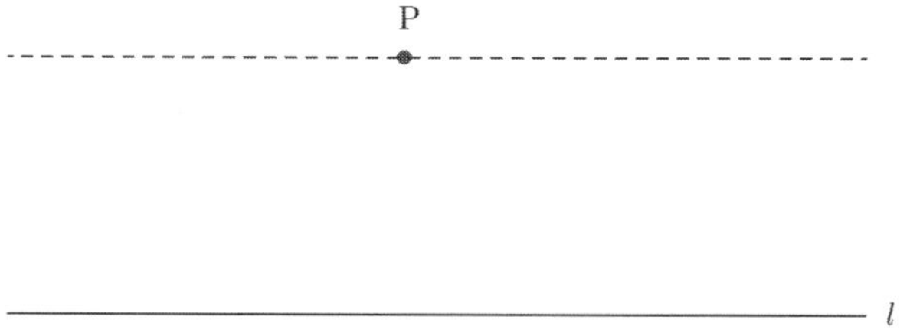

쉬어가기 10.2

비유클리드 기하학에서는 평행선 공준이 성립하지 않을 때가 많다. 비유클리드 기하학 중 하나인 **쌍곡기하학**은 다섯 개의 공준 중에서 앞의 네 개를 가정하고, 마지막 공준 대신「직선 l과 직선 밖의 한 점 P에 대하여, P를 지나는 l의 평행선이 2개 이상 존재한다」를 가정한 것이다. 쌍곡기하학에서는 직선[69]이 곡선 그림으로 표현될 때가 많은데, 예를 들어 아래 그림에서 두 직선 l과 m은 서로 만나지 않으므로 평행이다. P점에서 l에 내린 수선의 발과 직선 m이 이루는 각을 θ라 둘 때, 특정한 각도 α가 존재[70]해서, $\alpha\le\theta\le 90^\circ$ 를 만족하는 직선 m은 항상 l과 평행하다는 사실이 알려져 있다. 그러므로 쌍곡기하학에서는 P점을 지나는 l의 평행선이 무수히 많이 존재한다.

69) 학문 수학에서 직선은 두 점을 잇는 최단거리 곡선으로 정의한다.
70) α의 크기는 수선의 발의 길이에 의해 결정된다.

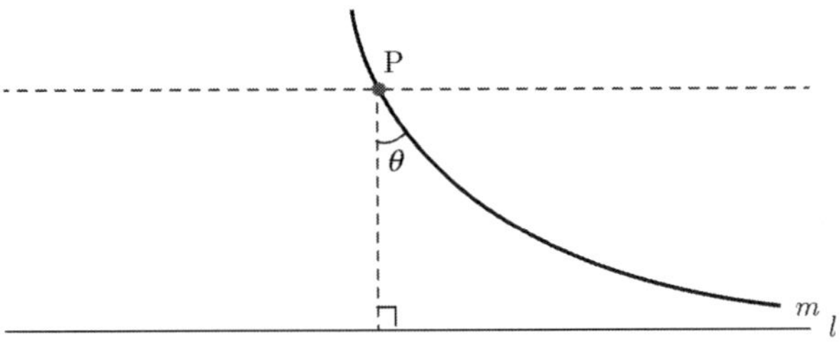

비유클리드 기하학 중 하나인 **구면기하학**은 구면 위에서의 기하학으로, 여기에서 직선은 구를 중심을 지나는 평면으로 잘라서 얻는 대원(great circle)의 일부로 표현된다.

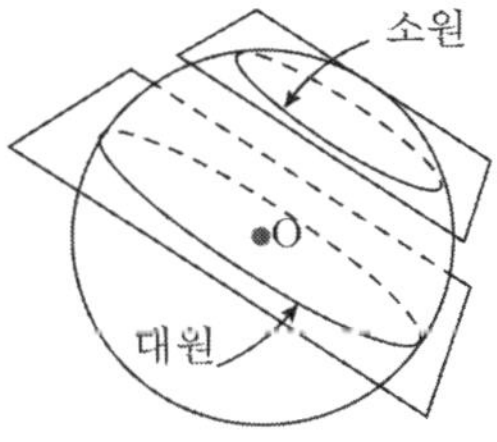

구면기하학에서는 **공리1**, **공리2**와 **공리5**가 모두 성립하지 않는다. 특별히 **공리5**의 경우, 직선 l 밖의 점 P를 지나는 직선은 항상 l과 만나게 되기 때문에 P를 지나는 l의 평행선은 존재할 수 없다. 이렇게 세상에는 다양한 종류의 기하학이 존재하며, 각각의 기하학마다 가정하는 공리와 만족시키는 명제가 다르다.

원론에서는 '공리'와 '공준'이라는 용어를 구분해서 사용하였지만, 현대 수학에서는 '공리'라는 용어만 사용하며, '공준'이라는 용어는 더 이상 사용하지 않는다. 그래서 위의 원론의 공준들을 공리로 소개하는 책들도 많으며, 많은 문헌에서 '평행선 공준'이라는 표현 대신 '평행선 공리'라는 표현을 사용하고 있다.

정의, 공준, 공리가 제시된 이후부터 원론 1권에는 총 48개의 정리가 등장하는데,

정리 1, 증명, 정리 2, 증명, …, 정리 48, 증명

의 순서로 제시되고 있다. 정리와 증명들 사이에는 아무런 설명이 없으며, 오로지 정리와 완성된 증명만 제시되고 있을 뿐이다. 이러한 이유로, 왜 정리가 이러한 순서로 배열

되었는지, 그리고 증명의 아이디어는 무엇인지, 다른 증명은 없는지, 정리를 더 일반화할 수는 없는지 등에 대한 의문은 원론을 통해 전혀 해결할 수 없다. 이러한 이유로 원론을 가르쳤던 많은 전통적인 수학 수업은 원론의 정리와 그 증명을 단순히 암기하는 방식으로 진행되었다. 이러한 수학 수업 방식에 대해 오랫동안 많은 비판이 있었으나, 원론의 절대적인 권위로 인해 원론을 다른 책으로 대체하기가 쉽지 않았다. 하지만 지난 수백 년간 수학의 급격한 발전과 그에 따른 수학에 대한 관점의 변화는 원론의 한계를 더욱 드러냈으며, 그로 인해 다양한 교재가 개발되어 이제는 원론을 수업 교재로 더는 사용하지 않게 되었다.

이제 원론의 중요한 정리를 몇 개 살펴보자. **정리** 1은 앞에서 제시한 **정의**, **공준**, **공리**만을 사용하여 증명되었고, 이후 수많은 증명에서 이 결과를 반복적으로 활용하기 때문에 중요한데, 원론을 직역한 것은 가독성이 떨어지기 때문에, 아래에는 현대적인 기호를 활용하여 제시하였다.

정리 1

주어진 선분 $\overline{AB}$를 한 변으로 갖는 정삼각형을 만들 수 있다.

증명 **공준**3에 의해 점 A를 중심으로 하고 $\overline{AB}$를 반지름으로 하는 원과, 점 B를 중심으로 하고 $\overline{AB}$를 반지름으로 하는 원을 그릴 수 있다. 두 원이 만나는 교점을 C라 두자. **공준**1에 의해 점 A와 C를 지나는 선분을 그리고, 점 B와 C를 지나는 선분을 그려서 $\triangle ABC$를 만든다.

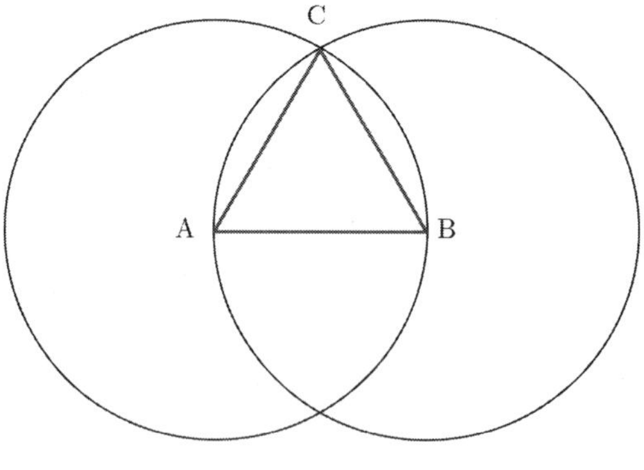

여기에서 **정의 15**에 의해 $\overline{AC}=\overline{AB}$이고 $\overline{CB}=\overline{AB}$이므로, **공리1**에 의해 $\overline{AC}=\overline{CB}$가 성립한다. 그러므로 삼각형의 세 변의 길이가 모두 같으므로 $\triangle ABC$가 원하는 삼각형이다.

Q.E.D.

원론에서는 정리의 증명이 완료된 것을 기호로 Q.E.D.라 표시하였는데, 이는 라틴어 Quod erat demonstrandum의 약자로 '이것이 보여야 할 것이었다'라는 뜻이다. 이 책의 10장에서는 원론의 전통을 따라서, 증명이 완료되었음을 나타내는 기호로 □ 대신 Q.E.D.를 사용하겠다.

정리 1의 증명을 보면 이전에 제시했던 **정의**, **공준**, **공리**만을 사용하고 있다는 것을 알 수 있다. 이후 **정리 2**에서는 **정의**, **공준**, **공리**와 **정리 1**만을 사용하여 증명을 제시하였으며, 뒤에 나오는 정리의 증명에서는 항상 이전에 증명했던 정리를 사용하였지만, 앞의 정리의 증명을 위해 뒤에 나오는 정리를 활용하는 논리적인 오류는 전혀 없었다. 이러한 이유로 원론은 논리적인 사고를 훈련하기 위한 훌륭한 교재로 생각되어 2000년 이상 널리 활용된 것이다.

원론이 서구 문화에 끼친 영향에 대해, 뛰어난 수학 저술가인 모리스 클라인(Morris Kline, 1908~1992)은 다음과 같이 서술하였다. 이 내용은 참고문헌 [10]의 일부를 인용한 것이다.

"유클리드 기하학의 창조는 어느 정도 유용하면서 아름다운 정리들을 만들어낸 것 이상의 성과를 이룩했다. 한마디로 그 때문에 합리적 정신이 탄생한 것이다. 어떤 다른 인간의 창조물도 유클리드가 수백 개의 증명을 한 것과 같이 추론만으로 얼마나 많은 지식을 추출해 낼 수 있는지를 보여주지 못했다. 이는 이후 문명에게 이성의 힘을 가르쳐 주었으며, 그들이 이 능력에 의하여 성취된 것들에 확신을 가지도록 하였다. 신학자들과 논리학자, 철학자, 정치가 그리고 진리를 찾는 모든 사람은 유클리드 기하학의 형식과 절차를 따랐다. 정확한 정의, 명확하게 진술된 가정, 엄격한 증명에 대한 필요성은 기하학의 연구 과정에서 명백해졌다. 그리스 기하학은 논리 과학의 선조가 된 것이다.

유클리드의 중요성은 논리 연습으로서, 그리고 추론의 한 모델로서의 가치를 뛰어넘는다는 점이다. 기하학의 아름다운 구조와 우아한 추론이 발달하게 됨으로써 수학은 다른 활동을 발전시키기 위한 하나의 도구로부터 예술로 승화된다. 그리스인들은 수학을 그 자체로 감상하였다. 산술, 기하학, 그리고 천문학은 그들에게 영혼을 위한 음악이었다."

쉬어가기 10.3

유클리드와 관련된 두 가지 유명한 에피소드를 소개한다.

프톨레마이오스 왕이 어느 날 유클리드에게 원론을 더 쉽고 빠르게 배울 방법이 있는지를 물었는데, 이에 대한 답으로 유클리드는 "기하학에는 왕도(Royal road)[71]가 없다"라고 대답하였다고 전해진다.

유클리드로부터 기하학을 배우기 시작한 한 젊은이가, **정리 1**을 배운 후 유클리드에게 "이런 것들을 배워서 저는 무엇을 얻을 수 있습니까?"라고 물었다. 이에 유클리드는 지식은 그 자체로 습득할 가치가 있다고 주장한 후, 하인을 불러서 "이 사람은 배운 것으로부터 이익을 얻어야 하니, 동전 하나를 주고 내쫓아라"라고 지시했다고 전해진다.

쉬어가기 10.4

미국에서 가장 존경받는 대통령인 에이브러햄 링컨(Abraham Lincoln, 1809~1865)은 학교 교육을 제대로 받지 못하였는데, 젊은 시절 자신의 논리적 사고력을 높이기 위해 원론을 즐겨 읽었다고 전해진다. 그의 전기문에는 다음과 같은 이야기가 나온다.

"그는 2300년이나 오래된 책인 유클리드의 원론을 구입했다. 순회재판을 하기 위해 여러 곳을 다닐 때도 여행용 가방에 항상 담고 다녔으며, 밤이면 다른 사람이 잠든 후 촛불 아래에서 이 원론을 읽었다."

실제로 그가 정치인이 된 이후 쓴 많은 정치적 주장들에는 원론의 논리적 전개를 반영한 것이 많은데, 그는 원론을 활용해 자신의 생각의 정당성을 주장하였다.

71) 지름길을 의미한다.

이제 **정리 1**과 그 증명으로 다시 돌아가자. 독자들은 이 증명이 완벽하다고 느껴지는가? 원론은 2000년이 넘는 세월 동안 교육되고 연구되었기 때문에, 오늘날에는 원론의 불완전한 부분이 널리 알려져 있다. 이 증명의 대표적인 결함은, 두 원의 교점인 C의 존재성이 정의, 공리, 공준으로부터 보장되지 못한다는 것이다. 예를 들어 다음 상황을 생각해 보자.

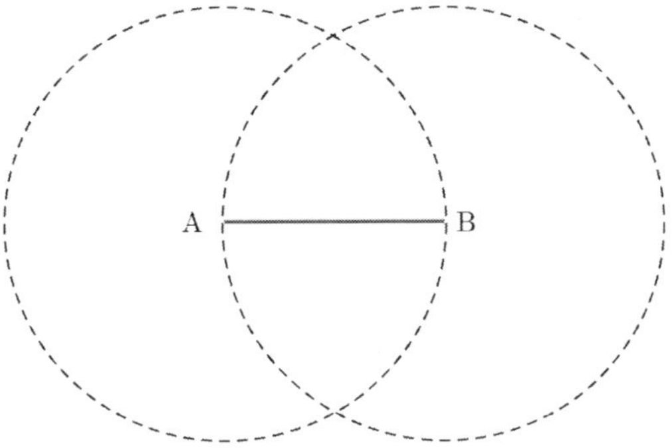

위의 그림에서와 같이 원 사이에 빈 공간들이 있다면 두 원의 교점이 존재하는 것을 보장할 수 없다. 그렇기 때문에 원을 이루는 곡선에는 빈 공간이 없다는 가정이 필요한데, 이는 원론의 정의, 공리, 공준만으로는 보장되지 못한다. 이러한 이유로 원론의 결함을 보완하려면, 더 많은 공리를 도입하고 더 많은 무정의 용어들을 도입해야 한다. 실제로 20세기 초에 수학자 힐베르트는 원론의 결함을 모두 보완한 기하학 체계를 만들어서 '기하학의 기초'라는 책으로 발표하였는데, 이 책에서는 원론의 5개의 공준을 확대하여 20개 이상의 공리를 가정하였고, 이를 기반으로 완전한 유클리드 기하학 체계[72]를 완성하였다.

원론의 정리를 몇 개 더 살펴보자. 아래 제시되는 원론의 정리들은 번역본 거의 그대로이지만, 증명은 저자가 현대 용어를 써서 전면적으로 수정한 것이며, 몇 개의 정리들은 증명 없이 결과만 제시하였다.

---

72) 현재 기준으로 완전하다는 뜻이다. 원론도 2000년 전에는 완전하다고 생각되었기 때문에, 2000년 후에는 힐베르트의 기하학 체계에서도 결함이 발견될지도 모른다. 실제로 힐베르트의 '기하학의 기초'에서는 21개의 공리를 가정하였는데, 이후 한 공리가 다른 공리들로부터 증명될 수 있다는 것이 밝혀져 현재는 공리가 하나 줄어들었다.

정리 23

어떤 한 각이 주어져 있을 때, 직선 위의 한 점에서 주어진 각과 같은 크기의 각을 만들 수 있다.

증명 아래의 왼쪽 그림과 같이 C를 꼭짓점으로 하는 각이 주어져 있다고 하자. 반직선 위에서 점 D, E를 잡아 $\angle \mathrm{DCE}$를 만든다. 이때 직선 $\overline{\mathrm{AB}}$ 위의 점 P에서 $\angle \mathrm{DCE}$와 같은 크기의 각 $\angle \mathrm{QPR}$을 만들려 한다.

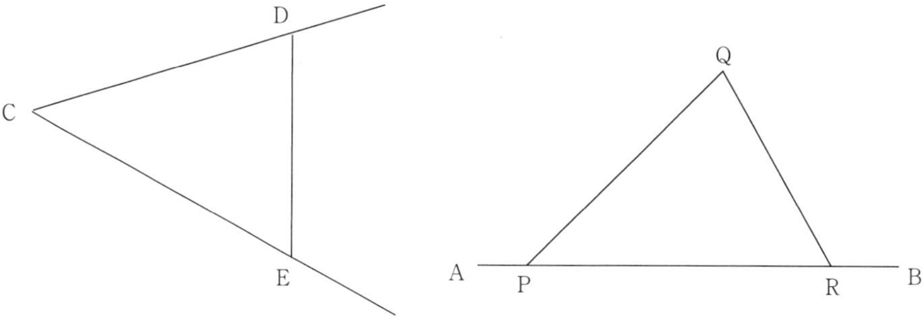

P를 중심으로 하고 $\overline{\mathrm{CE}}$를 반지름으로 하는 원을 그려, 직선 $\overline{\mathrm{AB}}$와 만나는 점을 R라 두자. 이제 P를 중심으로 하고 $\overline{\mathrm{CD}}$를 반지름으로 하는 원과 R를 중심으로 하고 $\overline{\mathrm{ED}}$를 반지름으로 하는 원을 그린 후, 두 원의 교점을 Q라 하자. 그러면 $\triangle \mathrm{DCE}$과 $\triangle \mathrm{QPR}$은 합동[73]이므로, $\angle \mathrm{DCE} = \angle \mathrm{QPR}$이 성립한다.

Q.E.D.

정리

27. 한 직선이 두 직선과 만나서 이루는 엇각이 서로 같으면, 이 두 직선은 서로 평행하다.
28. 한 직선이 두 직선과 만나서 이루는 동위각이 같거나, 또는 같은 방향에 있는 두 내각의 합이 직각의 두 배가 되면, 두 직선은 서로 평행하다.
29. 한 직선이 두 평행선과 만나서 이루는 엇각은 서로 같고, 동위각도 서로 같으며, 같은 방향에 있는 두 내각의 합은 직각의 두 배가 된다.

73) 원론의 **정리 8**에서 두 삼각형이 SSS 조건(두 삼각형에서 대응하는 세 변의 길이가 모두 같음)을 만족하면, 대응하는 각들이 모두 일치함을 증명하였다.

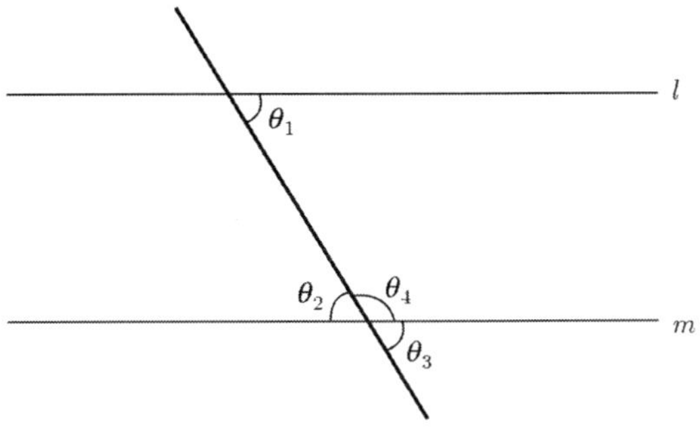

위의 그림에서 θ_2는 θ_1의 엇각이고, θ_3는 θ_1의 동위각이다. 위의 정리를 현대적인 기호로 간략하게 표현하면 다음과 같다.

정리 27 $\theta_1 = \theta_2 \Rightarrow l /\!/ m$

정리 28 $\theta_1 = \theta_3 \Rightarrow l /\!/ m$, $\theta_1 + \theta_4 = 90^\circ \times 2 \Rightarrow l /\!/ m$

정리 29 $l /\!/ m \Rightarrow \theta_1 = \theta_2$, $\theta_1 = \theta_3$, $\theta_1 + \theta_4 = 90^\circ \times 2$

정리 31

한 점을 지나며 주어진 직선과 평행한 직선을 그릴 수 있다.

증명 아래 그림과 같이 직선 l과 한 점 P가 주어져 있다.

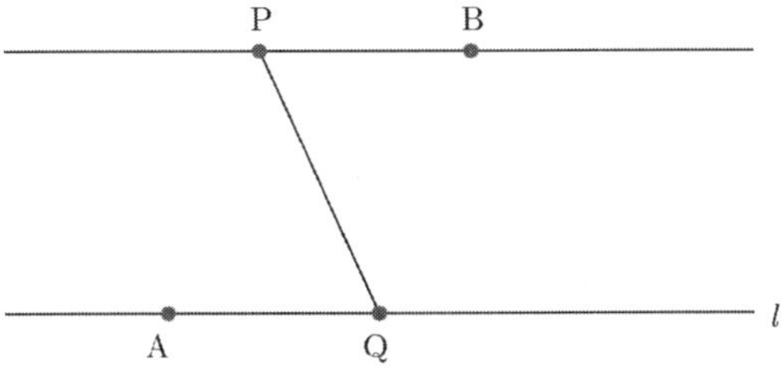

l 위의 한 점 Q를 잡고 $\overline{PQ}$를 잇는다. l 위에서 점 A를 잡은 후, **정리 23**을 이용하여 $\angle PQA = \angle QPB$를 만족하는 점 B를 잡는다. 그러면 **정리 27**에 의해 $\overline{PB}$를 이은 직선은 l의 평행선이 된다.

Q.E.D.

정리 32

삼각형의 세 내각의 합은 직각의 두 배(180°)이다.

증명 아래 $\triangle ABC$에서 **정리 31**을 이용하여, 점 A를 지나고 직선 $\overline{BC}$에 평행한 직선 l을 그리자.

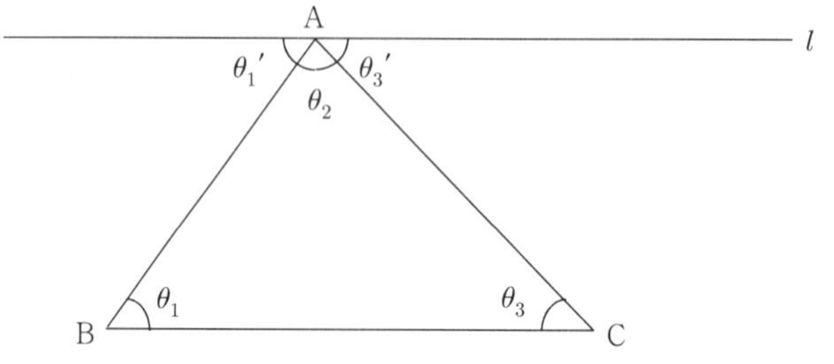

$l \,/\!/\, \overline{BC}$이므로 **정리 29**의 엇각의 성질로부터 $\theta_1{}' = \theta_1$와 $\theta_3{}' = \theta_3$가 성립한다. 그러므로

$$\theta_1 + \theta_2 + \theta_3 = \theta_1{}' + \theta_2 + \theta_3{}' = 180°$$

가 성립[74]한다.

Q.E.D.

쉬어가기 10.5

정리 32는 쌍곡기하학과 구면기하학에서는 성립하지 않는다. 쌍곡기하학에서는 삼각형의 세 내각의 합은 항상 180° 보다 작으며, 구면기하학에서는 삼각형의 세 내각의 합은 항상 180° 보다 크다.

독자들은 **정리 32**의 증명을 반드시 알고 있어야 하는데, 이 증명을 알아야 삼각형의 세 내각의 합이 항상 180° 가 된다는 사실을 확신할 수 있기 때문이다. 실제로 한 초등

74) 원론의 정리 13에서 직선이 이루는 각이 직각의 두 배임을 증명하였다.

학교에서 학생들이 다양한 삼각형을 자유롭게 그려본 후, 세 내각의 합이 항상 180° 가 된다는 사실을 확인하는 활동을 했었다. 이때 한 모둠에서 삼각형의 세 내각의 합이 179° 가 되는 경우를 발견했다고 발표하여, 교사가 정확하게 다시 각을 구해보라고 하였으나, 모둠 학생들은 아무리 측정해도 179° 가 된다고 하였다. 교사가 정확한 각도기를 가지고 꼼꼼하게 각도를 구했는데, 정말로 세 내각의 합이 179° 가 되었다. 어떻게 된 것일까?

교사가 이러한 일을 경험하면 당황하여 내각의 합이 179° 가 될 수도 있다고 답하기 쉬우며, 실제로 이러한 경험 때문에 삼각형의 세 내각의 합은 정확히 180° 가 아니라 근삿값이 180° 라 생각하는 교사도 있었다. 이러한 이유로 증명을 알고 있어야, 항상 정확하게 180° 임을 확신할 수 있다.

그렇다면 왜 이 수업에서는 특정한 삼각형의 세 내각의 합이 179° 가 된 것일까? 아마도 각을 제대로 측정하지 못했을 가능성이 가장 크지만, 만일 각을 정확하게 측정했다면 이 경우는 학생들이 그린 그림이 삼각형이 아니었다고 결론 내릴 수 있다. 삼각형을 대충 그려서 변이 선분이 아닌 곡선이 된 경우나 꼭짓점을 정확하게 연결하지 못한 경우, 혹은 변을 너무 두꺼운 선으로 그려서 오차가 생긴 경우 등에서 내각의 합이 180° 와는 다른 값이 나올 수 있다. 정확한 삼각형을 그린다면 정확히 180° 가 되어야 하며, 삼각형 모양이 정확하지 않아서 생기는 오차는 정확하게 그리면 그릴수록 더 작아진다.

참고로 원론 1권의 마지막을 장식하는 **정리 48**은 오늘날 '피타고라스의 정리'로 알려진 명제이다. 원론을 연구하는 이들은 유클리드가 피타고라스의 정리를 대단히 중요하다고 생각하였기 때문에, 이 정리를 의도적으로 원론 1권의 마지막에 배치하였다고 예상한다.

유클리드 원론이 서구 문화에 끼친 영향은 앞에서 살펴보았으므로, 여기에서는 원론의 영향을 크게 받은 두 권의 책을 소개한다. 제일 처음 소개할 책은 뉴턴(Newton, 1643~1727)이 1687년에 발표한 『**프린키피아: 자연철학의 수학적 원리**』이다. (참고문헌 [11]) 원론이 인류 역사상 가장 중요한 수학책으로 꼽히는 것처럼, 프린키피아는 인류 역사상 가장 중요한 물리학책으로 알려져 있다. 이 책은 원론의 체계를 그대로 따라서 집필되었는데, 내용 일부를 옮기면 다음과 같다.

프린키피아의 정의

1. 물체의 질량이란 밀도와 부피를 곱한 것이다.
2. 운동량이란 속도와 물체의 질량을 곱한 것이다.
3. 구심력이란 물체가 어떤 중심점을 향해서 움직이도록 끌거나 몰아대는 힘을 말한다.

프린키피아에는 총 8개의 정의가 나오는데, 유클리드와 달리 뉴턴은 각각의 정의마다 자세한 설명을 덧붙였다. 그 후 공리인 운동 법칙 3개와 그에 대한 해설이 나온다.

프린키피아의 공리, 즉 운동 법칙

1. 물체에다 힘을 가해서 그 상태를 바꾸지 않는 한, 모든 물체는 가만히 있든 일정한 속력으로 직선 운동을 하든 계속 그 상태를 유지한다.
2. 운동이 바뀌는 정도는 가한 힘에 비례한다. 그리고 운동이 바뀌는 방향은 힘을 가한 것과 똑같은 방향이다.
3. 모든 작용에 대해서 반드시 그에 대항하여 같은 크기의 반작용이 생긴다. 즉, 두 물체가 서로 상대방에게 가하는 작용은 크기가 같으며 방향이 반대이다.

독자들은 고등학교 물리학에서 뉴턴의 세 가지 운동 법칙을 배운 것을 기억할 것이다. 이 세 가지 운동 법칙은 사실 프린키피아의 공리였으며, 뉴턴은 이 세 가지 공리를 이용하여 물체의 수많은 운동 법칙을 수학적으로 엄밀하게 증명했는데, 그중에는 케플러(Kepler, 1571~1630)가 행성의 움직임을 관측하여 발견한 케플러 법칙도 있었다.

프린키피아는 왜 중요한 책일까? 케플러 법칙을 수학적으로 증명한 것만으로도 매우 놀랍지만, 여기에 더하여 이 책은 수학을 통해 과학 법칙을 기술하는 근대과학 방법론을 정립[75]하였기 때문에 더욱 대단하다. 뉴턴 시대 이전에는 자연철학이 자연을 연구하는 주된 방법론이었는데, 자연철학이란 여러 가지 자연 현상이 왜 일어나는지에 대해 주로 형이상학적인 논증을 하는 학문으로, 고대 그리스의 철학자인 아리스토텔레스(Aristoteles, 기원전 384~322)의 전통을 따르고 있었다. 하지만 뉴턴은 프린키피아에서 자연 현상, 예를 들면 중력의 원인에 대해서는 아무런 논증을 하지 않았다. 이미 중

75) 이러한 방법론은 갈릴레오가 처음 제시하였는데, 그는 실험과 경험을 통해 자연 현상의 수학 원리를 유도해야 한다고 주장하였다.

력은 존재하는 것이기 때문에 그는 중력의 존재에 대한 모든 형이상학적인 논쟁을 배제하였고, 대신 중력을 기술하는 수학 법칙을 찾아서 이로부터 다양한 자연 현상을 수학적으로 기술하였다. 이러한 과학 연구 방법론은 오늘날까지도 이어지고 있는데, 이러한 현대의 연구 방법론은 프린키피아에서 확립되었다고 할 수 있다.

원론의 큰 영향을 받은 두 번째 책은 철학책으로, 데카르트(Descartes, 1596~1650), 라이프니츠(Leibniz, 1646~1716)와 함께 근대 합리론을 대변하는 철학자로 유명한 스피노자(Spinoza, 1632~1677)가 쓴 **에티카(윤리학)**이다. (참고문헌 [12]) 이 책은 '기하학적 순서로 증명된 윤리학'이라는 제목으로도 불리는데, 스피노자 사후 1677년에 간행되었다. 제목에서 보듯이 이 책에서 스피노자는 윤리학을 원론의 체계를 따라서 정립하였는데, 책의 제1부 '신에 대하여'의 내용 일부를 옮기면 다음과 같다.

에티카의 정의

1. 나는 **자기 원인**이란 그것의 본질이 존재를 포함하는 것, 또는 그것의 본성이 존재한다고 생각할 수밖에 없는 것이라고 이해한다.
2. 같은 본성을 가진 다른 것에 의하여 한정될 수 있는 사물은 자신의 유(類) 안에서 **유한하다고** 일컬어진다. 예컨대 어떤 물체는 우리와 항상 달라서 더 큰 어떤 것을 생각하기 때문에 유한하다고 일컬어진다. 마찬가지로 사유는 다른 사유에 의하여 한정된다. 이에 반하여 물체는 사유에 의하여 한정되지 않으며, 사유도 물체에 의하여 한정되지 않는다.

에티카 1부에는 총 8개의 정의가 등장한다. 그 후 7개의 공리가 나오는데, 일부를 옮기면 다음과 같다.

에티카의 공리

1. 존재하는 모든 것은 그 자신 안에 존재하거나 아니면 다른 것 안에 존재한다.
2. 다른 것에 의하여 파악될 수 없는 것은 그 자신에 의하여 파악되지 않으면 안 된다.
3. 주어진 일정한 원인에서 필연적으로 결과가 생긴다. 이와 반대로 일정한 원인이 전혀 주어지지 않을 경우에는 어떤 결과도 생길 수 없다.

그 후 정의와 공리로부터 신에 대한 정리 36개를 증명한다. 예를 들면 다음과 같다.

에티카의 정리

1. 실체는 본성상 자신의 변용에 앞선다.
3. 서로 아무런 공통점이 없는 사물들은 그것들 중 하나가 다른 것의 원인이 될 수 없다.
17. 신은 오로지 자신의 본성의 법칙에 의거해서만 활동하고 다른 어떠한 것에 의해서도 강요받아 활동하지 않는다.
19. 신 또는 신의 모든 속성은 영원하다.

에티카는 존재에 대한 논증에서 출발하여 이성적으로 도덕과 윤리에 관한 명제[76)]에까지 이른다는 점에서 근대 합리론의 정수를 보여주었다는 평가를 받는다.

이렇게 과학과 철학의 엄밀한 논증을 위해 원론의 체계를 사용하였다는 것은, 원론이 서구 문화에 얼마나 큰 영향을 끼쳤는지를 보여준다고 할 수 있다. 저자가 만났던 학생 중에는 학교에서 수학을 왜 배워야 하는지 의문을 가지는 이들이 많았는데, 수학이 서구 문명에 끼친 이러한 영향을 알게 된다면 왜 학교 교육에서 수학이 그토록 강조되고 있는지를 이해할 수 있을 것이다.

이 책에서는 원론의 개략적인 내용과 의의만을 설명하였다. 원론의 내용을 제대로 이해하고 싶은 독자는, 먼저 원전을 읽기 전에 수학사 교재(예를 들면 참고문헌 [13]이나 [14])를 통해 원론에 대한 전반적인 내용을 먼저 공부하기를 권한다. 원론은 현대의 독자들이 그 논증을 이해하기가 쉽지 않으며 오늘날 관점에서는 불완전한 부분들도 있으므로 적절한 도움이나 주석이 있어야 한다. 참고문헌 [8]에는 원론을 그리스어에서 영어로 번역한 토마스 히드 교수의 자세한 해설과 주석이 담겨 있어 원론을 읽는 독자들에게 큰 도움이 된다. 힐베르트가 정립한, 유클리드 기하학과 비유클리드 기하학에 대한 현대적인 공리적 접근을 체계적으로 공부하고 싶은 독자는 참고문헌 [15]를 참고하기를 바란다.

76) 책의 1부는 '신에 대하여'이지만, 이후 2부 '정신의 본성과 기원에 대하여', 3부 '정서의 기원과 본성에 대하여', 4부 '인간의 예속 또는 정서의 힘에 대하여', 5부 '지성의 능력 또는 인간의 자유에 대하여'를 통해 인간에 대한 다양한 명제를 증명하고 있다.

탐구과제 10.1

두 삼각형의 합동조건으로, SSS, SAS, ASA가 있다. 여기에서 S는 삼각형의 변(side)를 의미하고, A는 삼각형의 각(angle)을 의미한다. 삼각형의 합동조건은 삼각형의 결정조건으로도 해석할 수 있는데, 예를 들어 SAS 조건은, 두 변의 길이와 그 사이의 끼인 각의 크기가 결정된 삼각형은 유일하다는 것을 의미한다.

SSS, SAS, ASA 조건을 만족시키는 삼각형은 유일하다. 그러나 이 조건들만이 삼각형의 유일성을 보장하는 것은 아니다. 다른 조건이 주어졌을 때도 삼각형이 유일하게 존재할 때가 있는데, 예를 들어 직각삼각형의 RHS 조건(직각과 높이와 빗변의 길이가 주어짐)은 일종의 SSA 조건이지만, 이 조건을 만족시키는 삼각형은 유일하게 존재한다. 그러므로 SSS, SAS, ASA 조건은 삼각형의 유일성을 보장하기 위한 충분조건이지만, 필요조건은 아니다.

다음 SSA 조건이 주어졌을 때, 이를 만족하는 삼각형은 몇 개나 존재하는가? 각각의 경우를 직접 그려서 확인해 보고, 어떤 상황일 때 삼각형이 유일하게 존재하는지를 탐구해 보자.

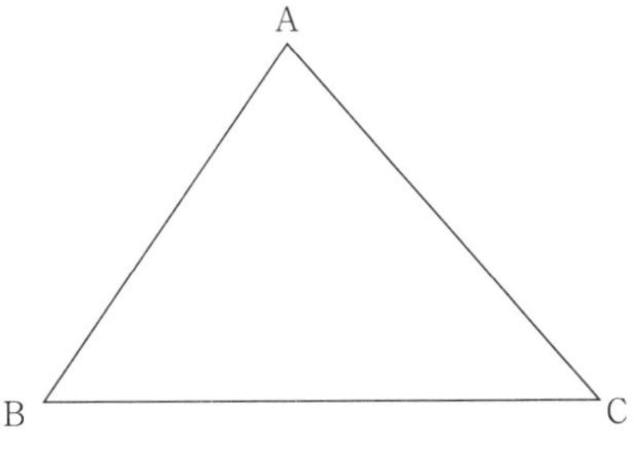

1. $\overline{AB}=3\text{cm}$, $\overline{BC}=4\text{cm}$, $\angle A=60^\circ$
2. $\overline{AB}=4\text{cm}$, $\overline{BC}=3\text{cm}$, $\angle A=60^\circ$
3. $\overline{AB}=4\text{cm}$, $\overline{BC}=3.7\text{cm}$, $\angle A=60^\circ$
4. $\overline{AB}=3\text{cm}$, $\overline{BC}=4\text{cm}$, $\angle A=120^\circ$
5. $\overline{AB}=4\text{cm}$, $\overline{BC}=3\text{cm}$, $\angle A=120^\circ$

11장
평균과 확률의 함정

11장 미리 보기

유치원에서 10명의 신입생을 추첨을 통해
선발하는데, 총 100명이 지원을 하였다.
유치원에서는 공뽑기(비복원추출)로 추첨을
진행하려 한다.
이때, 앞 순서로 공을 뽑는 것이
당첨에 유리할까?

11장

평균과 확률의 함정

이번 장에서는 평균과 확률에서 특별히 조심해야 할 내용을 다룬다. 이 장의 내용은 저자가 쓴 다른 책 [16]의 일부분이며, [16]에는 확률과 통계에 대해 더 많은 내용이 담겨 있다.

정의 11.1

n개의 값 $x_1, x_2, \cdots, x_n$의 **평균**은 $\dfrac{x_1+x_2+\cdots+x_n}{n}$으로 정의한다.

평균의 핵심 성질은 균등(uniformity)성이다. 아래 예들을 통해 살펴보자.

예 11.1 1월 전기료가 x_1원, 2월 전기료가 x_2원, $\cdots$, 12월 전기료가 x_{12}원일 때, 한 달 평균 전기료는 평균인 $\dfrac{x_1+x_2+\cdots+x_{12}}{12}$원이 된다. 여기에서 평균은, 12개월 동안 낸 총 전기료 $x_1+x_2+\cdots+x_{12}$를 매달 **균등하게** 나누어 내려 할 때 매달 내야 하는 금액을 의미한다.

예 11.2 초등학생들에게 평균을 설명하는 한 가지 방법으로, 학생들이 가져온 물을 모아서 **공평하게** 나누는 상황을 생각할 수 있다. 세 학생이 각각 1.4L, 1L, 0.9L의 물을 가져왔을 때, 세 명이 물을 공평하게 나누어 가지려면 평균인 1.1L로 나누면 된다.

문제 11.1

불경기로 모든 사람의 소득이 감소하였으나, 고소득자와 저소득자들의 평균은 모두 증가하였다. 이러한 일이 가능할까? (참고문헌 [6])

문제 11.1의 답으로 간단한 예를 소개하기 위해, 사람 수를 네 명이라 두고, 연소득이 5000만원 초과인 사람을 고소득자, 연소득이 5000만원 이하인 사람을 저소득자라고 하자. 불경기로 모든 이의 소득이 20% 감소하였다고 가정했을 때, 아래는 네 명의 소득이 감소하기 전과 후의 소득 비교표이다.

고소득자	A	1억 4000만원
	B	6000만원
저소득자	C	3000만원
	D	2000만원

⟶ (불경기로 소득 20% 감소)

고소득자	A	1억 1200만원
저소득자	B	4800만원
	C	2400만원
	D	1600만원

불경기 이전 고소득자의 소득 평균은 1억이고 저소득자의 소득 평균은 2500만원이었으나, 불경기 후 고소득자의 소득 평균은 1억 1200만원으로 증가하였고, 저소득자의 소득 평균도 2933.33...만원으로 증가하였다. 이러한 일이 생긴 이유는 무엇인가?

바로 B 때문이다. 불경기 이전에 B는 고소득자의 하위에 위치하여 고소득자의 평균을 낮추는 역할을 하고 있었으나, 불경기 이후에 B는 저소득자의 상위에 위치하여 저소득자의 평균을 높이는 역할을 하게 되었다.

심프슨의 역설

집단 전체의 성질과, 나누어진 집단의 성질은 서로 다를 수 있다.

심프슨의 역설이 성적에 적용된 예를 생각해 보자. 1학기 교양수학 수강생들의 기말고사 성적 평균이 2학기 수강생들의 평균보다 낮으나, B^0학점 이상 받은 이들과 C^+학점 이하를 받은 학생들을 나누어 성적 평균을 계산한 결과, 각 집단에서 1학기 평균이 모두 2학기보다 높아지는 상황이 생길 수 있다. 만일 이러한 상황이 발생했다면, B^0학점 이상을 받은 학생들과 C^+학점 이하를 받은 학생들의 비율이 1학기와 2학기가 서로 다르다는 것을 알 수 있다.

문제 11.2

다음은 미국 대학에서 재학생들을 대상으로 평가한 어떤 영어시험 성적의 평균이다. 여기에서 미국인과 유학생 모두 2000년 대비 2020년에 시험 성적 평균이 상승하였으나, 전체 성적 평균은 오히려 감소하게 되었다. 어떻게 이러한 일이 생길 수 있는가? (참고문헌 [6])

	2000년	2020년
미국인 평균	90	94
유학생 평균	60	70
전체 평균	84	82

문제 11.2의 상황이 생긴 이유는 바로 유학생의 비중이 높아졌기 때문이다. 2000년에는 미국인이 재학생의 80%, 유학생이 20%였다가, 2020년에는 유학생 비중이 높아져서 미국인과 유학생 비율이 모두 50%가 된다면 위와 같은 전체 평균이 나오게 된다.

문제 11.1에서 만일 고소득자와 저소득자의 소득 평균이 증가한 것을 보고, 불경기 이후에 모든 이들이 풍요로워졌다고 해석한다면 적절한 것일까? **문제 11.2**에서 전체 영어시험 평균이 떨어진 것을 보고, 2020년에 학생들의 영어 실력이 감소했다고 해석한다면 적절한 것일까? 당연히 이러한 해석은 모두 적절치 못하다.

문제 11.1의 경우는 구간을 나누지 않은 전체 데이터를 기반으로, 모든 이들의 생활이 어려워졌다는 해석을 내려야 한다. **문제 11.2**의 경우는 미국인과 유학생을 구분한 데이터를 기반으로, 학생들의 영어 성적이 이전보다 향상되었다는 해석을 내려야 한다. 그러므로 **문제 11.1**은 집단을 나누지 않고 데이터를 해석해야 하고, **문제 11.2**는 집단을 나누고 데이터를 해석하는 것이 적절하다.

그렇다면 데이터를 해석할 때 집단을 나눌지 여부를 판단해 주는 기준은 무엇일까? 불행하게도 모든 상황에 적용할 수 있는 일반적인 판단기준은 존재하지 않는다. 그러므로 통계 데이터를 해석하는 사람들은 최대한 다양한 통계량들을 구한 후, 이러한 값들이 공통으로 보이는 경향성에 주목하여 데이터를 해석한다. 이러한 이유로 통계 데이터 해석은 개인의 가치관이나 선입견의 영향을 받을 수 있으며, 이러한 영향을 빋지 않고 데이터를 최대한 객관적이고 정확하게 해석하기 위해서는 특별한 훈련을 받기도 한다. 일반적으로 통계 전문가들은 이러한 훈련을 수료한 이들이다.

심프슨의 역설과 관련하여, 참고문헌 [17]에 등장하는 실제 사례를 하나 소개하겠다. 1983년 미국의 대통령 직속 위원회에서는 '위기의 국가: 시급한 교육 개혁(A Nation at Risk: The Imperative for Educational Reform)'이라는 보고서를 발표하였다. 이 보고서는 미국의 공교육이 실패했다는 진단을 내렸는데, 이에 대한 가장 주목할 만한 근거로 학생들의 SAT 점수의 하락을 들었다. 1963년부터 1980년 사이에 어휘력 점수 평균은 50점, 수학 점수 평균은 40점[77]이나 떨어졌으며, 이에 대한 책임이 교사들에게 있으므로 무능하고 불량한 교사들을 퇴출해야 한다고 주장하였다.

하지만 보고서가 발간되고 7년이 지난 후에, 이 보고서에 심각한 통계적 오류가 있다는 것이 발견되었다. SAT 점수가 20년간 하락한 것은 맞지만, 그동안 SAT 응시자 수가 많이 증가한 사실은 간과한 것이었다. 그 기간에 대학들은 대학 정원을 늘리며 경제적 빈곤층과 소수 인종 학생들을 더 많이 받아들이기 시작하였는데, 이들 취약계층 학생들 때문에 전체 SAT 평균 점수가 하락하게 된 것이었다. 하지만 SAT 응시자들을 소득 수준에 따라 나눈 후 평균 점수의 변화를 관찰한 결과, 모든 소득 계층에서 평균 점수가 향상됐다는 사실이 밝혀졌다.

결국 잘못된 통계 해석으로 인해 미국 공교육을 담당하는 교사들이 부당한 평가를 받고 피해를 본 것이다. 이렇게 통계 자료들은 적절하게 해석되지 않으면 현 상황에 관한 판단을 왜곡시켜 심각한 손해를 끼치기도 한다.

이제 확률에 대해 알아보자.

정의 11.2
일어날 수 있는 시행의 결과들을 모아둔 집합 S를 **표본공간**이라 하고, 표본공간의 부분집합 A (즉 $A \subset S$)를 **사건**이라 한다. 원소가 하나뿐인 사건을 **근원사건**이라 한다. 표본공간 전체인 사건을 **전사건**, 공집합인 사건을 **공사건**이라 한다.

77) 각 영역은 800점 만점이다.

사건 A의 확률 $\mathrm{P}(A)$는 다음과 같이 구할 수 있다. 여기에서 $n(A)$는 집합 A의 원소 개수를 의미한다.

$$\mathrm{P}(A) = \frac{n(A)}{n(S)}$$

고등학교 교과서를 꼼꼼하게 읽어보지 않은 독자는 위의 식에서 빠진 부분을 찾기 쉽지 않을 것이다. 먼저 이미 충분히 익숙할 만한 문제부터 살펴보자.

문제 11.3

서로 다른 두 주사위를 던졌을 때 나온 두 눈이 모두 1일 확률을 구하시오.

풀이 이 시행의 표본공간은 다음과 같다.

$$\left\{\begin{array}{l}(1,1),\ (1,2),\ (1,3),\ (1,4),\ (1,5),\ (1,6), \\ (2,1),\ (2,2),\ (2,3),\ (2,4),\ (2,5),\ (2,6), \\ (3,1),\ (3,2),\ (3,3),\ (3,4),\ (3,5),\ (3,6), \\ (4,1),\ (4,2),\ (4,3),\ (4,4),\ (4,5),\ (4,6), \\ (5,1),\ (5,2),\ (5,3),\ (5,4),\ (5,5),\ (5,6), \\ (6,1),\ (6,2),\ (6,3),\ (6,4),\ (6,5),\ (6,6)\end{array}\right\}$$

여기에서 두 눈이 모두 1이 되는 사건은 $\{(1,1)\}$이므로, 확률은 $\frac{1}{36}$이다. □

이 문제를 다음과 같이 조금 변형해 보자.

문제 11.4

서로 구분할 수 없는 두 주사위를 던졌을 때 나온 두 눈이 모두 1일 확률을 구하시오.

풀이 이 경우 주사위를 구분할 수 없으므로, **문제 11.3**의 표본공간에서 (a,b)와 (b,a)는 서로 같은 경우가 된다. 이로부터 표본공간을 구해보면 다음과 같다.

$$\left\{\begin{array}{r} (1,1),\ (1,2),\ (1,3),\ (1,4),\ (1,5),\ (1,6), \\ (2,2),\ (2,3),\ (2,4),\ (2,5),\ (2,6), \\ (3,3),\ (3,4),\ (3,5),\ (3,6), \\ (4,4),\ (4,5),\ (4,6), \\ (5,5),\ (5,6), \\ (6,6) \end{array}\right\}$$

그러므로 표본공간의 원소 개수는 21개이고, 구하고자 하는 확률은 $\frac{1}{21}$이다. □

독자들은 위의 **문제 11.4**의 풀이에 이상함이 느껴지는가? 위의 풀이가 옳다고 가정한다면, 두 주사위를 구분할 수 없을 때는 21번 정도 던졌을 때 한 번꼴로 두 눈이 모두 1이 나오게 된다. 그런데 여기에서 만일 한 주사위를 색칠해 두 주사위를 구분할 수 있게 된다면, 그때부터는 **문제 11.3**의 풀이에 따라 36번 정도 던졌을 때 한 번꼴로 두 눈이 모두 1이 나오게 된다. 한 주사위에 색칠한다고 이렇게 확률이 갑작스럽게 변할 수 있는 것일까?

이러한 역설이 등장하게 된 것은 사실 확률의 정의를 꼼꼼하게 확인하지 않았기 때문이다. 고등학교 수학 교과서에서는 확률을 다음과 같이 정의한다.

정의 11.3

표본공간 S에서 각각의 근원사건이 일어날 가능성이 모두 같을 때, 사건 A가 일어날 확률은 다음과 같다.

$$\mathrm{P}(A) = \frac{n(A)}{n(S)}$$

정의 11.3에서 근원사건이 일어날 가능성이 모두 같을 때라는 가정이 중요하다. **문제 11.4**의 풀이에 있는 근원사건들은 일어날 가능성이 모두 같지 않다는 문제가 있는데, 예를 들어 근원사건 $\{(1,2)\}$는 근원사건 $\{(1,1)\}$에 비해 일어날 가능성이 두 배 더 많다. 그러므로 **문제 11.4**의 답은 $\frac{1}{21}$이 될 수 없다.

그러면 **문제 11.4**는 어떻게 해결해야 할까? 근원사건들이 모두 일어날 가능성이 같도록 표본공간을 정의하면 되는데, 이를 위해 두 주사위가 서로 다르다고 가정하면 된다. 즉, 문제에서는 주사위를 구분할 수 없다고 하였지만, '확률' 문제를 해결할 때에는 **주사위가 서로 다르다고 가정**하고 문제를 해결해야 하며, 결국 **문제 11.4**와 **문제 11.3**은 풀이와 정답이 같다. 이러한 상황은 구분할 수 없는 동전을 던질 때나, 구분할 수 없는 공을 꺼내는 경우도 마찬가지이다. 다음 예를 보자.

문제 11.5

서로 구분할 수 없는 검은 공 3개와 서로 구분할 수 없는 하얀 공 4개가 주머니 안에 있다. 여기에서 공 두 개를 동시에 꺼낼 때, 꺼낸 공이 모두 하얀 공일 확률을 구하시오.

잘못된 풀이 나올 수 있는 모든 경우를 찾아보면

① 검정 공 2개, ② 검정 공 1개, 하얀 공 1개, ③ 하얀 공 2개

이므로, 확률은 $\frac{1}{3}$이다.

올바른 풀이 검은 공 3개가 모두 다르고, 하얀 공 4개도 모두 다르다고 가정하자. 서로 다른 7개의 공에서 2개의 공을 뽑는 경우의 수는 ${}_7C_2$이고, 서로 다른 하얀 공 4개 중에서 2개를 뽑는 경우의 수는 ${}_4C_2$이므로, 구하려는 확률은

$$\frac{{}_4C_2}{{}_7C_2} = \frac{\frac{4\times 3}{2}}{\frac{7\times 6}{2}} = \frac{2}{7}$$

이다. □

여기에서 주의해야 할 것은, 위의 **잘못된 풀이**에서 경우의 수가 3인 것이 틀리지 않았다는 것이다. **문제 11.4**에서도 두 주사위의 눈의 경우의 수는 21이 맞다. 그러므로 확률 공식에서 분모에 들어가는 **표본공간의 원소 개수** $n(S)$**는 경우의 수와 다를 수 있다**는 것에 주의해야 한다. **서로 구분할 수 없는** 주사위와 공에 대해서는 경우의 수와 $n(S)$가 일치하지 않을 수도 있다.

문제 11.6

1000장을 발행한 복권에 1등이 1장, 2등이 2장, 3등이 7장, 4등이 10장, 5등이 80장 있다고 하자. 이 복권에서 한 장을 임의로 뽑을 때, 1~5등 중 하나에 당첨될 확률을 학생이 다음과 같이 계산하였다. 이 풀이에 어떤 오류가 있는지를 설명하고, 올바른 풀이를 구하시오.

학생의 풀이 뽑은 복권의 경우의 수는 아래와 같이 총 6가지이다.

1등, 2등, 3등, 4등, 5등, 꽝

이중 당첨되는 경우는 총 5가지가 있으므로, 확률은 $\frac{5}{6}$이다.

위의 **문제 11.6**은 독자들에게 연습문제로 남긴다. 이제 실생활과 밀접하게 관련이 있는 확률 문제를 하나 살펴보자.

문제 11.7

유치원에서 10명의 신입생을 추첨을 통해 선발하는데, 총 100명이 지원을 하였다. 유치원에서는 공뽑기(비복원추출)로 추첨을 진행하려 한다. 이때, 앞 순서로 공을 뽑는 것이 당첨에 유리할까?

위의 문제는 저자가 실제로 경험했던 상황으로, 이 유치원에서는 오전 10시부터 유치원 선발 추첨을 시작하였다. 유치원에서는 오전 10시까지 유치원에 도착한 부모들의 수를 세어 100명임을 확인하였고, 큰 주머니에 당첨공 10개와 미당첨공 90개를 넣었다. 추첨을 진행하기 전에 모든 부모가 당첨공과 미당첨공을 만져볼 수 있게 하여 두 공 사이에 촉감의 차이가 없다는 것을 확인시켰고, 부모들 앞에서 공을 주머니에 넣고 섞어서 추첨의 공정성을 확보하였다. 그 후 유치원에 도착한 순서대로 주머니에서 공을 하나씩 꺼내는 방식으로 추첨을 진행했다.

이때 몇 명의 부모들은 공을 먼저 뽑기 위해 새벽 5시부터 유치원에 와서 줄을 섰는데, 일찍부터 줄을 섰던 부모 중에는 당첨공이 더 많이 남아있을 때 공을 뽑아야 당첨 확률이 조금이라도 더 높아진다고 생각한 이들이 있었다. 실제로 그러한가?

일반적인 상황을 보기 전에 먼저 앞 순서의 사람들이 당첨될 확률을 계산해 보자. 먼저 첫 번째 사람이 당첨될 확률은 당연히 $\frac{10}{100}=\frac{1}{10}$이다. 이제 두 번째 사람이 당첨될 확률을 생각하자. 두 번째 사람이 당첨되려면

① 첫 번째 사람이 당첨되고 두 번째 사람도 당첨되는 경우
② 첫 번째 사람은 당첨되지 않고 두 번째 사람만 당첨되는 경우

인 두 가지 상황이 있다. 첫 번째 사람이 당첨되었다는 가정하에 두 번째 사람이 당첨될 확률은 $\frac{9}{99}=\frac{1}{11}<\frac{1}{10}$이 된다. 첫 번째 사람이 당첨되지 않았다는 가정하에 두 번째 사람이 당첨될 확률은 $\frac{10}{99}>\frac{1}{10}$이 된다. 이로부터 다음 사실을 알 수 있다.

> 두 번째 사람이 당첨될 확률은 첫 번째 사람의 당첨 여부에 영향을 받는다. 즉, 첫 번째 사람이 당첨되면 두 번째 사람이 당첨될 확률은 낮아지고, 첫 번째 사람이 당첨되지 않으면 두 번째 사람이 당첨될 확률은 높아진다.

이러한 추첨에서는 추첨이 진행됨에 따라 당첨 확률이 역동적으로 바뀌게 된다. 예를 들어 10번째 공을 뽑는 사람이 당첨될 확률은, 이전의 9명이 어떤 결과를 얻느냐에 따라 확률이 높아지기도 하고 낮아지기도 한다. 하지만 아직 추첨을 시작하기 전이라면, 각 사람이 당첨될 확률은 고정된 값이기 때문에 어렵지 않게 계산할 수 있다.

먼저 추첨을 시작하기 전에 두 번째 사람이 당첨될 확률을 구해보자. 위의 ①의 경우의 확률은 $\frac{10}{100}\times\frac{9}{99}=\frac{1}{110}$이고, ②의 경우의 확률은 $\frac{90}{100}\times\frac{10}{99}=\frac{10}{110}$이다. 그러므로 두 번째 사람이 당첨될 확률은

$$\frac{1}{110}+\frac{10}{110}=\frac{11}{110}=\frac{1}{10}$$

이 된다.

세 번째 사람이 당첨될 확률은 어떻게 될까? 앞의 두 사람이 모두 당첨된 경우, 첫 사람만 당첨된 경우, 두 번째 사람만 당첨된 경우, 앞의 두 사람 모두 당첨되지 않은 경우일 때 세 번째 사람이 당첨될 확률들을 각각 구하고 이를 모두 더하면 된다. 실제로 계산하면

$$\frac{10}{100}\times\frac{9}{99}\times\frac{8}{98}+\frac{10}{100}\times\frac{90}{99}\times\frac{9}{98}+\frac{90}{100}\times\frac{10}{99}\times\frac{9}{98}+\frac{90}{100}\times\frac{89}{99}\times\frac{10}{98}$$
$$=\frac{97020}{100\times99\times98}=\frac{1}{10}$$

이 된다.

이로부터 추론해 보면, 추첨이 진행되기 전에는 공을 뽑는 순서와 관계없이 모든 이들의 당첨 확률이 $\frac{1}{10}$임을 알 수 있다. 이에 대한 증명은 다음과 같다.

정리 11.1
당첨공이 10개, 미당첨공이 90개가 들어있는 주머니가 있다. 이 주머니에서 비복원 추출로 공을 하나씩 뽑으려 할 때, n번째$(1 \le n \le 100)$ 뽑은 공이 당첨공일 확률은 $\frac{1}{10}$이다.

증명 10개의 당첨공과 90개의 미당첨공이 모두 서로 다른 공이라 가정[78]하자. 이때 표본공간은 100개의 서로 다른 공을 일렬로 나열하는 경우로 생각할 수 있다. 여기에서 n번째 공이 당첨공이 되는 모든 경우의 수는, 10개의 당첨공 중에서 1개를 골라서 n번째 위치에 놓고, 나머지 99개의 공은 임의로 배열하는 경우의 수와 동일하다. 그러므로 이 확률을 계산하면

$$\frac{{}_{10}C_1\times 99!}{100!}=\frac{10}{100}=\frac{1}{10}$$

이다. □

78) 확률 계산을 위해서는 100개의 공이 모두 서로 다르다고 가정해야 한다.

결국 유치원 추첨에서는 순서와 관계없이 당첨 확률이 일정하므로, 새벽 5시부터 유치원에 와서 줄을 서는 것은 당첨 확률에 아무런 영향을 끼치지 못한다는 사실을 알 수 있다. 이 책을 읽는 독자들은 앞으로 굳이 일찍부터 힘들게 줄을 서지 않았으면 좋겠다.

그런데 세상일은 항상 논리로만 결정되는 것은 아니다. 사람은 감정이 있고, 때로는 논리보다 감정에 충실한 것이 삶을 더 풍요롭게 만들기도 한다. 실제로 경제학에는 인간의 의사결정을 논리적으로 예측하고 최선의 선택을 찾는 '게임이론(Game Theory)'이라는 분야가 있는데, 일반적으로 사람들은 충분히 논리적으로 사고하지 않고 감정적으로 결정하기 때문에, 게임이론에서 예측한 대로 일이 진행되지 않을 때가 많다.

위의 유치원 추첨 상황에서, 새벽부터 줄을 섰던 부모 중 일부는 공을 일찍 뽑는다고 당첨 확률이 높아지지는 않는다는 사실을 이미 알고 있었다. 하지만 그런데도 그들은 일찍부터 줄을 섰는데, 왜냐하면 이들은 추첨에서 공을 뽑는 기회를 얻고 싶었기 때문이었다. 추첨 순서가 뒤쪽에 있는 경우, 당첨공 10개가 앞 순서에서 모두 나오면 그 이후 사람들은 공을 뽑을 기회조차 없게 된다. 부모 중에는 공을 뽑아보는 기회조차 없이 유치원 추첨에서 떨어지게 되면 억울한 마음이 생기기 때문에, 공을 뽑는 기회를 보장받기 위해 일찍부터 줄을 선 이들도 있었다.

유치원 추첨과 관련된 또 다른 예를 하나 살펴보자. 인기가 많은 한 교육대학 부설초등학교에는 지역의 많은 부모가 자녀들을 입학시키기 위해 지원서를 제출한다. 항상 정원에 비해 많은 이들이 지원하기 때문에, 부설초에서는 매년 공정한 방식의 추첨으로 신입생을 뽑고 있다. 하지만 위의 유치원 사례와는 다르게, 부설초에서는 추첨일에 학부모들이 일찍부터 줄을 서지 않는다. 어떻게 이러한 추첨이 가능할까?

부설초에서는 신입생을 뽑기 위해 두 번의 추첨을 진행한다. 첫 번째 추첨에서는 '추첨 순서'를 결정한다. 학교에 도착한 순서대로 봉투를 뽑는데, 이 봉투 안에는 '추첨 순서'가 적혀 있다. 두 번째 추첨은 첫 번째 추첨으로 결정한 순서에 따라 진행되며, 이 추첨에서 비로소 지원한 자녀가 신입생으로 선발될지를 결정한다.

수학자가 볼 때 이렇게 두 번 추첨을 진행하는 것은 시간과 자원을 낭비하는 것이다. 신입생으로 선발될 확률은 추첨 순서에 아무런 영향이 없기 때문이다. 하지만 부설초에서는 이렇게 두 번 추첨을 진행하는 비효율적인 낭비를 함으로써 학부모들이 새벽부터 줄을 서는 수고를 없앨 수 있었다. 때로는 낭비와 비효율이 더 좋은 결과를 낳기도 한다.

12장

한붓그리기와 오일러의 다면체 정리

12장 미리 보기

퀴니히스베르크의 다리 문제는 수학자 오일러에 의해 해결되었는데, 그는 이 문제를 그래프의 한붓그리기 문제로 변형하였다. 그는 다리를 건너는 산책을 그래프로 표현하였는데, 각 섬은 점으로 표현하고 다리들은 변으로 표현하여 산책 경로를 그래프로 표현할 수 있었다.

12장

한붓그리기와 오일러의 다면체 정리

이번 장에서는 한붓그리기와 오일러의 다면체 정리를 소개한다. 이 내용은 6차 교육과정(1992년 개정)까지는 중학교 수학교육과정에 포함되었으나, 7차 교육과정(1997년 개정)에서 삭제된 후부터 지금까지 계속 빠져 있다. 하지만 오일러의 다면체 정리는 초등학교 교과서에 간접적으로 언급되는 경우가 많으며, 한붓그리기는 정규수업 외의 활동에서 추가로 학생들에게 가르치기 좋은 소재이다. 그리고 이 내용은 학문 수학에서 대단히 중요하지만 학교수학에는 빠져있는 '불변량'을 다루기 때문에, 교사교육 소재로 적합하다고 할 수 있다.

그래프는 아래 그림과 같이 점과 선으로 만들어진 그림이다. 여기에서 점을 **꼭짓점**(vertex), 선을 **변**(edge)이라 부르는데, 다음 조건을 만족해야 한다.

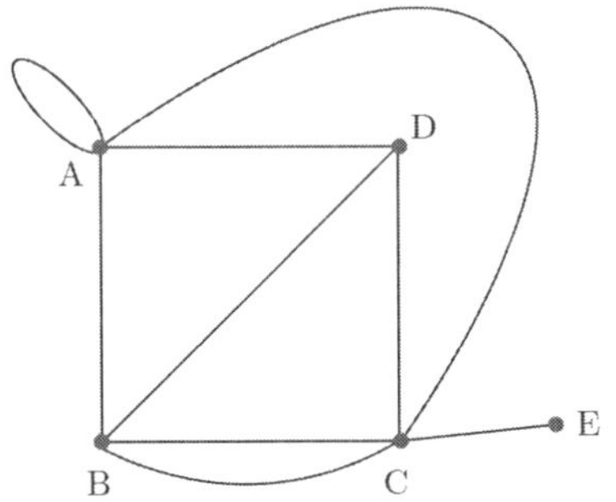

① 변과 꼭짓점은 유한개이다.

② 변의 양 끝은 꼭짓점이다.

③ 두 변은 꼭짓점에서만 만난다.

여기에서 변은 곡선이어도 무방하며, 한 변의 양 끝이 같은 점이 되는 경우도 허용한다. 또한 두 꼭짓점을 잇는 서로 다른 변이 두 개 이상 존재하여도 된다. 그래프에서 중요한 것은 꼭짓점들의 **연결 상태**[79]인데, 예를 들면 아래의 그래프는 위와 동일한 것으로 간주한다.

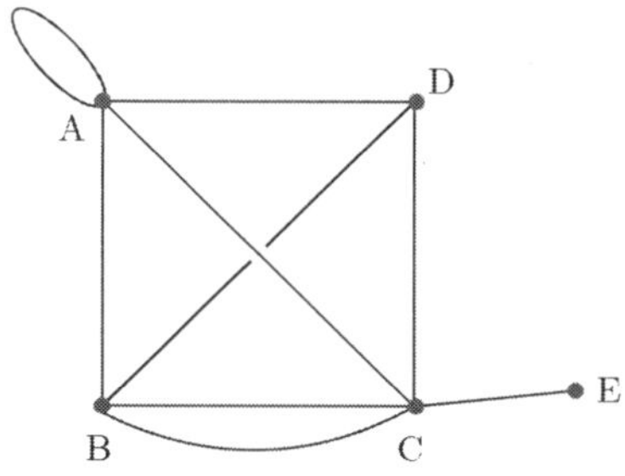

위의 그래프에서 변 $\overline{AC}$는 변 $\overline{BD}$ 위에 놓이도록 그려져 있으나, 이를 바꾸어 아래의 왼쪽 그림과 같이 변 $\overline{BD}$가 $\overline{AC}$ 위에 놓이도록 그려도 꼭짓점들의 연결 상태는 변하지 않는다. 그러므로 그래프에서는 변 $\overline{AC}$와 $\overline{BD}$의 위치 관계가 중요하지 않기 때문에, 보통 아래의 오른쪽 그림과 같이 두 변이 서로 교차하는 것처럼 보이게 그린다. 여기에서 꼭짓점이 아니지만 서로 만나는 것처럼 표현되는 점을 **교차점**이라 부른다. 그래프를 그릴 때 꼭짓점의 이름은 삭제할 때가 많은데, 여기에서 교차점은 꼭짓점이 아니라는 사실에 주의하자.

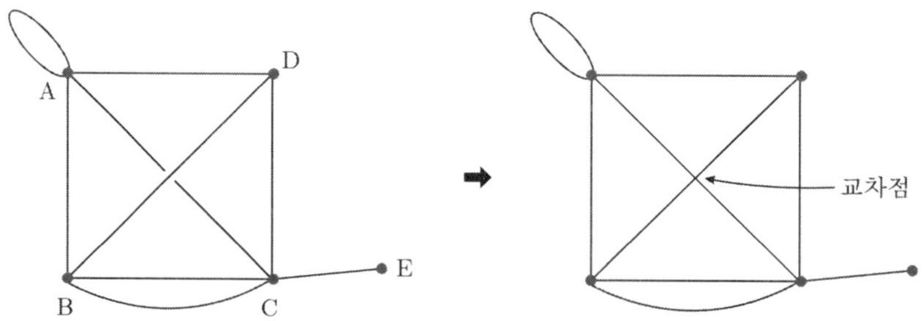

일상생활에서 연결 상태만을 고려하는 그래프를 접할 기회가 있을까? 다음 그림은 부산지하철 노선도인데, 왼쪽 그래프는 지하철 노선의 길이와 각도를 정확하게 고려하여 그린 그림이고, 오른쪽 그래프는 역 사이의 연결 상태만 고려하여 그린 그림이다. 현재 널리 사용되고 있는 지하철 노선도는 오른쪽 그래프인데, 이 그래프는 연결 상태만

79) 꼭짓점들의 연결 상태만 고려하는 그래프를 위상적 그래프(또는 조합적 그래프)라고 한다. 여기에서는 변의 길이나 변들이 이루는 각도는 고려하지 않으며, 단지 꼭짓점들을 연결하는 변이 몇 개 있는지 만을 생각한다.

고려하여 그렸기 때문에 왼쪽의 그래프보다 역들 사이의 연결 상태를 한눈에 파악하기 쉽다.

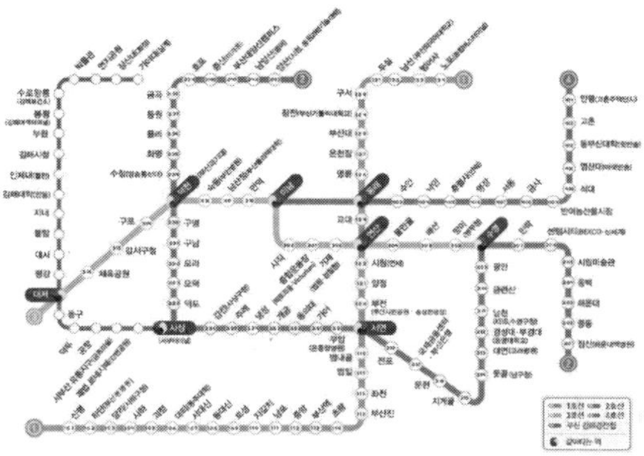

종이에 펜으로 그래프를 그릴 때, 펜을 종이에서 한 번도 떼지 않고 그릴 수 있는 그래프를 **한붓그리기 가능한 그래프**라 한다. 예를 들면 아래의 왼쪽 그래프는 오른쪽 그림과 같이 한붓그리기가 가능하다.

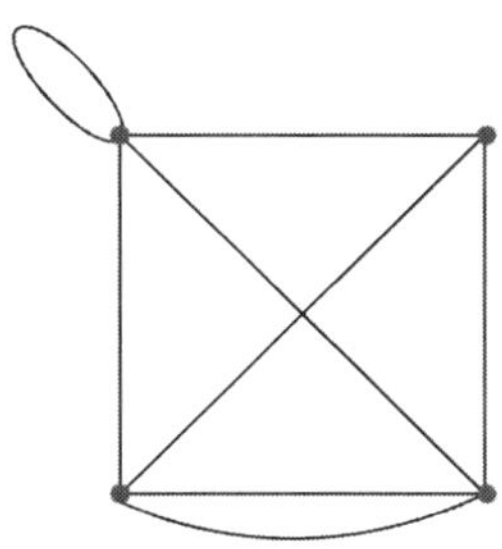

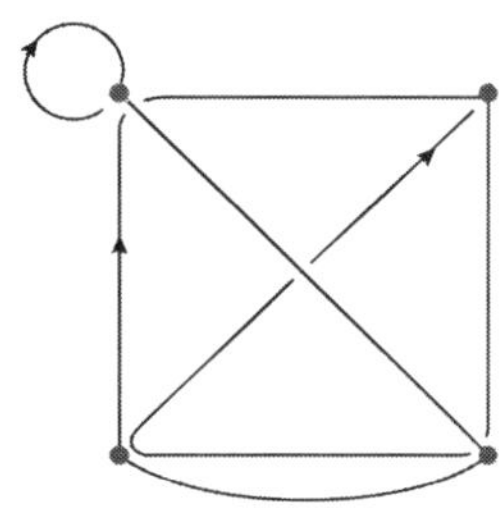

그래프의 한붓그리기 문제는 다음 문제에서 유래하였다.

문제 12.1

(쾨니히스베르크의 다리 문제) 프로이센의 도시 쾨니히스베르크[80]에는 아래 그림과 같은 7개의 다리가 각 섬을 연결하고 있다. 여기에서 어떤 다리도 두 번 건너지 않고 모든 7개의 다리를 건너는 산책이 가능할까?

80) 제2차 세계대전 이후 소련에 양도되었으며, 현재는 러시아의 '칼리닌그라드'이다.

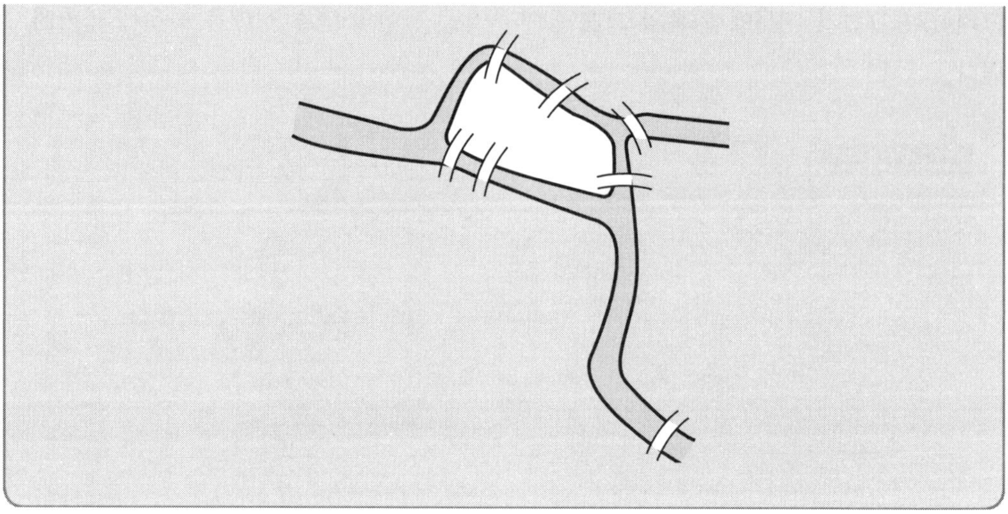

문제 12.1은 수학자 오일러(Euler, 1707~1783)에 의해 해결되었는데, 그는 이 산책 문제를 그래프의 한붓그리기 문제로 변형하였다. 그는 다리를 건너는 산책을 그래프로 표현하였는데, 다음 그림과 같이 각 섬은 점으로 표현하고 다리들은 변으로 표현하여, 산책 경로를 그래프로 표현할 수 있었다.

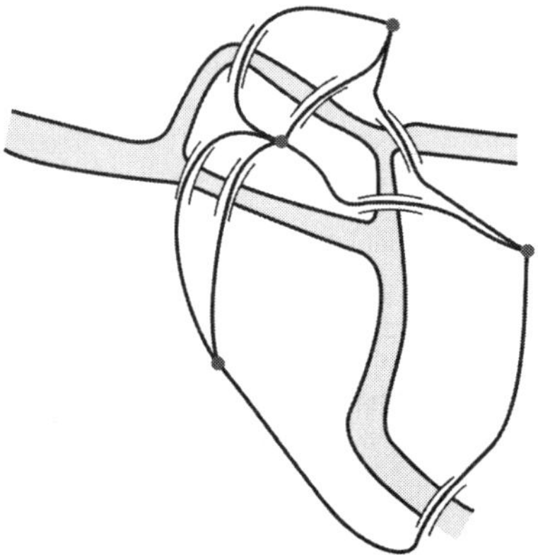

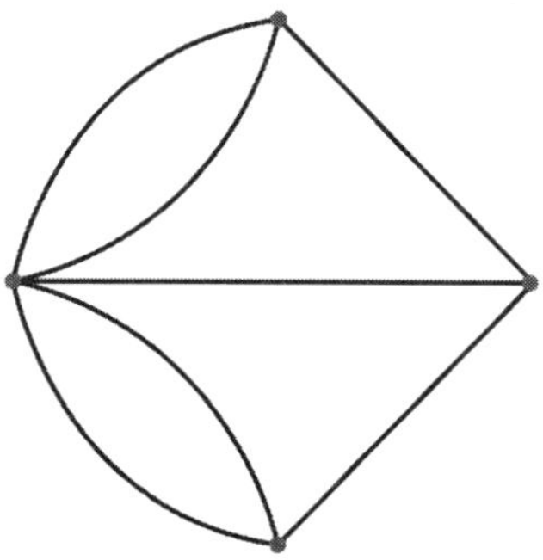

여기에서 모든 다리를 한 번씩 지나가는 산책이 가능한 것과 오른쪽 그래프가 한붓그리기 가능한 것은 필요충분조건이 된다. 오일러는 이 그래프가 한붓그리기 가능하지 않다는 사실을 **정리** 12.1로부터 증명하였다.

정의 12.1

각 꼭짓점에서 만나는 변의 개수를 꼭짓점의 **차수**(degree)라 한다. 예를 들면, 다음 그림은 그래프의 각 꼭짓점의 차수를 표시한 것이다. 여기에서 하나의 변이 꼭짓점과 두 번 만날 수도 있다는 것에 주의하자.

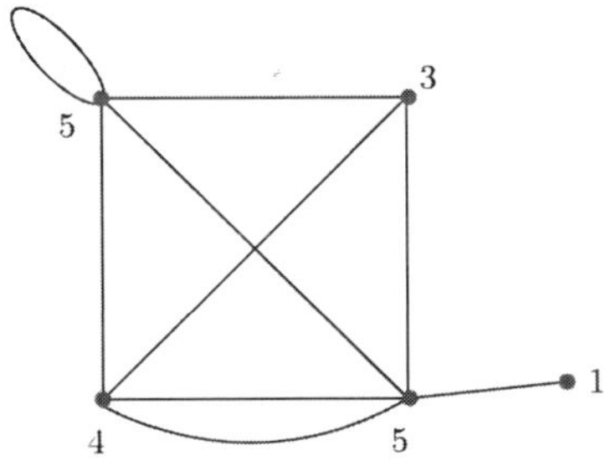

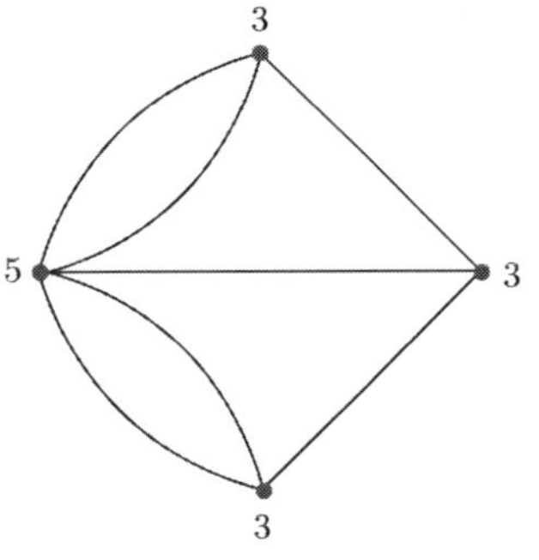

차수가 홀수인 꼭짓점을 **홀수점**, 짝수인 점을 **짝수점**이라 한다.

정리 12.1

한붓그리기 가능한 그래프는 홀수점이 0개 또는 2개이다.

증명 그래프의 한붓그리기를 그리는 동안, 중간에 만나는 꼭짓점으로 들어가는 변을 그리게 되면 반드시 나가는 변을 그려야 한다. 그러므로 한붓그리기 중간에 만나는 모든 꼭짓점의 차수는 항상 짝수이다.

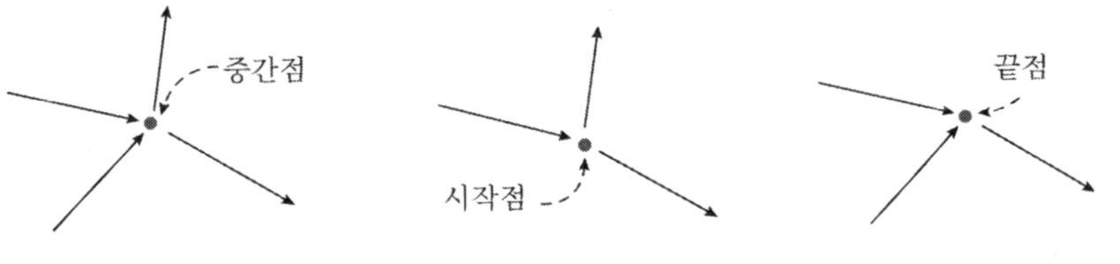

한붓그리기의 시작점과 끝점이 일치하는 경우는 모든 꼭짓점의 차수가 짝수가 되어, 홀수점 개수가 0개이다. 만일 시작점과 끝점이 서로 다른 경우는, 시작점과 끝점의 차수만 홀수이고, 다른 모든 점들의 차수는 짝수이다. 그러므로 홀수점은 2개이다. □

정리 12.1은 똑똑한 초등학생이라면 어렵지 않게 이해할 수 있을 정도로 증명이 간단하며, 이로부터 **문제** 12.1의 산책이 불가능하다는 것은 쉽게 증명된다. **문제** 12.1의 그래프는 홀수점이 4개이기 때문에 한붓그리기가 불가능하며, 그러므로 모든 다리를 한 번만 지나는 산책은 불가능하다.

오일러의 위대한 점은 **정리** 12.1을 통해 **문제** 12.1의 불가능성을 증명한 것에서 멈추지 않고, 여기에서 더 나아가 **정리** 12.1의 역에 해당하는 **정리** 12.3을 증명하였다는 것에 있다. 이 정리의 증명은 쉽지 않기 때문에, 아래에서 아이디어만을 제시한다.

정리 12.2
그래프의 홀수점은 항상 짝수개이다.

증명 모든 꼭짓점의 차수들의 합은 항상 변의 개수의 2배가 되므로 항상 짝수이다. 그런데 짝수점들의 차수의 합은 짝수이므로, 홀수점들의 차수의 합도 짝수가 되어야 한다.

홀수점들의 개수가 홀수이면, 홀수점들의 차수의 합은 홀수가 되므로 모순이다. 그러므로 홀수점은 짝수개이다. □

정리 12.3
홀수점이 0개 또는 2개인 연결된 그래프는 항상 한붓그리기가 가능하다.

증명 엄밀한 증명은 그래프의 변의 개수에 대한 수학적귀납법을 사용해야 하고, 중간 과정에서 꼼꼼하게 점검해야 하는 부분들이 많으므로 독자들에게 상당히 난해할 수 있다. 그러므로 여기에서는 증명 전체를 제시하지 않고, 증명의 가장 중요한 아이디어만 예를 통해 소개한다.

증명의 순서는 다음과 같다. 먼저 모든 꼭짓점이 짝수점인 그래프의 한붓그리기는 항상 가능하다는 것을 보인다. 그 후 홀수점이 2개 있는 그래프의 한붓그리기는, 이 그래프를 홀수점이 0개 있는 그래프로 변형하여 만들어낼 수 있음을 보인다.

먼저 모든 꼭짓점이 짝수점인 그래프의 한붓그리기를 만들자.

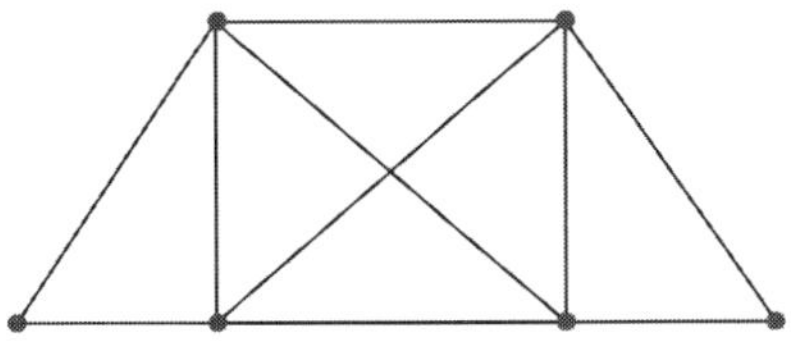

그래프 위의 꼭짓점 하나를 P라 두고, P에서 시작하여 P로 돌아오는 한붓그리기를 하나 그린다.[81] 그 후 한붓그리기된 부분을 그래프에서 지운다.

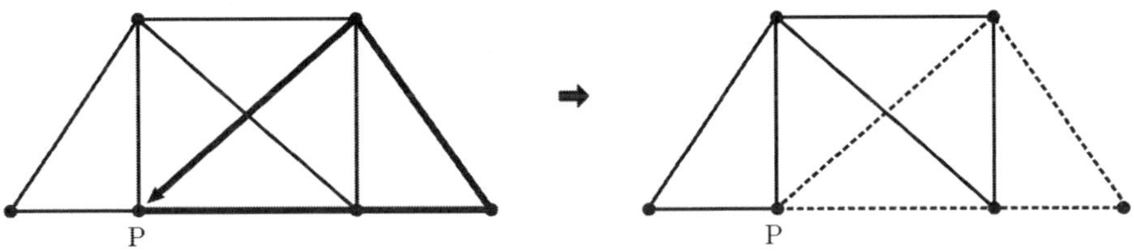

처음 그렸던 한붓그리기가 지났던 꼭짓점 중에서 하나를 골라 Q라 두자. 마찬가지로 Q에서 시작하여 Q로 돌아오는 한붓그리기를 하나 그린다. 그 후 한붓그리기된 부분을 지운다.

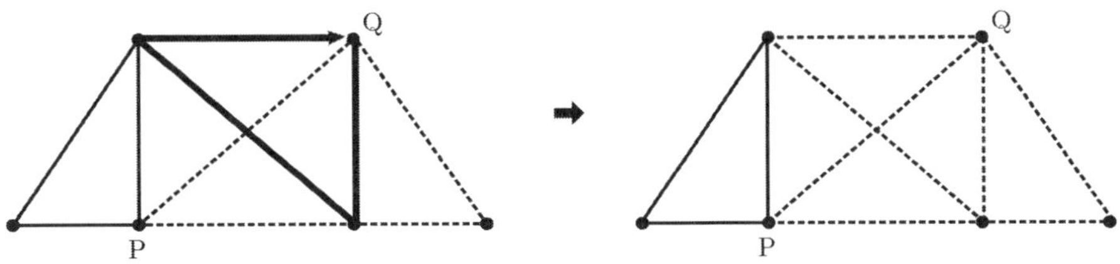

직전에 그렸던 한붓그리기가 지났던 꼭짓점 중에서 하나를 골라 R이라 두자. 마찬가지로 R에서 시작하여 R로 돌아오는 한붓그리기를 하나 그린다. 그 후 한붓그리기된 부분을 지운다. 이러한 과정을 모든 변이 다 지워질 때까지 반복한다. 위의 예에서는 세 번 만에 모든 변이 다 지워졌다.

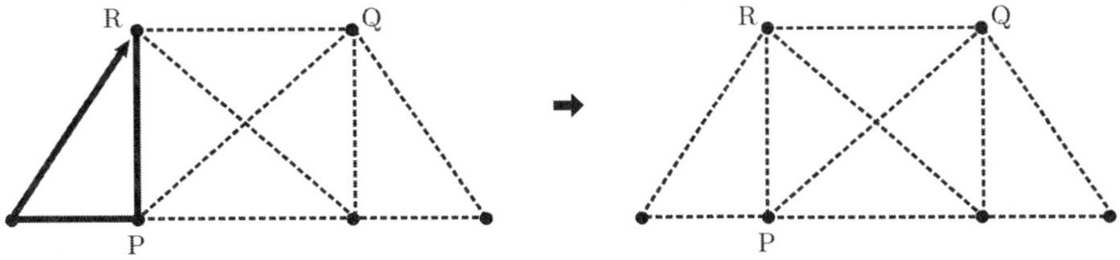

---

81) 모든 꼭짓점이 짝수점인 경우, 한붓그리기를 그리는 도중에는 항상 다음 변으로 나아갈 수 있으므로, 중간에 멈추지 않고 한붓그리기를 계속 진행할 수 있다. 이렇게 처음에 시작한 점으로 돌아올 때까지 계속 한붓그리기를 그리면, 결국 시작점으로 돌아오는 한붓그리기 하나가 완성된다.

모든 변이 다 지워졌으면, 지금까지 그렸던 한붓그리기들을 연결하여 전체 그래프의 한붓그리기를 완성한다. 각각의 한붓그리기를 연결하는 방법은 다음과 같다.

P점에서 시작하는 한붓그리기를 그리다가 Q점을 만나면, 기존의 한붓그리기를 멈추고 Q점에서 시작하는 한붓그리기를 그린다. 이 한붓그리기가 R점을 만나면, 기존의 한붓그리기를 멈추고 R점에서 시작하는 한붓그리기를 그린다.

R점에서 시작하는 한붓그리기가 완성되면, 이제 잠시 멈추었던 Q점에서 시작하는 한붓그리기를 마저 완성한다. 그리고 Q점에서 시작하는 한붓그리기가 완성되면, 이제 잠시 멈추었던 P점에서 시작하는 한붓그리기를 마저 완성한다.

위의 과정을 마치면, 전체 그래프의 한붓그리기가 완성된다.

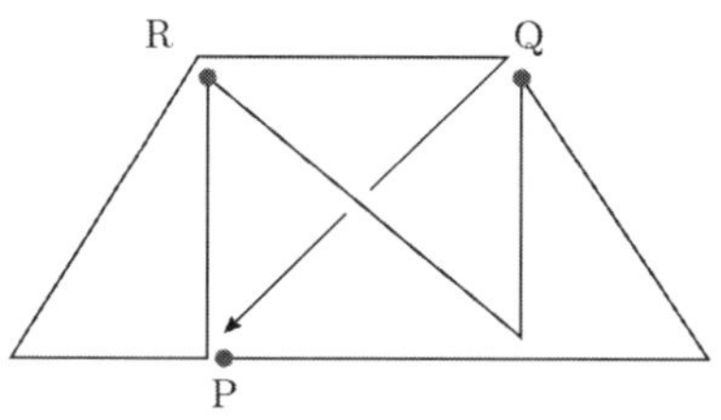

위의 방법으로부터 홀수점이 0개인 그래프의 한붓그리기를 완성할 수 있었다. 이제 홀수점이 2개인 그래프의 한붓그리기를 만들자.

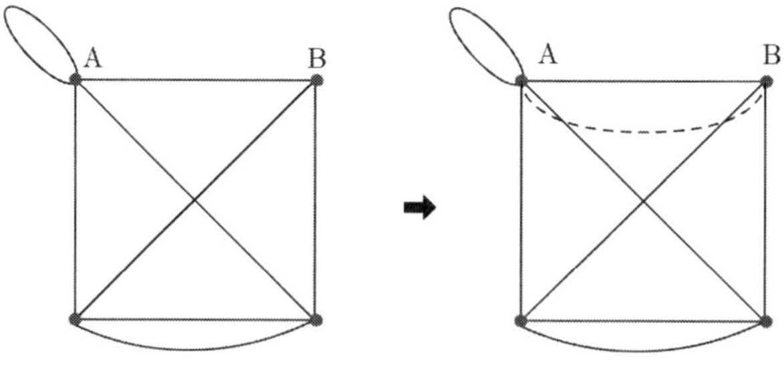

위의 왼쪽 그래프는 두 개의 홀수점 A, B를 가진다. 이때 두 점을 잇는 변을 하나 추가하면, 오른쪽 그래프와 같이 모든 점이 짝수점인 그래프로 변하게 된

다. 이제 오른쪽 그래프의 한붓그리기는 위에서 보인 방법으로 만들 수 있다. 이때 짝수점만 가진 그래프의 한붓그리기가 주어졌을 때, 한붓그리기의 변을 그리는 순서를 순환시켜서 새로운 한붓그리기를 얻을 수 있다. 예를 들어 짝수점만 가진 어떤 그래프[82]가 7개의 변 a, b, c, d, e, f, g를 가지고 있고, 이 그래프의 한붓그리기가

$$a \to b \to c \to d \to e \to f \to g$$

순서로 가능하다고 하면, 변의 순서를 순환시켜서 얻은 순서들

$$\begin{gathered} b \to c \to d \to \ e \to f \to g \to a \\ c \to d \to e \to \ f \to g \to a \to b \\ \vdots \\ g \to a \to b \to \ c \to d \to e \to f \end{gathered}$$

에 대하여, 위의 순서로도 모두 한붓그리기가 가능하다.

그러므로 위에서 변을 하나 추가하여 만든 그래프의 한붓그리기에 대하여, 변의 순서를 순환시키면, 추가한 변을 가장 마지막으로 지나는 한붓그리기를 만들 수 있다. 여기에서 마지막으로 지나는 변을 제거하고 나면, 홀수점이 2개인 원래 그래프의 한붓그리기가 완성된다. □

정리 12.1과 **정리 12.3**에 의해, 연결된 그래프가 한붓그리기 가능할 필요충분조건은 홀수점의 개수가 0개 또는 2개임이 증명되었다.

이제 오일러의 다면체 정리를 소개하고 증명하겠다. 이를 위해 먼저 평면그래프를 정의하고, 평면그래프의 오일러 정리를 증명한다.

정의 12.2

그래프를 교차점 없이 평면[83]에 그릴 수 있을 때, 이 그려진 그림을 **평면그래프**라 한다. 예를 들면 다음의 왼쪽 그림은 교차점이 있으므로 평면그래프가 아니지만, 오

82) 모든 꼭짓점이 짝수점이면 한붓그리기의 시작점과 끝점이 일치한다.

른쪽 그림은 평면그래프이다.

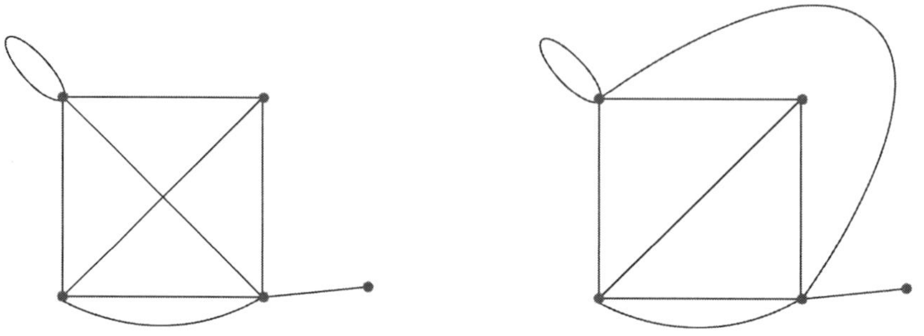

일반적인 그래프에 대해 V를 꼭짓점(vertex)의 수, E를 변(edge)의 수로 정의한다. 그리고 평면그래프에 대해서는 면(face)의 수 F도 정의할 수 있다.

정의 12.3

평면그래프가 평면을 나눈 영역의 개수를 **면의 수** F라 정의한다. 예를 들면 아래 그래프에서 면의 수는 $F=6$이다. 여기에서 무한히 큰 바깥 영역도 면의 수에 포함되는 것에 주의하자.

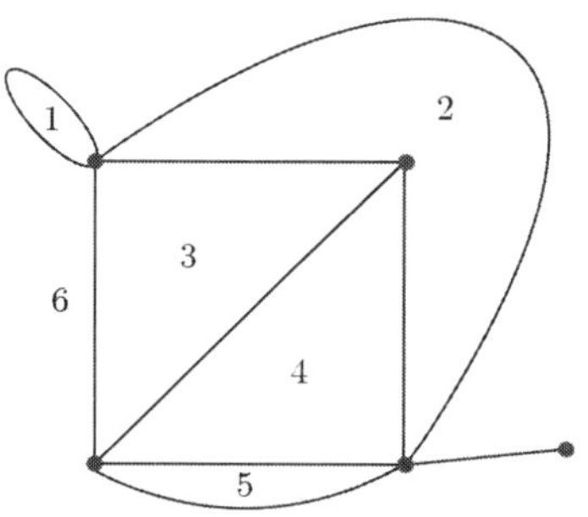

정의 12.4

그래프 위의 한 점에서 출발하여 자기 자신으로 돌아오는 한붓그리기를 **사이클**(cycle)이라 정의한다. 예를 들어 **정리** 12.3의 증명에서는 점 P, Q, R에서 시작하는

83) 임의의 그래프는 항상 공간 $\mathbb{R}^3$에 그릴 수 있다는 사실이 알려져 있다.

세 개의 사이클을 서로 연결하여 전체 그래프의 한붓그리기를 만들었다.

사이클이 하나도 없는 그래프를 나무(tree)라 한다. 예를 들면 아래 그래프는 나무이다.

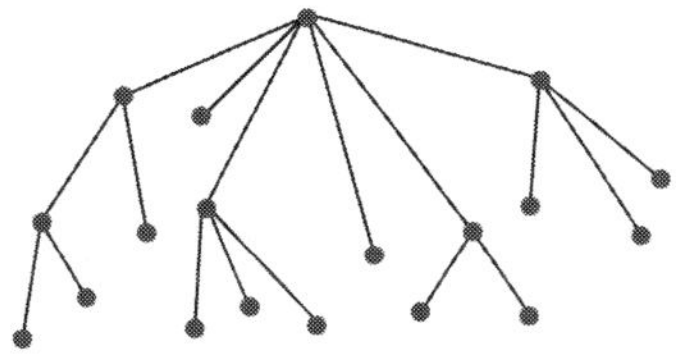

정리 12.4 (평면그래프의 오일러 정리)

연결된 평면그래프[84]의 꼭짓점 수를 V, 변의 수를 E, 면의 수를 F라 하면, 다음 식이 항상 성립한다.

$$V-E+F=2$$

증명 그래프에 있는 사이클을 임의로 하나 잡은 후, 사이클 위에 있는 변을 하나 제거[85]한다.

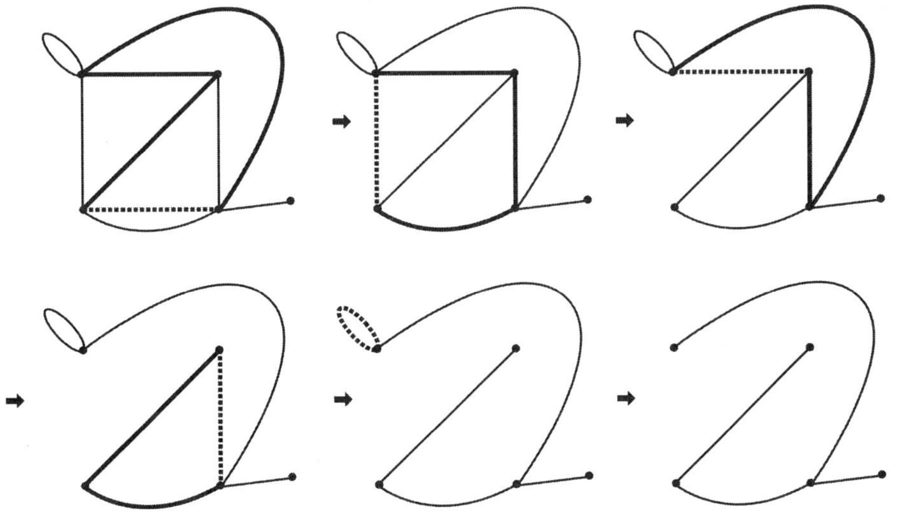

사이클 위의 변을 하나 제거하면 면의 개수도 함께 하나씩 줄어들게 되므로,

84) 평면그래프가 연결되어 있을 때에만 이 정리가 성립한다.
85) 사이클 위의 변을 하나 제거하더라도, 연결된 그래프는 여전히 연결되어 있다.

제거하기 전과 후의 V, E, F 값의 변화를 살펴보면 다음과 같다.

$$\begin{aligned} V &\to V \\ E &\to E-1 \\ F &\to F-1 \end{aligned}$$

그러므로 사이클 위의 변을 하나 제거해도 $V-E+F$의 값은 변하지 않는다. 그 후 새로운 사이클을 잡고 그 위의 변을 하나 제거한다. 이러한 방식으로 사이클을 하나씩 모두 없애면 결국 나무만 남게 되며, 나무는 $F=1$을 만족한다.

이제부터는 다음과 같이 나무의 끝에 있는 꼭짓점 하나와 여기에 연결된 변 하나를 함께 제거한다.

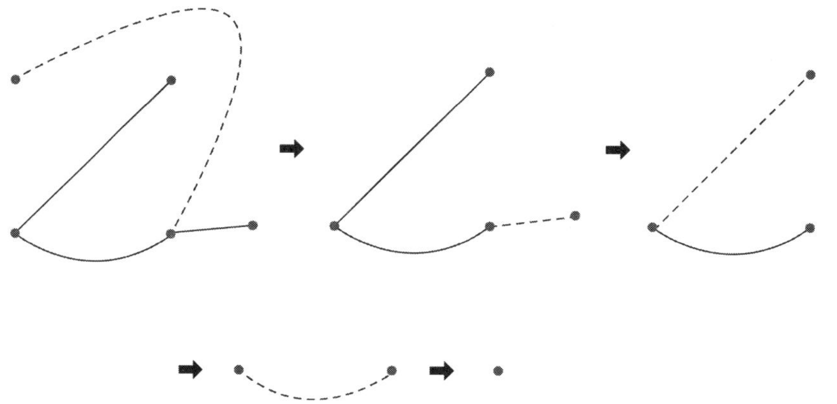

나무 끝의 꼭짓점과 변을 하나씩 제거하기 전후의 V, E, F 값의 변화를 살펴보면 다음과 같다.

$$\begin{aligned} V &\to V-1 \\ E &\to E-1 \\ F=1 &\to F=1 \end{aligned}$$

그러므로 나무 끝의 꼭짓점과 변을 하나씩 제거해도 $V-E+F$의 값은 변하지 않는다. 이렇게 계속 나무의 끝을 지워가면 결국 모든 변을 지울 수 있으며, 그 결과로 꼭짓점 하나만 남게 되므로

$$V=1,\ \ E=0,\ \ F=1$$

이 성립한다. 그러므로 $V-E+F=2$가 항상 성립한다. □

이제 다면체의 오일러 정리를 소개하고 증명하겠다. 다면체의 꼭짓점(vertex)의 개수를 V, 모서리(edge)의 개수를 E, 면(face)의 개수를 F라 두자. 학교수학에서는 입체도형의 모서리를 변이라 부르지 않으나, 수학자들은 다면체의 모서리와 그래프의 변에 대해 모두 같은 용어인 edge를 사용하고 있다. 이렇게 용어를 혼용하는 데에는 나름의 이유가 있는데, **정리 12.5**의 증명에서 다면체의 뼈대를 그래프로 변형시킬 때 다면체의 모서리가 그래프의 변으로 바뀌기 때문에, 모서리와 변을 구분하지 않는 것이 더 간편하다. 이러한 이유로 이 책에서는 '다면체의 모서리'라는 표현 대신 '다면체의 변'이라는 표현을 사용하겠다.

정리 12.5 (오일러의 다면체 정리)
볼록다면체[86]의 꼭짓점 수를 V, 변의 수를 E, 면의 수를 F라 하면, 다음 등식이 항상 성립한다.

$$V-E+F=2$$

증명 볼록다면체의 변으로 이루어진 그래프를 생각하자. 이 그래프는 아래 그림과 같이 바닥에 눌러서 평면그래프로 만들 수 있다.

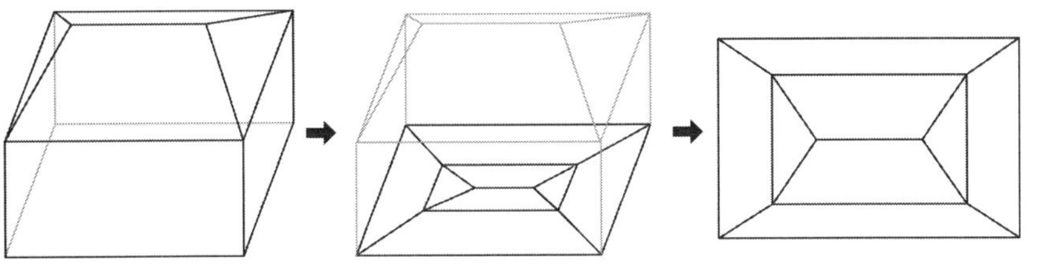

여기에서 다면체의 꼭짓점 수는 평면그래프의 꼭짓점 수와 서로 일치하고, 변의 수도 서로 일치하며, 면의 수도 서로 일치한다. 그러므로 평면그래프의 오일러 정리인 **정리 12.4**에 의해, 다면체에서도 $V-E+F=2$가 성립한다. □

볼록이 아닌 다면체에 대해서는 **정리 12.5**의 $V-E+F=2$가 성립하지 않는데, 예를 들면 다음 그림의 왼쪽과 같은 구멍이 파인 다면체나 오른쪽과 같은 도너츠 모양의 다면체에서는 이 식이 성립하지 않는다.

86) 다면체 내부의 임의의 두 점을 잇는 선분이 항상 다면체 내부에 놓일 때, 다면체가 볼록하다고 정의한다. 1장 참고.

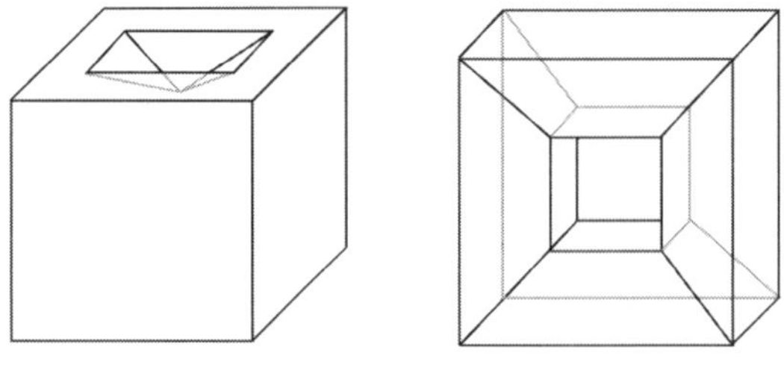

하지만 **정리 12.5**의 증명을 살펴보면, 다면체가 볼록이 아니더라도 변으로 만든 그래프를 바닥에 눌러서 연결된 평면그래프를 얻을 수 있다면 여전히 $V-E+F=2$가 성립한다는 사실을 알 수 있다. 위의 그림에서는 왼쪽 다면체의 윗면에 변을 추가하여 아래와 같이 변형하면 $V-E+F=2$가 성립한다.

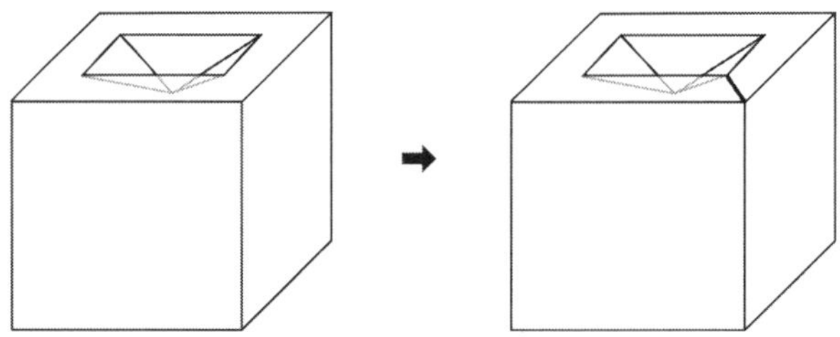

일반적으로 다면체에서 V, E, F를 계산할 때는 면 속에 구멍이 없어야 한다. 만일 아래의 왼쪽과 같이 속에 구멍을 가진 면이 있다면, 오른쪽과 같이 변을 추가해서 면 속의 구멍을 없앤 후 V, E, F의 값을 계산해야 한다.

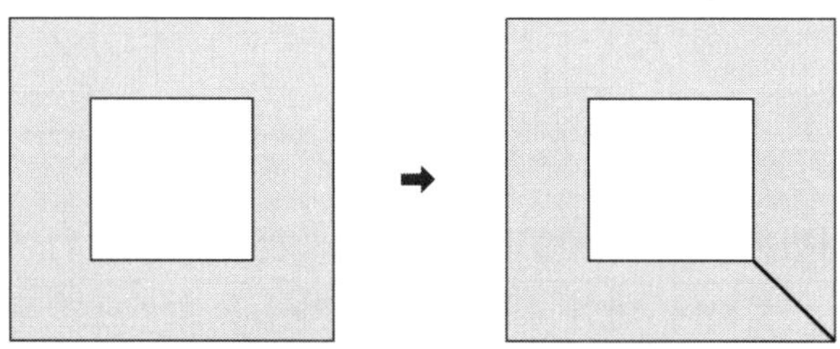

하지만 위에서 도너츠 모양을 가진 다면체는 변을 아무리 많이 추가하더라도, 바닥에 누른 결과가 평면그래프가 될 수 없다는 사실이 알려져 있다.

쉬어가기 12.1

다면체 P가 주어졌을 때, 이 다면체의 **오일러수** $\chi(\mathrm{P})$를 다음과 같이 정의한다.

$$\chi(\mathrm{P}) = V - E + F$$

여기에서 다면체 P를 끊거나 붙이지 않고 연속적으로 변형[87](변이나 꼭짓점을 추가하거나 삭제하는 것은 가능)하여 얻을 수 있는 모든 다면체는 동일한 오일러수를 가진다는 사실이 알려져 있다. 임의의 볼록다면체는 모두 이러한 연속적인 변형에 의해 구 $S^2 = \{(x, y, z) \in \mathbb{R}^3 | x^2 + y^2 + z^2 = 1\}$로 변경시킬 수 있으며, 아래 그림에서부터

$$\chi(S^2) = 2 - 2 + 2 = 2$$

가 성립[88]함을 알 수 있다.

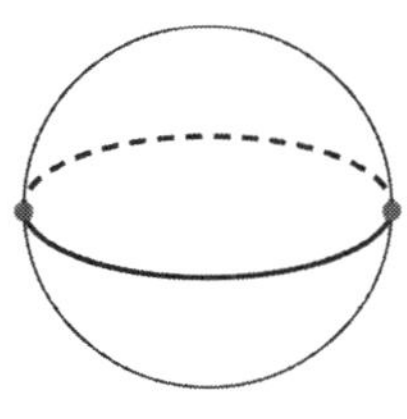

오일러수는 다면체가 가진 대표적인 **불변량**(invariant)으로, 연속적인 변형에 의해 변하지 않는다. 위에서 보았던 도너츠 모양의 다면체를 **토러스**(torus)라 부르고 기호로 T^2로 나타내는데, 토러스의 오일러수는

$$\chi(T^2) = 16 - 32 + 16 = 0$$

이 된다. 구와 토러스는 오일러수가 서로 다르기 때문에, 연속적인 변형으로는 구를 토러스로 만들 수 없다는 사실을 알 수 있다. 불변량이란 어떻게 변형시키더라도 서로 같아질 수 없는 대상들을 구분 지을 때 사용하는 값으로, 수학에서는 다양한 불변량을 찾아서 대상들을 분류하는 것이 대단히 중요한 연구 과제이다.

87) 이러한 변형을 위상변형(topological transformation)이라 부른다.

88) 오일러수를 계산할 때는 다면체에 반드시 꼭짓점이 1개 이상 존재해야 한다. 그러므로 구의 오일러수를 구할

쉬어가기 12.2

초등학교 교과서에서는 학생들이 다양한 다면체의 꼭짓점 수, 모서리 수, 면의 수를 구한 후,

$$V+F-E=2$$

를 확인하는 활동이 나온다. 여기에서 $V-E+F$가 아닌 $V+F-E$로 제시되는 것은, 초등학생들이 계산하는 과정에서 음수가 나오는 것을 피하기 위함이다. 하지만 오일러수의 정의에서 V, E, F의 순서는 대단히 중요한데, V, E, F는 각각 0차원, 1차원, 2차원 물체의 개수를 의미하기 때문이다. 실제로 일반적인 n차원 물체 P^n의 오일러수는

$$\chi(\mathrm{P}) = \sum_{k=0}^{n} (-1)^k \times (\mathrm{P}^n\text{에 있는 } k\text{차원 물체의 개수})$$

로 정의되기 때문에, 가능하면 차원이 증가하는 순서를 보존해서 $V-E+F$로 제시하는 것이 좋다. 만일 음수를 반드시 피해야 한다면, $V+F-E$로 묻는 대신 $10+V-E+F$와 같이 앞에 적절한 수를 추가하여 음수를 피하도록 하는 것이 더 바람직할 것이다.

이제 정다면체에 대해 알아보자. 정다면체의 정의는 다음과 같다.

정의 12.5

다음 조건을 만족시키는 다면체를 **정다면체**라 정의한다.

(1) 볼록다면체이고,

(2) 모든 면이 서로 합동인 정다각형이며,

(3) 각 꼭짓점에서 만나는 면의 개수가 일정하다.

때, $V=E=0$, $F=1$이라 두고 $\chi(S^2)=V-E+F=1$과 같이 계산하면 안 된다.

아래 그림의 다면체들은 모두 정다면체이며, 면의 개수에 따라 왼쪽부터 정4면체, 정8면체, 정20면체, 정6면체, 정12면체라 한다.

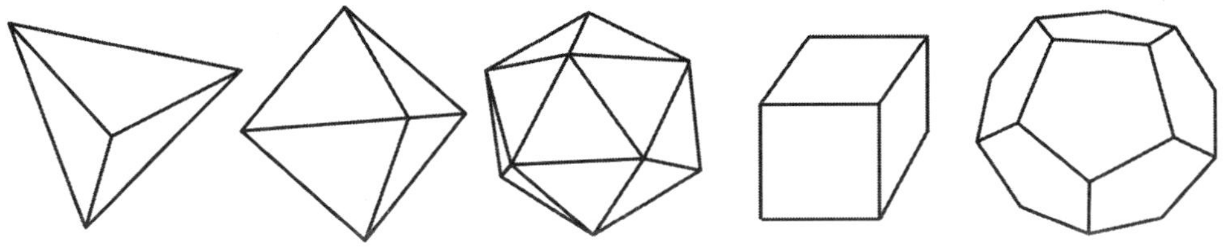

정의 12.5의 (3)에 있는 '꼭짓점에서 만나는 면의 개수'는 '꼭짓점에서 만나는 변의 개수'와 일치하므로, 이 값을 **정의 12.1**을 따라서 **꼭짓점의 차수**(degree)라 부른다.

정다각형은 무한히 많이 존재하는 반면, 정다면체는 5개만 존재한다. 이렇게 정다면체의 개수가 적은 까닭은 정다면체가 만족해야 하는 조건이 너무 강하기 때문인데, 실제로 위의 **정의 12.5**의 (2)만을 조금 약화시켜, "모든 면이 정다각형이고, 같은 개수의 변을 가지는 정다각형들은 서로 합동이다"로만 바꾸어도 이를 만족하는 다면체[89]는 무수히 많이 존재하게 된다.

정리 12.6 (플라톤의 정다면체 정리)
정다면체는 5개만 존재한다.

정리 12.6은 이미 플라톤(Platon, 기원전 428?~348?)에 의해 그 증명이 알려져 있었으며, 이 정리는 플라톤의 철학과 자연관에 큰 영향을 끼친 것으로 알려져 있다. 아래에서 두 가지 서로 다른 증명을 제시하는데, 중학교 교과서에서 많이 소개되고 있는 첫 번째 증명은 10장에서 소개한 원론의 13권에서 유래한 것이며, 두 번째 증명은 오일러의 다면체 정리를 활용한 것이다.

89) 각기둥, 엇각기둥, 준정다면체가 이 조건을 만족한다.

증명1 정다면체의 각 면이 정n각형이고, 각 꼭짓점의 차수를 m이라 두면, $n \geq 3$이고 $m \geq 3$이다. 정n각형의 한 내각의 크기를 θ라 두면, 다면체의 한 꼭짓점에 붙어있는 각의 합은 $m\theta$이므로, $m\theta < 360^{\circ}$가 성립[90]해야 한다.

$n=3$이면 $\theta=60^{\circ}$이고 $m<6$이 성립해야 한다. 그러므로 $m=3,4,5$이며, 각각의 경우에 한 꼭짓점 주변의 모양은 아래와 같다. $m=3$이면 정4면체의 일부분이 되고, $m=4$이면 정8면체의 일부분이며, $m=5$이면 정20면체의 일부분이다.

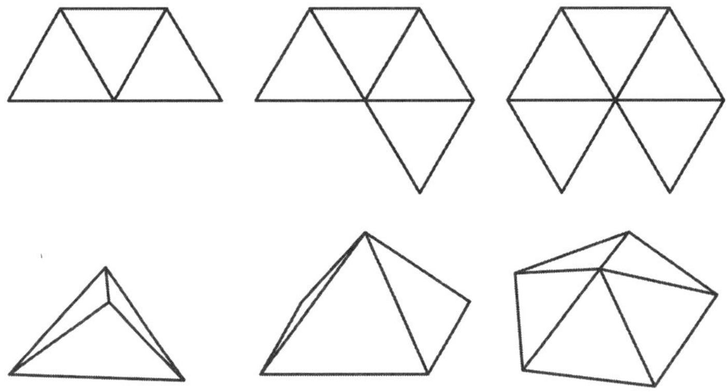

이제 $n=4$이면 $\theta=90^{\circ}$이고, $m<4$로부터 $m=3$만 가능하다. 이때 한 꼭짓점 주변의 모양은 아래와 같으며, 이는 정6면체의 일부분이다. $n=5$이면 $\theta=108^{\circ}$이고, $m<\dfrac{360}{108}=3.33\ldots$로부터 $m=3$만 가능하다. 이때 한 꼭짓점 주변의 모양은 아래와 같으며, 이는 정12면체의 일부분이다.

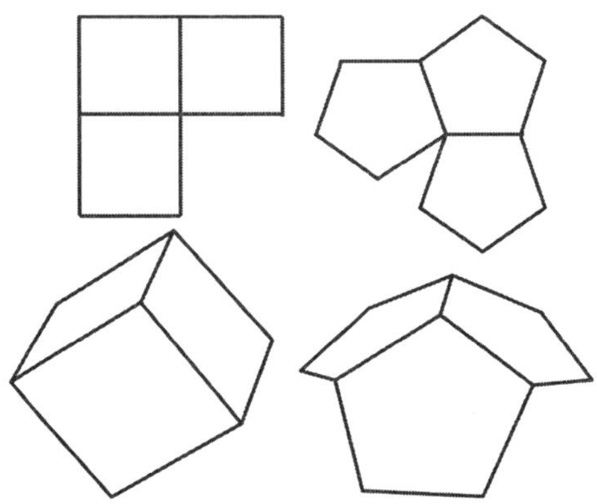

$n \geq 6$이면 $\theta \geq 120^{\circ}$이므로 $m<3$이 되어 존재할 수 없다. 그러므로 정다면체는 이미 알려진 5개만 존재할 수 있다. □

증명2 정다면체의 각 면이 정n각형이고, 각 꼭짓점의 차수를 m이라 두면, $n \geq 3$이고 $m \geq 3$이다. 이 정다면체의 꼭짓점 개수를 V, 변의 개수를 E, 면의 개수를 F라 두면,

$$nF = 2E, \ mV = 2E$$

가 성립한다. 그러므로 $F = \frac{2}{n}E$, $V = \frac{2}{m}E$를 얻고, 이를 오일러정리 $V - E + F = 2$에 대입하면 $\left(\frac{2}{n} - 1 + \frac{2}{m}\right)E = 2$를 얻는다. 이를 정리하면

$$E = \frac{2mn}{2m + 2n - mn}$$

을 얻는다. $E > 0$으로부터 $2m + 2n - mn > 0$을 얻으며 이를 변형하면

$$mn - 2m - 2n + 4 = (m-2)(n-2) < 4$$

를 얻는다. 이 부등식과 $m \geq 3$, $n \geq 3$을 모두 만족시키는 (m,n)의 순서쌍을 구하면

$$(m,n) = (3,3), (4,3), (5,3), (3,4), (3,5)$$

이다. 이 순서쌍은 각각 정4면체, 정8면체, 정20면체, 정6면체, 정12면체에 대응하기 때문에, 다른 정다면체는 존재하지 않는다. □

이 장에서 다룬 내용들은 이후에 크게 발전하여 위상수학(topology)이라는 수학의 한 분야로 정립되었다. 위상수학에 관해 더 많은 내용을 알고 싶은 독자는 참고문헌 [18]을 참고하기 바란다.

90) 볼록다면체에서만 성립하는 성질이며, 참고로 원론 6권에 이 성질에 대한 증명이 있다.

부록
관계와
수의 구성

부록 미리 보기

페아노 공리계는 페아노에 의해 제안된
자연수 집합의 정의로,
이 정의의 조건(공리)들을 만족시키는
집합은 무엇이라도 자연수라
부를 것을 제안하였다.

부록

관계와 수의 구성

피아제의 교육심리학 이론에 따르면 초등학생 시기는 구체적 조작기이므로 추상적 사고가 아직 충분히 발달하지 못하였다. 이러한 이유로 초등수학교육은 추상적인 내용을 다루기보다 구체적인 조작 위주로 다루게 되어 있다.

그렇다면 초등 교사교육은 어떻게 해야 할까? 수학의 가장 중요한 특징은 추상성이기 때문에 수학에서 추상화된 개념들을 피할 수는 없지만, 초등학생을 가르쳐야 하는 교사들의 상황을 배려한다면 과도하게 추상화된 내용은 피하는 것이 좋다고 생각한다. 이러한 이유로 이 부록은 저자가 생각하기에 초등교사들에게 과도하게 추상적이지만, 대단히 중요하여 무시하고 지나갈 수 없는 내용을 담게 되었다. 저자는 교육대학 수업에서 이 내용을 다루지 않고 있지만, 교수자에 따라서는 이 내용이 현대수학의 추상성을 잘 보여주기 때문에 강조해서 다루어야 한다고 생각하는 이들도 있을 것이다.

이 부록에서 주로 다루는 내용은 수의 구성이다. 자연수, 정수, 유리수를 어떻게 수학적으로 정확하게 정의하는지를 살펴보는 것이 주목적이며, 이를 위해 동치관계를 소개한다.

기호와 논의를 간편하게 하도록 이 부록에서만 0을 자연수라 두겠다. 그러므로 여기에서 자연수 집합은 $\mathbb{N} = \{0, 1, 2, \cdots\}$이 된다.

정의 1

집합 X의 **관계**(relation) R이란 곱집합 $X \times X$의 부분집합이다. (즉 $R \subset X \times X$)

집합 X에서 Y로의 **대응**(correspondence) F란 곱집합 $X \times Y$의 부분집합이다. (즉 $F \subset X \times Y$)

정의 4.1에서 함수를 정의할 때 대응이라는 표현을 사용하였는데, **정의** 1에 의하면 대응은 $X\times Y$의 부분집합으로 정의한다. 이렇게 추상적으로 대응을 정의하면 수학적으로 엄밀하고 정확하게 다룰 수 있다는 장점이 있으나, 본래 대응이라는 용어가 가졌던 이미지는 희석되는 단점이 있다. **정의** 1을 활용하여 **정의** 4.1의 함수를 엄밀하고 정확하게 다시 정의하면 다음과 같다.

정의 2

집합 X에서 Y로의 **함수**란 다음 조건을 만족시키는 대응 $F\subset X\times Y$이다.

$$\forall x\in X,\ \exists !y\in Y \text{ s.t. } (x,y)\in F$$

함수는 기호로 F 대신 $f: X\to Y$로 표기하는 것이 보편적이며, 위의 정의에서 y는 $f(x)$로 표기하여 $y=f(x)$라 쓴다.

정의 3

집합 X의 관계 R이 다음 세 조건을 만족할 때, R을 **동치관계**(equivalence relation)라 한다.

(1) $\forall x\in X,\ (x,x)\in R$

(2) $(x,y)\in R \Rightarrow (y,x)\in R$

(3) $(x,y)\in R \wedge (y,z)\in R \Rightarrow (x,z)\in R$

동치관계란 무엇인가? 예를 들면 두 수가 같거나, 두 직선이 서로 평행하거나, 두 도형이 서로 닮음인 것은 동치관계가 된다. 2장에서 두 명제가 동치인 것과, 5장에서 두 집합의 기수가 같은 것도 모두 동치관계이다. 그러므로 두 원소가 동치관계에 있다는 것은, 두 원소가 같은 성질을 공유함을 의미한다.

기호를 간단히 하기 위해, 관계 R에 대하여 $(x,y)\in R$를 $x\sim y$로 표시한다.

예 1 임의의 두 정수 $a, b\in\mathbb{Z}$과 자연수 $n\geq 1$에 대하여, $a-b$가 n의 배수[91]일 때

91) 이 예에서 나오는 배수와 나머지는 8장 초반에 정수에 대해 정의했던 배수와 나머지를 의미한다.

$$a \equiv b \pmod n$$

라 쓰고, 'a와 b는 **모듈로(modulo) n으로 같다**'고 한다. (편의상 a와 b가 $\bmod n$으로 같다고 한다.) 여기에서 두 정수가 $\bmod n$으로 같다는 것은, 두 정수를 n으로 나눈 나머지가 같다는 뜻이다.

학교수학에서 많이 사용되는 mod 연산은 mod12, mod60, mod360인데, 이들은 각각 시(hour), 분(minute), 각도(angle)를 나타낼 때 주로 사용된다. 예를 들면

$$10+5 \equiv 15 \equiv 3 \pmod{12},\ 40\times 4 \equiv 160 \equiv 40 \equiv -20 \equiv -20\times 4 \pmod{60},$$
$$60^\circ \times 5 + 80^\circ \equiv 380^\circ \equiv 20^\circ \pmod{360^\circ}$$

이다. 정수 집합 $\mathbb{Z}$에서 관계를

$$a \sim b \Leftrightarrow a \equiv b \pmod n$$

으로 정의하면, 이 관계는 동치관계가 된다.

예2 집합 $\mathrm{N}\times\mathrm{N}$에 관계를 다음과 같이 정의하자.

$(m,n), (m',n') \in \mathrm{N}\times\mathrm{N}$에 대하여

$$(m,n) \sim (m',n') \Leftrightarrow m+n' = m'+n$$

이렇게 정의한 관계는 동치관계가 된다. 구체적으로 확인하면 다음과 같다.

(1) $(m,n) \sim (m,n)$은 $m+n=m+n$이므로 성립한다.

(2) $(m,n) \sim (m',n') \Leftrightarrow m+n'=m'+n \Leftrightarrow (m',n') \sim (m,n)$이 성립한다.

(3) $(m,n) \sim (m',n'),\ (m',n') \sim (m'',n'')$

$\Leftrightarrow m+n'=m'+n,\ m'+n''=m''+n'$로부터

$$\begin{aligned}(m+n'')+(m'+n') &= (m+n')+(m'+n'') \\ &= (m'+n)+(m''+n') \\ &= (m''+n)+(m'+n')\end{aligned}$$

이 성립하므로, $m+n''=m''+n$으로부터 $(m,n) \sim (m'',n'')$이 성립한다.

예 2의 동치관계는 무엇을 의미할까? 동치관계에 있는 원소들 일부를 나열해 보자.

$$(1,0) \sim (2,1) \sim (3,2) \sim \cdots \sim (n+1,n) \sim \cdots$$
$$(0,0) \sim (1,1) \sim (2,2) \sim \cdots \sim (n,n) \sim \cdots$$
$$(0,1) \sim (1,2) \sim (2,3) \sim \cdots \sim (n,n+1) \sim \cdots$$
$$(0,2) \sim (1,3) \sim (2,4) \sim \cdots \sim (n,n+2) \sim \cdots$$

위의 예에서 확인할 수 있듯이, 결국 $(m,n) \sim (m',n')$은 $m-n=m'-n'$이 성립하는 것을 의미한다. 하지만 $m-n$은 $\mathbb{N}$의 원소가 아닐 수 있으므로, $m-n=m'-n'$ 대신 $m+n'=m'+n$으로 동치관계를 정의한 것이다.

정의 4

집합 X에 동치관계 $\sim$가 주어져 있을 때, X의 부분집합

$$[x] = \{y \in X \mid x \sim y\}$$

를 x의 **동치류**(equivalence class)라 한다. 동치류를 하나 정하기 위해서는 동치류에 있는 하나의 원소만을 명시하면 되는데, 이렇게 명시하는 하나의 원소를 동치류의 **대표원**(representative)이라 한다.

예 2에서 서로 다른 동치류는 다음과 같다.

$$\cdots, [(3,0)], [(2,0)], [(1,0)], [(0,0)], [(0,1)], [(0,2)], [(0,3)], \cdots$$

여기에서 동치류 $[(2,0)] = [(3,1)] = [(4,2)] = \cdots$ 는

$$[(2,0)] = \{(2,0), (3,1), (4,2), \cdots, (n+2,n), \cdots\}$$

를 의미하며, $(2,0)$은 동치류 $[(2,0)]$의 대표원이다. 그리고 동치류 $[(2,0)]$의 대표원으로 $(2,0)$ 대신 $(3,1)$나 $(4,2)$을 써도 된다.

예 3 정수 집합 $\mathbb{Z}$에 대하여, $\mathbb{Z}^{\times} := \mathbb{Z} - \{0\}$으로 정의하자. 이때 집합 $\mathbb{Z} \times \mathbb{Z}^{\times}$에 관계를 다음과 같이 정의하자.

$(p,q),\ (p',q') \in \mathbb{Z} \times \mathbb{Z}^{\times}$에 대하여

$$(p,q) \sim (p',q') \Leftrightarrow pq' = p'q$$

이렇게 정의한 관계 $\sim$는 동치관계가 된다. 구체적으로 확인하면 다음과 같다.

(1) $(p,q) \sim (p,q)$은 $pq = pq$이므로 성립한다.
(2) $(p,q) \sim (p',q') \Leftrightarrow pq' = p'q \Leftrightarrow (p',q') \sim (p,q)$이 성립한다.
(3) $(p,q) \sim (p',q'),\ (p',q') \sim (p'',q'') \Leftrightarrow pq' = p'q,\ p'q'' = p''q'$로부터

$$(pq'') \times (p'q') = (pq') \times (p'q'') = (p'q) \times (p''q') = (p''q) \times (p'q')$$

이 성립하므로, $pq'' = p''q$로부터 $(p,q) \sim (p'',q'')$이 성립한다.

예 3의 동치관계는 무엇을 의미할까? $(1,2)$와 동치관계에 있는 원소들을 나열해 보자.

$$\cdots \sim (-3,-6) \sim (-2,-4) \sim (-1,-2) \sim (1,2) \sim (2,4) \sim (3,6) \sim \cdots \sim (p,2p) \sim \cdots$$

위에서 확인할 수 있듯이, 결국 $(p,q) \sim (p',q')$은 $\dfrac{p}{q} = \dfrac{p'}{q'}$이 성립하는 것과 동치이다. 하지만 $\dfrac{p}{q}$는 $\mathbb{Z}$의 원소가 아닐 수 있기 때문에, $\dfrac{p}{q} = \dfrac{p'}{q'}$ 대신 $pq' = p'q$로 동치관계를 정의한 것이다.

예 3에서 동치류 $[(1,2)] = [(2,4)] = [(3,6)] = \cdots$는

$$[(1,2)] = \{\cdots, (-3,-6), (-2,-4), (-1,-2), (1,2), (2,4), (3,6), \cdots, (p,2p), \cdots\}$$

를 의미하며, $(1,2)$은 동치류 $[(1,2)]$의 대표원이다. 그리고 동치류 $[(1,2)]$의 대표원으로 $(1,2)$ 대신 $(-1,-2)$나 $(3,6)$을 써도 된다.

아래에서 자연수를 정의한 이후에, **예 2**로부터 정수를 구성하고, **예 3**으로부터 유리수를 구성하겠다.

정의 5(페아노 공리계[92])에 따른 자연수 집합의 정의)

다음 조건을 만족시키는 집합 N을 **자연수 집합**이라 정의한다.

(1) $0 \in \mathrm{N}$

(2) $n \in \mathrm{N}$에 대하여 n의 **후자**(successor)라 불리는 n^+가 존재하여 $n^+ \in \mathrm{N}$을 만족

(3) 임의의 $n \in \mathrm{N}$에 대하여 $n^+ \neq 0$

(4) 부분집합 $X \subset \mathrm{N}$가 다음 두 성질

$$0 \in X,\ (n \in X \Rightarrow n^+ \in X)$$

을 만족하면 $X = \mathrm{N}$

(5) $m, n \in \mathrm{N}$에 대하여 $m^+ = n^+$이면 $m = n$

정의 5(2)에서 n의 후자 n^+는 n의 다음 수(즉, $n+1$)을 의미하며, (4)는 X라는 N의 부분집합이 수학적귀납법을 만족하면 $X = \mathrm{N}$임을 의미한다.

정의 5를 만족시키는 집합 N을 어떻게 구성할 수 있을까? 먼저 공집합 $\varnothing$이 존재함은 공리로 받아들이고, $0 = \varnothing$이라 정의한다. 그리고 집합 A에 대하여 새로운 집합 A^+를

$$A^+ = A \cup \{A\}$$

으로 정의한다. 예를 들면

$$0^+ = 0 \cup \{0\} = \varnothing \cup \{\varnothing\} = \{\varnothing\}$$

이다. 여기에서 $1 := 0^+$라 정의하고, $2 := 1^+$, $3 := 2^+$, $4 := 3^+$, $\cdots$로 정의한다. 예를 들면

$$\begin{aligned}
2 &= 1^+ = 1 \cup \{1\} = \{\varnothing\} \cup \{\{\varnothing\}\} = \{\varnothing, \{\varnothing\}\}, \\
3 &= 2^+ = 2 \cup \{2\} = \{\varnothing, \{\varnothing\}\} \cup \{\{\varnothing, \{\varnothing\}\}\} = \{\varnothing, \{\varnothing\}, \{\varnothing, \{\varnothing\}\}\}, \\
4 &= 3^+ = 3 \cup \{3\} = \{\varnothing, \{\varnothing\}, \{\varnothing, \{\varnothing\}\}, \{\varnothing, \{\varnothing\}, \{\varnothing, \{\varnothing\}\}\}\}
\end{aligned}$$

92) 페아노(Peano, 1858~1932)에 의해 제안된 자연수 집합의 정의로, 이 정의의 조건(공리)들을 만족시키는 집합은 무엇이라도 자연수라 부를 것을 제안하였다.

와 같다. 이제

$$\mathbb{N} = \{0, 1, 2, 3, \cdots\}$$

라 정의하면, 이 집합이 페아노 공리계를 만족한다는 것을 증명할 수 있다. 그러므로 집합 $\{0, 1, 2, 3, \cdots\}$은 자연수 집합이 된다.

정의 6 (정수의 정의)

예 2에서 정의한 집합 $\mathbb{N} \times \mathbb{N}$ 에서의 동치관계에 대하여, 이 동치관계의 동치류를 정수라 정의한다. 그리고 동치류들을 기호로

$$n := [(n,0)],\ 0 := [(0,0)],\ -n := [(0,n)]$$

로 나타내고, 정수 집합을

$$\mathbb{Z} = \{\cdots, -2, -1, 0, 1, 2, \cdots\}$$

라 한다.

정의 7 (유리수의 정의)

예 3에서 정의한 집합 $\mathbb{Z} \times \mathbb{Z}^{\times}$에서의 동치관계에 대하여, 이 동치관계의 동치류를 유리수라 정의한다. 그리고 동치류들을 기호로

$$\frac{p}{q} := [(p,q)]$$

로 나타내고, 유리수 집합을

$$\mathbb{Q} = \left\{ \frac{p}{q} \,\middle|\, (p,q) \in \mathbb{Z} \times \mathbb{Z}^{\times} \right\}$$

라 한다.

정의 7을 분수를 이용하여 다시 표현하면 다음과 같다. $\frac{1}{2}$이란 동치류

$$\frac{1}{2} = \{\cdots, (-2,-4), (-1,-2), (1,2), (2,4), \cdots\}$$

를 의미하며, 이 동치류를 나타내는 대표원을 다른 것으로 바꾸면

$$\cdots = \frac{-2}{-4} = \frac{-1}{-2} = \frac{1}{2} = \frac{2}{4} = \cdots$$

를 얻는다.

3장에서 정수, 유리수를 소개하며, 정수 집합은 자연수 집합을 확장하여 뺄셈에 대해 닫혀있도록 만든 것이고, 유리수 집합은 정수 집합을 확장하여 나눗셈에 대해 닫혀있도록 만든 것이라 하였다. 실제로 **정의 6**에서는 자연수 집합과 일대일대응인 집합 $\{[(n,0)] \mid n \geq 0\}$에, 작은 수에서 큰 수를 뺀 원소들에 대응하는 동치류인 $[(0,n)]$ $(n > 0)$을 추가하여 확장한 것이 정수 집합이었다. 그리고 **정의 7**에서는 정수 집합과 일대일대응인 집합 $\{[(p,1)] \mid p \in \mathbb{Z}\}$에, 분수에 대응하는 다른 동치류들 $[(p,q)]$ $((p,q) \in \mathbb{Z} \times \mathbb{Z}^{\times}$이고 $q \nmid p)$을 추가하여 나눗셈에 대해 닫혀있도록 확장한 것이 유리수 집합이었다.

이처럼 위에서 자연수를 정의한 후, 이를 바탕으로 정수와 유리수를 정의할 수 있었다. 여기에서는 다루지 않았지만, 이렇게 정의한 각각의 수 집합에 사칙연산을 정의할 수 있으며, 유리수 집합에 극한 개념을 도입하면 유리수 집합을 실수 집합으로 확장하는 것도 가능하다. 이러한 과정들을 살펴보면 결국 수를 엄밀하게 구성하는 데에는 자연수를 정의하는 것이 가장 근본이 되며, 자연수를 정의하기 위해서는 오류가 없는 정확한 집합론이 필요하다는 것을 알 수 있다.

수를 엄밀하게 구성하는 과정은 수학적으로 대단히 멋지고 아름다우며, 20세기 초에 완성된 최고의 수학 이론 중 하나이지만, 수학을 전공하는 사람이 아닌 이들에게는 너무 추상적이고 어렵다는 문제가 있다. 이 부록에서는 이러한 과정의 시작 부분만을 간단히 소개하여 독자들이 이 이론을 조금 맛볼 수 있도록 하였는데, 본격적으로 이론을 공부하고 싶은 독자는 참고문헌 [19]를 참고하기 바란다.

참고문헌

[1] 진선숙 (2017). 초등학교 교사를 위한 수학의 기초. 서울: 경문사.

[2] 김판수, 박종서, 최창우 (2010). 대학수학의 기초. 서울: 교우사.

[3] 조진석 (2021). 수학화 경험을 위한 교사교육 교수단원 설계: 수학에서의 방향 (orientation) 개념 탐구. 한국초등수학교육학회지, 25(1), 43-59.

[4] 류희찬 외 (2018). (2015개정 교육과정) 고등학교 수학. 서울: ㈜천재교과서.

[5] 이만근, 오은영 (2011). 이만근과 오은영이 들려주는 흥미있는 수학 이야기. 서울: 수학사랑.

[6] 가미나가 마사히로 (조윤동, 이유진 역, 2015). 수학 사고력을 키우는 20가지 이야기. 성남: 윤출판.

[7] 이만근 (2004). 이만근과 함께하는 현대수학, 그 설레임으로의 여행. 서울: 수학사랑.

[8] 유클리드, 토마스 히드 (1956). *The thirteen books of the Elements, Vol. 1: Books 1-2.* New York: Dover. 이무현 역 (1998). 기하학 원론 해설서 (마). 서울: 교우사.

[9] 이은수 (2018). 유클리드 원론 속 그림의 역사. *HORIZON*: 고등과학원 웹진. https://horizon.kias.re.kr/6767/

[10] 모리스 클라인 (박영훈 역, 2004). 수학, 문명을 지배하다. 서울: 경문사.

[11] 아이작 뉴턴 (이무현 역, 1998). 프린키피아 : 자연철학의 수학적 원리 (제1권). 서울: 교우사.

[12] 스피노자 (강영계 역, 1990). 에티카. 파주: 서광사.

[13] Burton, D. (허민 역, 2013). 수학의 역사–입문 (상). 서울: 교우사.

[14] 김용운 (2010). 수학사대전. 서울: 경문사.

[15] Greenberg (이우영 편역, 2007). 유클리드 기하학과 비유클리드 기하학. 서울: 경문사.

[16] 조진석 (2022). 오류와 역설로 배우는 확률과 통계. 서울: 경문사.

[17] 캐시 오닐 (김정혜 역, 2017). 대량살상 수학무기. 서울: 흐름출판.

[18] Richeson, D. (최수영, 고호경 역, 2018). 오일러의 보석. 서울: 교우사.

[19] 계승혁 (2015). 집합과 수의 체계 (대한수리논리학회 수리논리 연구 시리즈 3). 서울: 경문사.

찾아보기

저자와의
합의하에
인지를
생략합니다

초등수학교육을 위한

학교수학의 이해

지은이 조진석
펴낸이 조경희
펴낸곳 경문사
펴낸날 2022년 7월 27일 1판 1쇄
2024년 7월 12일 1판 2쇄
등 록 1979년 11월 9일 제1979-000023호
주 소 04057, 서울특별시 마포구 와우산로 174
전 화 (02)332-2004 팩스 (02)336-5193
이메일 kyungmoon@kyungmoon.com

값 19,000원

ISBN 979-11-6073-544-4